房総と江戸の交流史

筑紫敏夫 監修
土屋 浩 著

◆房総と江戸の交流史　目次◆

市民が書いた近世房総の歴史――序にかえて――

本書は、近世（江戸時代）の房総三国についての通史である。特色を二点挙げたい。まず第一に、書名に「江戸と房総」ではなく「房総と江戸の交流史」とあることに象徴される。つまり、単なる近世房総の歴史ではなく、房総と江戸の「交流」に視点を据えている。近世の江戸は、「首都」であり、房総三国を初めてとして、関東地域は、江戸の「お膝元」として、経済的にも、文化的にも、江戸に包摂されて、その「従属下」にあるかのような記述、そこまで行かなくとも、江戸を支えることに地域の意義があるかのような地域史像が、かつては支配的であったように思う。

全国的にも、少子高齢化社会への突入、地方自治体の財政破綻、地域社会の「崩壊」が、かなり現実のものとして予測されている。そうした中で、「予測」に抗して、真の意味での地方の時代の実現、地域社会の活性化への模索が、心ある市民たちによって開始されている。こうした現状認識に立ち、かつての江戸の周辺という歴史像、イメージを払拭して、地方の「自立」としての、言い換えれば房総と江戸の相互の交流、交歓の歴史像を意識的に叙述することをめざしている。

第二の特色は、著者の土屋浩さんの経歴にある。土屋さんは、大学の理学部卒業後、地質調査会社に永年勤務し、定年を迎えた。今流のリケジョならぬ、理系の男性である。二〇一二年には、『信州人のための幕末史』という、初めての単著を出版しているように、退職後のライフワークとして、居住地とその周辺の地域史の調査・研究を進めている。若い頃から、歴史研究一直線というわけではなく、主に定年退職後に、一般市民の立場で、膨大な地域史の本を読み、それらを取りまとめて、広く世間に問うてみるというものである。その意味では、地域史の調査研究をライフワークとしたいと考えている方々にとっては、本書の内容はもちろんだが、作成過程さえも、模範となるような作品と言ってよい。

さて、土屋さんとの出会いは、私が学生時代からご教示、ご厚誼をいただいている綿貫啓一氏（元千葉県船橋市西図書館長）のご紹介による。かつて、県史シリーズ（山川出版社）の一冊として『千葉県の歴史』という単行本の近世部分を酒井右二氏と分担執筆したことがあり、この通史叙述の経験があることから、綿貫氏が、私にお話をもってこられたと勝手に解釈している。

初めて土屋さんとお会いしたのは、二〇一三年の初夏であった。千葉市中心部の高層ホテル一階レストランでお茶を飲みながら、A４判で二百枚近い原稿を眼の前に置かれて、お話を聞いたのが最初である。たいへん実直で、生真面目な方というのが第一印象で、以後、この印象はかわっていない。そののち、何度も、このレストランで会って打ち合わせをし、あるいは電子メールでのやりとりを重ねてきた。

私の恩師のひとりで、昨年二月に逝去された村上直先生（法政大学名誉教授）は、私たち教え子に「研究者として、とにかく（良い）論文をたくさん書きなさい。同時に、一般の市民の方々に見てもらうような原稿の場合は、正確な史実を、できるだけかみくだいて、わかりやすく書きなさい」と、折に触れておっしゃった。私も、自分自身の原稿はもちろんだが、土屋さんの原稿にも、史実の「正確さ」とわかりやすさを、具体的に指摘し助言してきた。細部にこだわる性格から、時に無礼な発言もあったかもしれないが、土屋さんは、毎回、私の助言をしんぼう強く聞き、時に反論もされながら、一、二週間で、百枚を超える原稿を新たに手直しして、私の助言以上の作品として応えてくれるのである。提出された原稿を読み考えるのに時間がかかり、土屋さんには、手直しの時間よりも、返される原稿を待つ時間の方が長くなってしまったかもしれない。圧倒されるような熱意と集中力により、私の無理難題に応えてくれ、ライフワークに取り組んできた。私は、単に土屋さんがライフワークをまとめて、それを形として公表するためのお手伝いをしたに過ぎない。「監修者としての序文を書くように」と土屋さんから求められたが、「序にかえて」でお許しを願った次第である。

現在、私は「房総の地域文化を学ぶ会」(会長・金子馨先生)という任意団体で、幹事のまとめ役をしている。この会は、地域史などに関心のある方々に、学問的で、「正確な」地域史の調査研究成果を見聞きしていただくことを目的のひとつにしている。この会と同様に、土屋さんの本書が、地域史に関心を持ち、中にはライフワークにしたいと考えている市民の方々に、いささかでも参考にしていただき、後方からの支援に役立つとするならば、これに勝る喜びはない。

二〇一五年　戦後七〇年の夏に

筑紫　敏夫

まえがき

律令制時代における行政区画では、安房《あわ》・上総《かずさ》・下総《しもうさ》の房総三国は東海道に属した。交通路としての東海道は三浦半島から江戸湾を渡って木更津付近に上陸し、房総を横断して常陸《ひたち》に通じていたので、都に近い木更津周辺が上総、その先が下総と呼ばれた。

房総三国は徳川幕府の直轄領・御鷹場・直営牧などを受け入れ、常陸国や陸奥《むつ》国の外様大名に対する防波堤の役割を果たした。また、急速に拡大した江戸という巨大都市に食糧・燃料などを供給する役割を担った。房総各地と江戸を結ぶ陸運・水運は幕府が統治と年貢米輸送のために整備したものであったが、商人荷物の輸送が活発になるにつれて各地に運送宿などが生まれて流通網が形成された。こうして房総は「江戸地廻り経済圏」の一角に組み込まれたのである。本書はこうした房総と江戸の交流を描き出すことを課題としている。

第一章「徳川幕府の施策」では、幕府が定めた知行割《ちぎょうわり》（家臣・大名の配置）や、利根川・江戸川の付替え工事など、房総三国の発展に影響を与えた幕府の政策を取り上げる。第二章「江戸に送られた房総の物資」では、関西の先進技術を取り入れて生産が拡大した塩・鮮魚・醤油のほか、江戸に供給された肥料・燃料・人材などを取り上げる。第三章「房総と江戸を結んだ陸運・水運」では、前章で取り上げた物資の輸送路としての陸運・水運を描く。第四章「江戸湾警備と房総の動揺」では、幕府から江戸湾警備を命ぜられた諸藩と農民の対応、幕府崩壊が房総三国に与えた影響などを取り上げた。房総の住民は江戸に近いという条件を最大限に生かそうと知恵を働かせた。それが自らの生活の糧を稼ぎ出すとともに、巨大都市江戸を支えるという地域の役割を強化することにつながったのであろう。

本書の図面に記載した河川・道路・村落は主として『明治前期関東平野地誌図集成』に基づいている。この地誌図は等高線の入った近代様式で最も早い時期に作成された地形図であり、江戸時代の土地利用を推定するのに最も適しているであろう。地名に続く括弧内には平成二十五年末時点の市町村名を記載した。合併が多発した平成十五年以降の合併については最終節に付記した。

記述に当たってはできるだけ関連する歴史研究書・県史・市町村史を参照することに努めた。巻末に掲げた参考文献はおよそ百六十件に上る。江戸時代が終わって百五十年が経過しようとしているが、いまだに新しい史料が発掘されたり、新しい見解が生まれたりしている。歴史は常にその時代の価値観で見直されるからであろう。一般読者が歴史研究書や市町村史に接する機会は少ないので、本書がそれらと読者との橋渡しとなり、江戸時代における房総の姿を理解する一助になれば幸いである。

平成二十七年春

土屋　浩

第一章　徳川幕府の施策

豊臣秀吉が天下の覇権を握った頃、安房と南上総には里見氏、下総には千葉氏が勢力を張っていた。天正十八年（一五九〇）に秀吉が相模《さがみ》国小田原の北条氏を攻めた時、里見氏は秀吉方に付いたが、千葉氏は北条方に付いた。北条氏が敗れたため、千葉氏は北条氏とともに滅び、北条氏と千葉氏が治めていた関東は徳川家康に与えられた。安房・南上総に十二万石を領していた里見氏は生き残ったが、南上総の八万石は召し上げられ、安房一国四万石だけの領主となった。

駿河・遠江《とおとうみ》・三河・甲斐・信濃の五ヵ国百五十万石を治めていた家康は、秀吉の大名国替え構想に従って天正十八年八月に江戸城に入った。江戸を関東経営の本拠地とすることは秀吉の指示であったが、当時の江戸城下はわずかな侍屋敷と町屋の先に漁村が散在する田舎町に過ぎなかった。家康に与えられた新領地は伊豆・相模・武蔵・上野《こうずけ》・上総・下総の六ヵ国二百四十万石で、周辺の安房国館山には里見氏（四万石）、常陸国太田には佐竹氏（五十三万石）、常陸国江戸崎には芦名《あしな》氏（四万八千石）など、戦国以来の武将がいた。彼らは家康の臣下ではなく、同僚であった。

そうした状況の中で家康は関東経営のための遠大な構想を描き、実行に移していく。その構想には広大な直轄領（蔵入地《くらいれち》）の設定、直属家臣団の配置（知行割《ちぎょうわり》）、江戸城の修復、江戸の街造り、五街道の整備、河川の付替えなどが含まれていた。江戸城の修復や武家屋敷の建設のために諸国から大量の石材・木材が集められ、職人・商人も江戸に集まった。江戸の人口は急増し、生活物資の需要が拡大したため、江戸に近い房総はその供給地としての役割を担うことになった。

武蔵・下総の国境は中世の頃から住田川（後の隅田川）にあり、後に江東四区（葛飾・江戸川・墨田・江東）となる地域は下総国に属していた。この地域は芦などが茂る湿地帯であったので、一部の微高地を除いて集落はなかった。しかし、江戸の街が目覚しい発展を遂げた結果、この地域も江戸の郊外として開発されるようになった。葛飾郡の西部は葛西と呼ばれ、寛永年間（一六二四〜四四）までは下総国に属していたが、正保年間（一六四四〜四八）になると、武蔵国に属するとされるようになった。この間に武蔵・下総の国境が隅田川から江戸川に移されたのである。

近世における房総三国には現在の茨城県域および埼玉県域が含まれており、三国は二十五郡で構成されていた（図1参照）。現在の千葉県は茨城県とは利根川、埼玉県とは江戸川を県境としているが、県境がこの位置に定められたのは明治八年（一八七五）のことである。この県域変更によって千葉県は二十一郡で構成されることになったが、上総国と下総国の双方に埴生《はぶ》郡が存在した。これを区別するために上総国の埴生郡が上埴生郡、下総国の埴生郡が下埴生郡と改称されたのは明治十三年であり、現在使用されている十二郡（消滅した郡を含む）に再編成されたのは明治三十年である（図2参照）。こうした経緯を踏まえた上で、本書では現在の千葉県域に限定して記述を進める。

一　支配体制

家臣に領地（知行）を割り当てることを知行割といった。徳川家康が行った知行割は次の三つの原則に基づいていた。一つに、直轄領（後の幕府領）を江戸付近に集中すること。二つに、下級家臣（後の旗本・与力・同心）の知行所《ちぎょうしょ》を江戸から一泊以内の地に設けること。三つに、上級家臣（後の大名）の領地を周辺の要地に配置すること。この原則は慶長八年（一六〇三）の幕府開設の際にも変更されず、大きな変更もなく幕末を迎える。

将軍に謁見することを御目見《おめみえ》といった。これは家格を示す用語でもあって、将軍に謁見できる家臣を御目見といい、

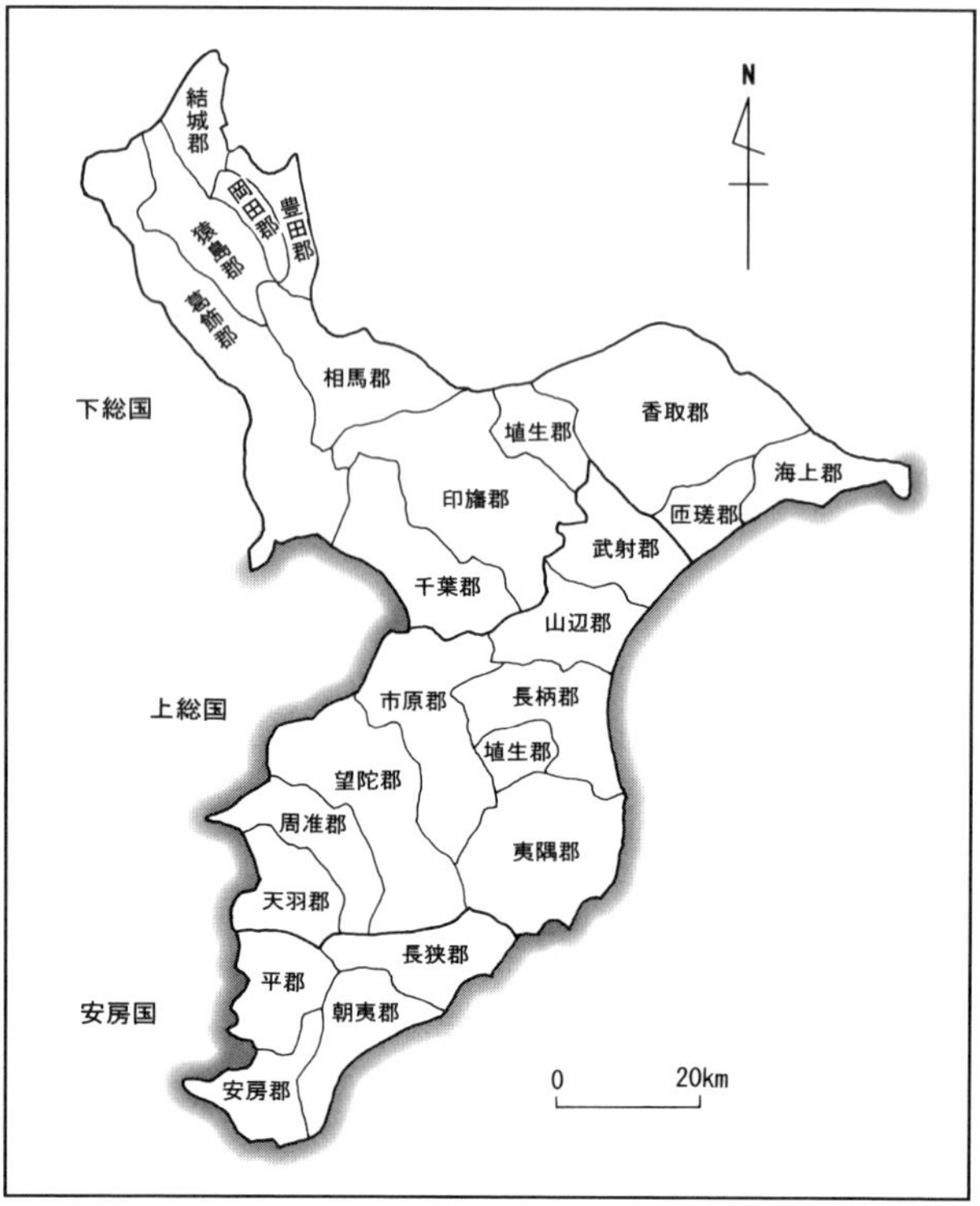

図1　近世房総の二十五郡

謁見できない家臣を御家人《ごけにん》といった。大名や旗本は御目見である。

（一）　直轄領・旗本知行所・与力給地

江戸の周辺には百万石を越える直轄領が設けられた。武蔵国（現在の東京都・埼玉県・神奈川県の一部）の大半は直轄領となり、上総国・下総国も三分の一ほどは直轄領または下級家臣の知行所となった。関東の直轄領を管理したのが伊奈氏などの代官頭《だいかんがしら》であるが、これについては後述する。香取・海上《うなかみ》・匝瑳《そうさ》の三郡内に設けられた直轄領を管理するために香取郡小見川（香取市）に代官が配置され、陣屋が置かれた。しかし、陣屋は間もなく廃止され、それ以降は江戸在住の関東代官が支配した（村上直「近世後期、関東の幕府直轄領支配の地域性」『近世の村と町』）。

旗本は旗下と表記されたこともある通り、本来は戦場で主君の旗の下にいる武士団のことであったが、江戸時代に入ってから武士階級のひとつとなった。旗本は石高が一万石に満たない御目見である。番方（武官）の旗本は大番・

書院番などに分かれ、大番は江戸城・大坂城・二条城などの警備、書院番は将軍の警護に当たった。役方（文官）の旗本は目付・勘定奉行・町奉行などの官僚として行政・司法・財務などに従事した。寛政年間（一七八九～一八〇一）における旗本の総数は五千二百家あまりで、そのうち房総に知行所を与えられた旗本は千家に上る。江戸時代初期に房総に配置された旗本のうち十六家（石高は五百石から五千石）は房総に陣屋を置いた。しかし、寛永二年（一六二五）に江戸屋敷が整備され、旗本はすべて陣屋を引き払ったため知行所に住むことはなかった。

与力とは旗本などを上司とする武士のことで、将軍に謁見が許されない家臣であった。役方は町奉行与力だけで、他は番方の与力である。江戸町奉行には南組と北組があり、月番の交代で勤務についたが、それぞれ与力二十五人と定められていた。番方の与力は留守居・大番・書院番・先手組に分かれ、城門の警備や将軍の警護などを務めた。この与力に与えられる領地が与力給地で、一人当たり五十石ないし二百石ずつを組単位で与えられた。これを大縄《おおなわ》知行といった。この与力給地の九割五分は江戸に近い上総・下総に設けら

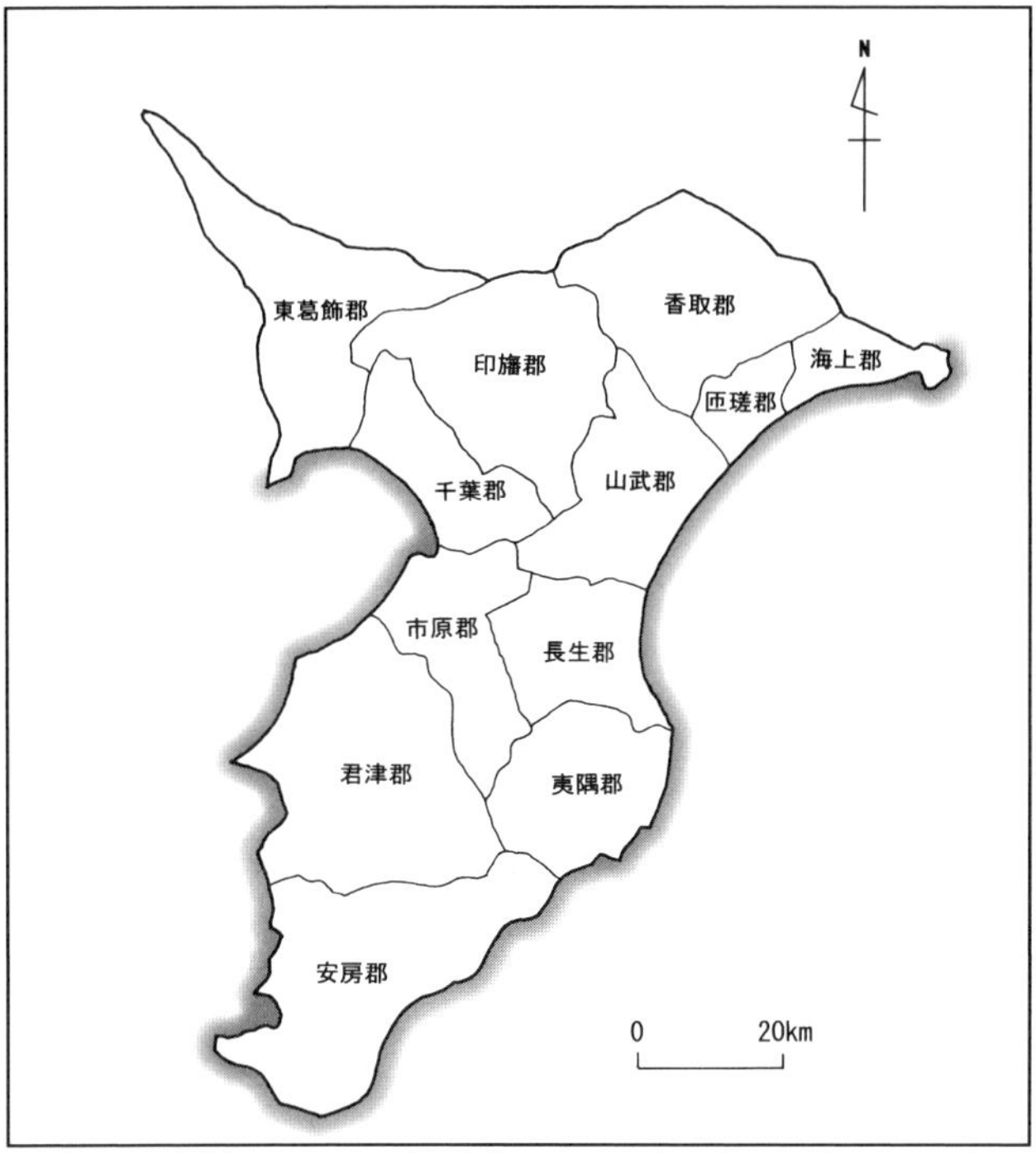

図２　近代房総の十二郡

れ、そのうち上総国では夷隅郡・望陀郡・長柄郡・山辺郡に、下総国では海上郡に集中していた。山辺郡《やまべ》（後の山武郡）に与力給地が集中した理由については次節で述べる。

上総国山辺郡不動堂村《ふどうどう》（山武郡九十九里町）と下総国千葉郡馬加村《まくはり》（千葉市幕張）はともに江戸南町奉行大岡忠相《ただすけ》の配下にあった大岡組与力の給地であった。享保十七年（一七三二）の大凶作の際、儒学者青木昆陽が主張した甘藷《かんしょ》（サツマイモ）栽培を大岡忠相が取り上げ、配下にあった大岡組与力の給地を試作地に指定したため、この二ヵ村が甘藷栽培発祥の地と称されることになった（『九十九里町誌　総説編』）。

江戸南町奉行大岡忠相はその後寺社奉行から奏者番に進み、寛延元年（一七四八）には一万石の大名となって三河国西大平藩（岡崎市）を起こした。西大平藩は上総国一郡（市原郡）と武蔵国二郡に合わせて二千石の分領を持っていた。そのうち市原郡は嶋野村・宮原村・不入斗《いりやまず》村の三ヵ村、八百石である（旧高旧領取調帳）。

（二）　大名領

家康が関東に入国した直後の天正十八年、房総には十六人の上級家臣（後の大名）が領地を与えられて城主となった。これが藩主と呼ばれるのは後のことであるが、本書では便宜上、最初から藩主という名称を用いる。上総国では五藩が成立したが、幕末まで存続したのは佐貫藩・大多喜藩・久留里《くるり》藩である。下総国では十一藩が成立したが、幕末まで存続したのは多古藩・佐倉藩・関宿藩である。房総には一万石をわずかに越えただけの小藩が多かった。

将軍から拝領した領地の石高が一万石を越えた家臣を大名といい、その領地および組織を総称して藩といった。大名は徳川氏に近い順に親藩・譜代・外様の三つに区分される。関ヶ原の戦以前からの家臣が譜代であり、それ以降の家臣が外様である。親藩はさらに御三家（尾張・紀州・水戸）、御三卿（田安・一橋・清水）、御家門（松平・結城《ゆうき》）に分けられる。老中などの幕府要職に就けるのは親藩または譜代に限られた。なお、松平氏の中には、徳川氏の母体となった松平氏の分家に当たる松平氏（久松松平氏・奥平松平氏）と、松平姓を許された松平氏（大河内松平氏・戸田松平氏など）がある。大名は老中の支配を受け、旗本は若年寄の支配を受ける。

徳川幕府は元和四年（一六一八）に安房国全域の総検地を行い、房総三国はすべて幕府の支配下に入った。しかし、後述するように、利根川の瀬替えが完結して房総が川と海に囲まれるのは承応三年（一六五四）であり、八代将軍吉宗が上総・下総の農民を動員して鹿狩《ししがり》を敢行するのは享保十年である。支配する側に房総という概念が形成されるのは、この頃もしくはこれ以降のことである（堀江俊次「房総概念の形成」『千葉史学　第二〇号』）。

十八世紀初頭における全国の総石高は三千万石であった。その内訳は幕府直轄領が四百万石、旗本知行所が三百万石、朝廷領が十万石、寺社領が四十万石、大名領が二千二百五十万石である。直轄領と旗本知行所を合わせると七百万石となり、将軍は諸大名を制圧するに十分な経済力を有していた。幕末における全国の総石高については後述する（『房総諸藩録』）。

幕府の要職を務めることの多かった大藩は、上屋敷・中屋敷・下屋敷などの江戸屋敷を設けて公務を処理した。こうした江戸藩邸を維持するために、江戸賄料《まかないりょう》として江戸周辺に分領（飛地）が与えられた。また、転封《てんぽう》（領地替え）の際に石高を調整するため、前の領地の一部が分領となることもあった。幕末には江戸湾警備を担当した藩に分領が与えられたが、これは警備担当期間に限られた一時的な処置であった。

房総に関する書籍は多数に上るが、房総に分領を持っていた藩を一覧にした表は発見できなかった。そこで、筆者が各市町村史の中から拾い上げて作成したのが次の表である（発生順に掲載）。西大平藩が分領を持つに至った経緯は前述したが、その他の藩については省略する。この十藩はすべて本書に登場する。

藩名	藩庁所在地	藩主	房総分領の陣屋所在地	分領の石高	開始時期
田中藩	藤枝市	本多氏	葛飾郡船戸村ほか（柏市）	一万五千石	一六一六年
福島藩	福島市	板倉氏	武射郡東金町（東金市）	三千石	一六七一年

結城藩	結城市	水野氏	武射郡成東村（山武市）	七千七百石	一七〇〇年
高崎藩	高崎市	松平氏	海上郡飯沼村（銚子市）	五千石	一七一七年
淀藩	京都市	稲葉氏	印旛郡大森村（印西市）	二万五千石	一七二三年
西大平藩	岡崎市	大岡氏	市原郡（市原市）	八百石	一七四八年
前橋藩	前橋市	松平氏	望陀郡向郷《むかいごう》村（君津市）	二万一千石	一七四九年
岩槻藩	さいたま市	大岡氏	夷隅郡墨名《とな》村（勝浦市）	一万五千石	一七五六年
安中藩	安中市	板倉氏	匝瑳郡太田村（旭市）	一万五千石	一七六七年
浜松藩	浜松市	水野氏	香取郡富田村（香取市）	六千石	一八三九年

（三）　地方直しと分ヶ郷

旗本の多くは割り当てられた知行所から年貢を徴収したので知行取《ちぎょうどり》といった。しかし、小禄（概ね千石以下）の旗本は俸禄を米で渡されたので蔵米取《くらまいどり》といった。蔵米は一年分を三回に分けて米俵で支給される。三月と六月にそれぞれ四分の一、十二月に二分の一である。蔵米取から知行取に切り替えることを地方直《じかたなお》しといった。寛永十年の地方直しでは蔵米取であった千石以下の旗本五百二十六人に知行所が割り渡された。元禄十年（一六九七）にも大規模な地方直しが行われ、五百俵以上の旗本五百四十二人に知行所が割り渡された。知行取になってから行われる加増は更に小さい。これによって小規模の領地が大量に設定されることになった。蔵米の一俵がどれほどの石高に当たるかは定かでないが、三千俵の蔵米取が三千石の知行取に切り替えられた例がある。

地方直しの例を挙げよう。夷隅《いすみ》郡夷隅町（いすみ市）の町域を支配した旗本は、入れ替わりを含めて延べ二十四人に上る。そのうち、書院番で五百俵の蔵米取であった旗本伊藤安兵衛正次《まさつぐ》は、寛永十年の地方直しで二百石を加増され、武蔵国足立郡内に七百石の知行所を与えられた。この例によれば、五百俵が五百石に相当する計算である。伊藤氏はその後、夷隅郡深谷村（いすみ市）・妙楽寺村（睦沢町）に合わせて三百八十三石余の知行所を与えられたが、ほかにも加増があって幕末には千二百八十四石余の領地を支配していた（『夷隅町史　通史編』）。

上級家臣（後の大名）の領地は各地に分散して与えられ、下級家臣（後の旗本・与力・同心）の領地は狭かった。そのため、一つの村が複数の領主に分割して与えられることになり、これを分ケ郷《わけごう》あるいは分郷《ぶんごう》といった。一つの村を複数の領主が知行することを相給《あいきゅう》知行といい、一つの村を知行する領主の数を給数《きゅうすう》といった。

上総国では一給の村が五十六％に過ぎず、二給が二十二％、三給が十％で、十二給という村まであった。相給の村では領主ごとに村役人を置いたが、入会地・農業用水・道路・橋の管理、祭礼などは一つの村として運営された。

幕府領・旗本知行所・与力給地・大名領の知行割の骨格は江戸時代初期に固まり、その後大名（藩主）の転封はあっても知行割の骨格は変わらなかった。十八世紀中頃になるとその転封も少なくなった。明治初頭における房総三国の所領構成比は次の通りである（『千葉県の歴史　通史編近世一』）。

国名	総石高（千石）	幕府領（%）	旗本知行所（%）	与力給地（%）	大名領（%）	その他（%）
安房国	九五	二一	二三	○	五四	二
上総国	四二六	五	五九	五	三〇	一
下総国	六八五	二六	三五	一	三四	一

表中の「その他」には御三卿領・寺社領などが含まれる。江戸から遠い安房国では大名領が五割を占め、上総国では旗本知行所が六割を占めた。下総国では幕府領・旗本知行所・大名領がそれぞれ三分の一前後であった。江戸時代後期において房総三国に本領を持っていた藩については後述する。

（四）代官頭・関東郡代・関東取締出役

関東入国当初において百万石に上る直轄領を統治したのは伊奈忠次《ただつぐ》・大久保長安《ながやす》・彦坂元正《もとまさ》・長谷川長綱《ながつな》という四

人の代官頭《だいかんがしら》である。伊奈忠次は利根川上流域の治水と開発に力を発揮した人物であり、大久保長安は五街道の整備や銀山の開発に力を発揮した人物である。伊奈忠次については後述する。しかし、慶長八年に幕府が開設されて幕府職制の整備が進むと、彼らの後任が任命されることはなく、最後に残った大久保長安が慶長十八年に死去すると代官頭という役職は消滅した。

伊奈氏はその後も関東代官を世襲して数十万石の直轄領を統治していたが、貞享五年（一六八八）前後には関東郡代という名称に改められた。関東郡代は勘定奉行の支配下で幕府直轄領を統治し、河川の改修、御鷹場の取締りなどに当たった。関東郡代伊奈氏の権限は御料（直轄領）に留まらず私領（旗本・与力の領地）や寺社領にまで及んだ（『関東郡代』）。

寛政四年（一七九二）、関東郡代伊奈忠尊《ただたか》が幕府の咎めを受けて失脚し、関東郡代の職務は勘定奉行が兼任した。この頃は関東農村にも貨幣経済が浸透して無宿者や博徒などの犯罪が増加し、領地が細分化された領主ごとの取締りでは対処できなくなっていた。それから間もなくの文化二年（一八〇五）、幕府は勘定奉行の下に関東取締出役《しゅつやく》を設置した。関東取締出役は御領・私領・寺社領の区別なく廻村して治安の維持に当たった。文化三年には関東郡代の制度が廃止された。文化九年七月、上総国武射郡（後の山武郡）の二十ヵ村が「浪人や無宿渡世人が徒党を組み、刀を抜いて酒食を要求する」として幕府に浪人対策を願い出た。幕府は同年九月に「長脇差を持って歩き回る者を死罪に処す」という触書を出した。文政十年（一八二七）には数十ヵ村を単位とする改革組合の結成が指示された。改革組合は関東取締出役の指示のもとに取締りに当る組織で、村の有力者が大惣代・小惣代などの役職に就いた。領主が細分化された関東農村の弱点はこの関東取締出役と改革組合が補うことになった（桜井昭男「関東取締出役と改革組合」『幕藩制改革の展開』）。

（五）農民規制と年貢

士農工商と言われる通り、農民は武士に次ぐ存在として領主の財政を支えた。農民は質素倹約を旨とし、自給自足することが求められた。いわゆる「慶安の触書」には農民の心得として「朝早く起きて草を刈り、昼間は田畑を耕作し、晩には縄をない俵を編むように」と記されている。田畑には穀物（米・麦・稗《ひえ》・粟《あわ》・豆・蕎麦《そば》）を栽培し、場所を選んで四木（桑・楮《こうぞ》・漆《うるし》・茶）や三草（紅花《べにばな》・藍・麻）を植えることが推奨された。なお、「慶安の触書」は慶安二年（一六四九）に幕府が発令したものとして『徳川実紀』に収録されているが、実際には元禄十年（一六九七）に甲府徳川藩領が『百姓身持之覚書』として発令したものであった（『慶安の触書は出されたか』）。

農業で重要な要素は用水・肥料・農具の三つである。水田は自然の傾斜を生かして水が得られる場所から順次開かれたが、用水技術が進むに従って平野部にも開かれるようになった。用水施設として溜池・堰・水路・堤防などが順次造られた。利根川支流小貝川の堰については第一章四で取り上げるが、その築造は寛永年間である。肥料は緑肥や堆肥が基本であったが、畿内（山城・大和・河内・和泉・摂津）の綿作地帯では早くから魚肥（干鰯《ほしか》・〆粕《しめかす》）が投入された。魚肥については第二章二で取り上げる。農具としては元禄年間（一六八八～一七〇四）の頃から備中鍬が普及して深耕を可能にした。脱穀用具は扱《こ》き箸に替わる千歯扱きが出現して生産性が向上した。

戦国大名は郷や庄を単位として自分の領地を支配していたが、江戸時代の領主は村を単位として領地を支配した。村切りによって村の範囲を確定し、検地によって村の石高を確定して、村ごとに年貢が割り当てられた。これを年貢村請制といった。年貢を個々の農民に割り当て、それを徴収するのは名主の役割であった。相給の村は領主ごとに細分化されていたが、その年貢を領主ごとに振り分け、それぞれの領主に納める作業も名主が担当した。村には名主の他に組頭・百姓代という村役人がいた。組頭は名主の補佐役、百姓代は名主・組頭の監視役である。収穫量に対する年貢の割合（年貢率）は北条氏が定めた四公六民が標準とされたから、四割前後であった。毎年十月を過ぎると領主から村に年貢割付状《わりつけ》が届けられた。これを村の名主が各戸に小割りし、取りまとめて納付した。これは田畑・屋敷地に課税される本途物成《ほんとものなり》（本年貢）であるが、年貢は他にもあった。小物成《こものなり》は山林・原野・河川・海などから受ける利益に対する税である。運上《うんじょう》・冥加《みょうが》は営業の利益に対する税である。高掛物《たかがかりもの》は伝馬駅入用金などを村の石高に応じて負担する税である。国役《くにやく》は河川改修など、特定の地域に限って割り当てられた労役または税である。助郷《すけごう》役は街道の宿駅に常備している人馬が不足した場合に人馬を提供する労役である。

農民の中には農業の合間に副業をして賃金を得る者が次第に多くなった。これを古くは農間渡世といったが、近年では農業外稼ぎと呼ぶ。各村には農業兼業の大工・左官・木挽《こびき》・屋根葺《ふき》・桶屋・畳屋・鍛冶屋などの職人がいた。名主層の中には酒造業・醸造業を手がけたり、酒屋・質屋を営んだりする者がいた。宿駅周辺では店屋・旅籠屋・馬喰《ばくろう》（運送屋）などもいた。幕府は農民が農業から離脱しないように、農業外稼ぎの調査を行って取り締まった。

幕府は村の統治を村に任せ、もっぱら武士と百姓を区別すること、村の治安を維持すること、村の年貢負担能力を把握することに力を注いだ。村の年貢負担能力を把握するために、領主の代替わりや巡検使・代官などの廻村に際して村明細帳の提出を命じた。村明細帳に記載される項目は、年貢、村高、家数・人口、牛馬数、農業外稼ぎなどであるが、その時々の目的によって追加項目が指示された。村明細帳を作成するのは名主であるが、記載内容は名主の裁量に任されていた（『村明細帳の研究』）。

二　御鷹場と御成街道

飼い馴らした大鷹や隼《はやぶさ》を使って鶴・白鳥・鴨などを捕えさせる鷹狩（放鷹《ほうよう》）は、律令制時代においては国家の政事であり、朝廷権力の象徴であった。将軍も鷹を朝廷から預かったものとして扱い、御鷹《おたか》と呼んだ。豊臣秀吉は松前（北海道）から江戸までの街道沿いに領地を持つ大名に鷹の餌と人足を負担させて鷹を継走させたほか、諸大名が統一政権に服属する証として鷹を献上させた。徳川家康もそれに倣い、諸大名が鷹を献上するのを待って同盟関係を結んだ。このように、鷹は身分制社会における権力の象徴であった（根崎光男「江戸幕府鷹場制度の成立過程」『幕藩制社会の展開と関東』）。

（一）　御鷹場と鷹狩

徳川家康は関東入国の年、すなわち天正十八年（一五九〇）に上総国山辺《やまべ》郡東金《とうがね》（東金市）周辺の百三十三ヵ村を御鷹場《おたかば》に指定した。近くの九十九里浜平野には渡り鳥が飛来する沼が多く、東金は鷹狩の適地であった。鷹狩は周辺の地理や民情を把握し家臣団の統制を図る軍事訓練であると同時に、周辺の外敵に対する示威《じい》行為でもあった。東金御鷹場の責任者には本多正信が指名された。正信は三河国高橋村（岡崎市）以来の配下である高橋衆七十騎を東金に移住させてこれに当たった。東金は幕府領（蔵入地）となり、代官が配置された（『東金市史　通史篇上六』）。

家康は慶長五年（一六〇〇）の関ヶ原の戦を制して天下の大権を握った。しかし、常陸太田（常陸太田市）の佐竹義宣《よしのぶ》は徳川方に加わらなかったため、慶長七年に出羽国に二十一万石で移封された（久保田藩、通称秋田藩）。佐竹氏の後を埋める水戸藩（水戸市）には家康の五男武田信吉が入り、その後も水戸藩には十男徳川頼宣《よりのぶ》、十一男徳川頼房《よりふさ》などが次々に配置された。

慶長十年四月、家康は将軍職を嫡男秀忠に譲り、自身は駿府（静岡市）に移り住んで大御所と呼ばれるようになった。家康は六十二歳、秀忠は二十六歳であった。慶長十六年、土井利勝が佐倉城の築城を命じられた。利勝は家康の母方の従弟《いとこ》に当たり、前年の慶長十五年に三十七歳で佐倉城主となり、老中に昇進していた。新城の場所はかつての千葉氏が拠点としていた本佐倉城（酒々井《しすい》町）ではなく、その西方四キロメートルの鹿島台（佐倉市）であった。鹿島台の名は千葉氏の親族の名に因んだもので、佐倉城は元和三年（一六一七）に竣工した（『佐倉市史　巻一』）。

家康は慶長十九年正月七日に江戸をたち、九日に東金に入って鷹狩をした。これが第一回目である。この年十月には大坂冬の陣が起こるのであるから、この鷹狩は明らかに敵対勢力に対する示威行為であった。鷹狩の後、家康は正月十六日に東金を発ち、十八日に江戸に帰った。

家康が江戸に帰った翌日に当たる慶長十九年正月十九日、家康の側近であった大久保忠隣《ただちか》が大久保長安の不正蓄財容疑に連座して改易（領地没収）された。大久保長安は佐渡奉行として全国の金山・銀山を統括した実力者であったが、その前年四月に死去していた。大久保忠隣の孫娘を娶っていた安房の外様大名里見忠義も慶長十九年九月に伯耆《ほうき》国倉吉（鳥取県倉吉市）三万石に国替えを命ぜられ、安房国は幕府領となった。翌年の元和元年四月には大坂夏の陣が起こり、五月に豊臣秀頼とその母淀君が自刃したため、豊臣氏は滅亡した。

里見忠義は織田信長の姪を母とし、十三歳の時に二代将軍徳川秀忠の御前で元服し、その一字を授けられて忠義と名乗った。十八歳の時に相模国小田原城主大久保忠隣の孫娘を娶ったので、忠義は周囲から嘱望される存在であった。忠義には近臣が八人いたが、彼らは忠義の死去に際して殉死する。

里見氏は安房に三つの城を持っていた。すなわち、館山城（館山市館山）、稲村城（館山市稲《いな》）、岡本城（南房総市富浦町豊岡）の三つである。これらの城は国替えと同時に破却され、現在は国の史跡に指定されている。里見忠義は嗣子《しし》がないまま元和八年に倉吉で死去し、十代百七十年あまりにわたって房総の地を治めた里見氏は滅亡した。里見氏の旧領は直轄領・旗本知行所などに細分化された。その後、天明元年（一七八一）に館山に一万石を与えられた稲葉正明は、館山城があった城山の南麓に陣屋を設けて藩庁とした。館山藩稲葉氏は幕末まで存続する（『館山市史』）。

（二）　御成街道と御殿

慶長十八年十二月十二日、佐倉城主土井利勝が船橋から東金に至る新道（御成街道）を造るよう命じられた。船橋から東金までの八里に加え、松之郷村（東金市）から小松村（山武市成東町）までの二里（御成新道）が新道であった。

「松之郷には提灯を灯し、白旗村（山武市成東町）には白旗を掲げて徹夜で工事が行われ、一ヵ月弱で完成した」という伝承がある。しかし、第一回鷹狩の慶長十九年には御成街道は完成しておらず、千葉経由の道が使用されたという。家康が御成街道を通って東金入りしたのはその翌年（元和元年）の鷹狩であり、工事の完成までに凡そ一年を要した。御成街道の工事には九十六ヵ村、御成新道の工事には四十二ヵ村の農民が動員された。

工事を担当した旗本の例を挙げよう。下総国千葉郡谷津《やつ》村・鷺沼《さぎぬま》村（習志野市）に三百石の知行所を持っていた旗本大久保氏は、御成街道の工事において長さ六町の区間を担当した。大久保氏の知行所は明治維新まで変化がなく、その地に大久保新田という地名が残された。大久保新田は明治二十二年に谷津村・鷺沼村などと合併して千葉郡津田沼村となり、明治三十六年に津田沼町、昭和二十九年（一九五四）に習志野市となった（『習志野市史　第一巻通史編』）。

家康は鷹狩のために御成街道の始点である船橋九日市（船橋市）に船橋御殿、中間点である中田村（千葉市御殿町）に御茶屋御殿、終点である東金（東金市）に東金御殿を造らせた。船橋御殿は慶長十七年、東金御殿は慶長十八年、御茶屋御殿は慶長十九年に建設されたとされるが、異説もある。東金御殿の跡地は現在千葉県立東金高等学校になっている。

家康の東金での第二回鷹狩は元和元年十一月に行われた。家康は十一月十七日に東金に着いて鷹狩をし、中田茶屋御殿にも宿泊した。二十五日に東金を発って船橋御殿に宿泊したが、その深夜に船橋で大火があった。船橋の町はほとんど丸焼けとなったが、御殿は無事であった。家康は翌年の元和二年四月に七十三歳で死去するので、これが東金での最後の鷹狩となった。

家康が東金で鷹狩をしていた頃（十一月十六日）、二代将軍秀忠は佐倉で鹿狩《ししがり》をしていた。鹿狩については後述するが、鹿・猪・野犬などを弓矢や鉄砲で捕らえることである。秀忠は元和三年から寛永七年（一六三〇）まで、十三年間に七回ないし九回東金を訪れて鷹狩をした。これ以降、将軍鷹狩は廃止となり、将軍の御名代が鷹狩を代行するようになった。

元和五年、東金に駐屯していた高橋衆七十騎が宇都宮領に所替えとなり、その跡地が与力給地となった。上総国山辺郡（東金・九十九里浜周辺）には与力給地が集中していたが（第一章一参照）、その理由がここにあった（『九十九里町誌　各論編上巻』）。

将軍の宿泊・休憩施設としての御殿は房総ばかりではなく、江戸周辺の主要街道の要衝に数多く設置されていた。東海道の高輪《たかなわ》・品川・六郷・大磯、中原街道の小杉・中原、青梅街道の高円寺、中山道の蕨《わらび》・浦和・鴻巣《こうのす》、奥州街道の千住・小菅・越ヶ谷など二十ヵ所を越える。しかし、幕府の基礎が固まってきた正保年間（一六四四〜四八）を過ぎるとその軍事的意味が失われたのであろうか、廃止される御殿が相次いだ。東金御殿と船橋御殿は寛文十一年（一六七一）に廃止された（『東金市史　通史篇上六』）。

（三）　鷹狩の復活と鹿狩

元禄六年（一六九三）に「生類憐みの令」を布告した五代将軍綱吉は徳川宗家出身であるが、将軍となってからは鷹狩・鹿狩などの狩猟をしなかった。六代将軍家宣《いえのぶ》も七代将軍家継《いえつぐ》も狩猟をしなかった。そのため、山野に鹿・猪・野犬などが繁殖し、農作物に獣害が目立つようになった。紀州家出身の八代将軍吉宗が乗馬好きであったことは後述するが、この将軍は初代家康が好んだ狩猟を復活させた。鷹狩・鹿狩は将軍の権力誇示、家臣の軍事訓練であると同時に、農民層から出ている獣害除去という願いを汲んだものでもあった。吉宗は享保元年（一七一六）八月に将軍職についたが、その翌年の享保二年五月に鷹狩をした。享保五年からは毎年正月四日を鷹始めと定めて鷹狩に力を入れた。

享保十年三月、将軍吉宗が幕府直営の中野牧（図3参照）で鹿狩を行った。幕府直営牧については後述する。お供衆の中には老中松平乗邑《のりさと》（佐倉藩主）もおり、江戸から日帰りの日程で将軍に付き従った。一方、小金牧周辺の村々は野方《のかた》代官小宮山杢進《もくのしん》の指示に従って二ヵ月前から準備にかかった。狩場は中野牧の中心部（後の松戸市五香《ごこう》・六実《むつみ》）

に設定され（図28参照）、北方は逆井《さかさい》（柏市）・高柳《たかやなぎ》（同）を結ぶ線、南方は紙敷《かみしき》（松戸市）・串崎新田（同）・栗野《あわの》（鎌ケ谷市）を結ぶ線までが含まれた。将軍御立場は現在の松戸市立第四中学校（松戸市五香西）の近くに設けられた。そして、三百七ヵ村から動員された一万人余の勢子人足が七組に分かれ、三日前から獲物を狩場に向かって追い立てた。この鹿狩の獲物は鹿八百二十六疋、猪五疋、狼一疋であった。吉宗は享保十一年（一七二六）三月にも前年と同じ場所、同じ手順で鹿狩を行った。その獲物は鹿四百七十疋、猪十二疋、狼一疋であった（『松戸市史　中巻近世編』）。

寛政三年（一七九一）九月、寛政の改革を推進していた老中松平定信（白河藩主）が将軍鹿狩を計画し、目付にその準備を命じた。その準備はしばらく停滞していたが、寛政五年に小納戸《こなんど》頭取の岩本正倫《まさとも》が野馬掛に就くと、鹿狩計画が具体化した。しかし、松平定信は同年七月に老中を罷免され、寛政の改革は終わりを告げた。そして、この頃から十一代将軍家斉《いえなり》の大御所時代が始まる。寛政七年三月、十一代将軍家斉の鹿狩が実現した。狩場は今回も中野牧であった。武蔵・常陸・上総・下総の四ヵ国十五郡から七万三千人余の勢子人足が動員され、東は銚子、西は江戸川、南は大多喜、北は利根川辺りから獲物を追い立てた。追う速度は一日当り二里とされたから、銚子の出発は鹿狩当日の十日ほど前であった。この鹿狩の獲物は鹿百三十疋、猪六疋、狐四疋、狢《むじな》二疋、兎六羽、雉子二羽であった。

嘉永二年（一八四九）三月には十二代将軍家慶《いえよし》がやはり中野牧で鹿狩を行った。将軍の日程は今回も日帰りであった。両国から船に乗って千住大橋で上陸し、新宿《にいじゅく》を経て江戸川を舟橋（舟を並べた橋）で渡って松戸宿で小休止し、日暮《ひぐらし》村（松戸市）の金ヵ作陣屋を経て中野牧の御立場に入った。千住大橋が架けられた時期については後述する。この時代には獲物が減少していたため、一年前から一部の村々に獲物を生け捕りさせておき、三日前に狩場に放させた。これを取溜《とりため》といった。鹿は逃げ足が速くて生け捕りが難しかったが、猪は落とし穴などで容易に捕らえられた。動員された勢子人足は五万人余で、獲物は鹿十九疋、猪百二十二疋、兎百羽、狸五疋、雉子二羽であった（『鎌ケ谷市史　中巻』）。

三　幕府直営牧

戦争に明け暮れる戦国大名にとって馬は必需品であったから、有力な大名は野馬《のま》を囲って軍馬の供給源とした。これが野馬牧場である。関東に入った徳川家康は戦国大名が持っていた領地とともに、その野馬牧場も手に入れた。高城《たかぎ》氏（小金城主）が持っていた小金牧（葛飾郡・印旛郡）、千葉氏（本佐倉城主）が持っていた佐倉牧（千葉郡・印旛郡・埴生《はぶ》郡・香取郡・山武郡）、里見氏（館山城主）が持っていた嶺岡《みねおか》牧（平《へい》郡・長狭《ながさ》郡・朝夷《あさい》郡）がそれである。小金牧と佐倉牧はともに水源に乏しい下総台地の上にあり、灌漑技術が未発達であった当時においては耕作に向かない遊休地であった。嶺岡牧は傾斜のきつい嶺岡山地の上にあったから、これも遊休地であった。幕府直営牧としてはこのほかに駿河国愛鷹《あしたか》山の山麓に愛鷹牧（沼津市・富士市）があったが、直営牧の大半は房総にあったのである（『千葉県の歴史　通史編近世一』）。

本節では初めに直営牧全般のことを紹介し、牧毎に異なることについてはそれぞれ項を設けて述べることにする。

（一）　幕府直営牧の概要

野馬は牧内の草木を食べ、谷津頭《やつがしら》にできた池の水などを飲んで成長した。野馬が村の畑に入り込んで害を及ぼさないよう、要所には野馬土手が築かれた。標準的な野馬土手は高さ二間、上辺一間、底辺二間半ほどの台形状であった。道が野馬土手を横断する個所には木戸《きど》が設けられ、通行量が多い木戸には木戸番が配置された。現在でも野馬土手の一部や「○○木戸」という地名が各地に残っている。しかし、崖や林のあるところには野馬土手を築かなかったので、境界がはっきりしないところも多かった。

春先に生まれる子馬を狼や野犬の被害から護ることが管理者の重要な仕事であった。馬の繁殖状態を把握し、幕府が使用する馬を確保するために、年に一度は野馬捕《のまど》りが行われた。その時期は、小金牧は三月、佐倉牧は六月ないし八月、嶺岡牧は正月ないし二月であった。すべての野馬が一旦捕獲され、幕府に納める馬（上げ馬）と農民に払い下げられる馬（払い馬）が選別され、その他の馬は牧に返された。その年に生まれた子馬（当歳馬）には右臂部《でんぶ》に牧の焼印が押された。野馬牧場にどれだけ野馬がいたかを一斉に調査した資料はないようであるが、江戸時代を通じた平均的な概数として、小金牧に凡そ千頭、佐倉牧に凡そ三千頭、嶺岡牧に凡そ千頭とされている（『鎌ケ谷市史　中巻』）。

野馬の世話をするのは幕府から任命された牧士《もくし》たちであった。牧士にはその地の有力農民が任命され、苗字・帯刀・乗馬・鉄砲所持が許された。鉄砲は狼を駆除するために必要であった。牧士の役目は牧場を見廻り、野馬の逸脱を防ぎ、傷病の馬を手当てし、生まれた子馬を狼や野犬から保護し、大雪の時に藁《わら》などの餌を与えることであった。また、年に一度の野馬捕りを計画し、野付村《のつきむら》の農民を指揮して野馬を捕獲した。この行事には統制のとれた集団行動と高度の技術が必要であった。牧士に与えられる手当は当初は馬二頭であったが、享保七年の改革（後述）以降は給金五両に変更された。牧士の数は時代とともに増加し、幕末期には小金牧で二十七人、佐倉牧で二十二人、嶺岡牧で十三人が任用されていた（『習志野市史　第一巻通史編』）。

牧周辺の村々は牧士の作業を補佐する作業を割り当てられた。これが野付村で、牧毎に数十ヵ村が指定された。野付村の農民が担当した作業には野馬土手の普請、野馬捕りの際の勢子《せこ》人足、野犬落し用の穴浚い、水飲み場の整備、牧の見回りなどがあった。野馬捕りの勢子は藪に隠れている馬を竹の棒で追い出し、捕込《とっこめ》に追い込む役割である。野馬を捕込に追い込み易いように、各所に勢子土手も作られていた。中野牧の捕込は鎌ケ谷市中沢に、下野牧《しもの》の捕込は鎌ケ谷市鎌ケ谷新田にあった。

農民はこうした作業を負担する代償として、牧内で秣《まぐさ》を刈って家畜の飼料や田畑の肥料にすること、林の間伐材や下枝を集めて炊事の燃料にすることなどが許されていた。薬草や栗などを採集して販売することもできた。寛政十一年（一七九九）における野付村は小金牧で二百二十二ヵ村、佐倉牧で二百九ヵ村、嶺岡牧で六十六ヵ村が指定されて

いた（『船橋市史　近世編』、『大栄町史　通史編中巻近世』、『鴨川市史　通史編』）。

（二）　牧支配の変遷

慶長十九年（一六一四）六月、小金牧で野馬捕りが行われ、九十六頭の馬が捕らえられた。その直後の七月、最初の牧士任用が行われ、佐倉牧の牧士として六人が任用された。その多くはこの近くの豪族千葉氏の旧家臣であった。そのうち、綿貫十右衛門は小金・佐倉牧の馬頭《うまがしら》に任用された。綿貫氏の野馬奉行登用については後述する。その年の十月に大坂冬の陣があり、元和元年（一六一五）四月の大坂夏の陣で豊臣氏は滅亡した。そして、元和二年二月には小金牧の牧士として五人が任用された。その多くはこの近くの豪族高城氏の旧家臣であった。小金・佐倉牧の馬頭に任用された初代綿貫十右衛門の父親は千葉氏の旧家臣で、千葉郡山梨村（四街道市）の山梨城主月見里《やまなし》氏であった。綿貫家墓地（流山市名都借《なずかり》）にある第九代月見里氏の墓石銘には「初代綿貫氏が家康に御目通りを許された時に、袷《あわせ》を作るほどの余裕がなかったため、冬用の綿入から綿を抜いたものを着て家康の前に出た。それを見た家康が、綿貫の姓を名乗るように言った」という逸話が刻まれている。

寛永十三年には三代将軍家光の指示によって、江戸城西方の高田（新宿区）に馬場が設けられた。その広さは東西が約六百五十メートル、南北が約五十五メートルで、家臣たちの馬術の訓練に使用された。高田の馬場は明治期には競馬場として使われ、その跡地が高田馬場という地名になった（『松戸市史　中巻近世編』）。

明暦三年（一六五七）頃、葛飾郡小金町（松戸市）に小金厩役所（小金御厩《おうまや》）が設けられた。元禄年間（一六八八～一七〇四）にここに書役として配属されたのが綿貫氏である。綿貫氏は小金厩役所を役所兼自宅（役宅）として牧士を統率した。元禄九年（一六九六）頃に野馬奉行に就任し、これ以降幕末まで野馬奉行を世襲する。

寛政十年に作成された綿貫氏の由緒書には、初代綿貫氏が慶長年間（一五九六～一六一五）に野馬奉行に就いたと記載されている。しかし、慶長年間に野馬奉行という職名はなかったので、由緒書のこの部分は信用できない（『江戸幕府の直営牧』)。

享保の改革を主導した八代将軍徳川吉宗は乗馬を好み、馬事に通じていた。享保七年（一七二二）、吉宗はそれまで続いてきた盛岡藩からの南部馬購入を止め、小金牧と佐倉牧で育てた馬に切り替えること、野馬の供給と並行して牧の新田化を進めることを決定した。牧は老中支配から若年寄支配に移され、幕府領代官であった小宮山杢進《もくのしん》が野方《のかた》代官に任命された。杢進は小金牧・佐倉牧を測量し、実測図を作成した。葛飾郡日暮《ひぐらし》村（松戸市）に金ヶ作《かねがさく》陣屋が設けられ、杢進がここに詰めた。小金牧は二分され、中野牧・下野《しもの》牧は野方代官の担当となった。野方代官は野馬の管理に加えて牧場に関する全ての行政、すなわち、野付村に対する年貢徴収・公事《くじ》訴訟などの事務を一元的に処理した。杢進の支配地は小金町・千駄木堀村・日暮村など五万石に上った。残りの高田台《たかだだい》牧・上野《かみの》牧・印西《いんざい》牧については、それまで通り小金厩役所に本拠を置く綿貫氏の担当であった（『松戸市史　中巻近世編』）。

享保七年、野方代官小宮山杢進が佐倉七牧を検分し、内野《うちの》牧・高野《こうや》牧・柳沢《やなぎさわ》牧を佐倉藩稲葉家に預け、残りの油田《あぶらた》牧・矢作《やはぎ》牧・取香《とっこう》牧・小間子《おまご》牧はそれまで通り綿貫氏の支配とした。但し、三牧が佐倉藩に預けられた時期については、寛永十九年（一六四二）に堀田正盛《まさもり》が佐倉に入封した頃という説も存在する（『佐倉市史　巻一』）。

嶺岡牧は寛永年間（一六二四〜四四）以降一時衰退していたが、享保六年に綿貫氏による調査が行われた。享保七年、南部馬二十頭が平郡山田村（南房総市）に放牧された。享保十一年に柱木《はしらぎ》牧が開かれ、享保十二年には西牧・東牧がそれぞれ二つに分けられて、嶺岡牧は東上牧・東下牧・西一牧・西二牧・柱木牧の五牧として再興された。享保十三年には斉藤氏が馬預に任命され、嶺岡五牧を担当した（『丸山町史』）。

享保年間（一七一六―一七三六）における牧支配の担当を一覧にすると次のようになる（『習志野市史　第一巻通史編』）。

野方代官――小金牧のうち二牧（中野牧・下野牧）
綿貫氏――小金牧のうち三牧（高田台牧・上野牧・印西牧）
同――佐倉牧のうち四牧（油田牧・矢作牧・取香牧・小間子牧）
佐倉藩――佐倉牧のうち三牧（内野牧・高野牧・柳沢牧）
斉藤氏――嶺岡牧（東上牧・東下牧・西一牧・西二牧・柱木牧）

幕府は小金牧・佐倉牧・嶺岡牧の三牧を直接管理したが、政権が安定して戦争の恐れがなくなるにつれて牧の重要性は薄れた。むしろ財政を補うことの方が重要視された結果、牧周辺の村々（野付村）に林畑《はやしはた》などの開発を許すようになった。林畑には楢《なら》や椚《くぬぎ》が植林され、炭や薪《まき》が生産された。薪などの林産物の表記については後述する。小金牧で行われた大規模な開発によって、印西牧は延宝年間（一六七三～八一）に三分の一に縮小し、荘内牧は享保年間に消滅した。下総台地西部における新田開発は延宝年間に集中しており、最近の行政区域別に見ると次のような新田を挙げることができる（『千葉県の歴史　通史編近世一』）。

野田市域　柳沢新田・中根新田・宮崎新田・花井新田・堤根新田
流山市域　向小金新田
松戸市域　松戸新田・高塚新田
市川市域　大町新田
船橋市域　神保新田・藤原新田・丸山新田・上山新田・行田新田・前原新田・滝台新田
習志野市域　大久保新田

このうち、藤原新田（船橋市）には下野牧の捕込が設けられていたが、新田となるに際して鎌ヶ谷新田（鎌ヶ谷市）に移された（『鎌ケ谷市史　中巻』）。

八代将軍吉宗が主導した享保の改革では、財政再建のために新田開発が奨励された。享保七年（一七二二）七月、江戸日本橋に「新田開発ができそうな場所があれば願い出るように」との高札が立てられた。町人請負新田は別として、代官見立て新田の場合は新田から収納する年貢の十分の一を代官に終身給与すると定められた。小宮山杢進の支配下にあった佐倉牧のひとつ矢作牧では、次の二つの新田が開発された。①村田村（成田市）が開発した村田新田は享保十六年の新田検地で成立し、林畑五十七町歩余が石高百十五石余として幕府領に組み入れられた。②南敷村（成田市）と桜田村（同）が開発した南田新田も享保十六年の新田検地で成立し、林畑三町九反余が石高七石八斗余として幕府領に組み入れられた（『大栄町史　通史編中巻近世』）。

小金牧のひとつ中野牧では享保十五年頃、金ヶ作村（松戸市）・串崎新田（同）・高柳新田（柏市）・田中新田などが開発されて検地を受けた（『松戸市史　中巻近世編』）。

享保十七年、小宮山杢進は部下に不正があったことが発覚して出仕を留められ、享保十九年に小普請となり、享保二十年に閉門の処罰を受けた。杢進が担当していた小金牧（中野牧・下野牧）の支配は以前の状態に戻された。すなわち、野馬については綿貫氏の支配、領地については関東郡代伊奈氏の支配となった。

寛政五年になると、馬預に替わって小納戸《こなんど》頭取の岩本正倫《まさとも》がすべての牧を統括する野馬掛に就いた。小納戸とは将軍の日常の雑務を担当する役職である。一橋家出身の十一代将軍家斉は岩本正倫の姉の子であったから、正倫は家斉の叔父に当たり、将軍の絶大な信頼を獲得していたのである。正倫は寛政五年から五年間に渡って牝馬の売却を停止して馬を増加させた。また、牧内に樹木を植えて野馬の避寒・避暑場所とし、伐採分は薪や炭に加工した。しかし、現地における管理者はそれまで通り綿貫氏や佐倉藩であった。牧の支配体制はその後大きな変更がないままに幕末を迎える（『鎌ケ谷市史　中巻』）。

それでは、小金牧・佐倉牧・嶺岡牧という幕府直営三牧の様相を順次見てゆくことにしよう。

（三）　小金牧

印西牧では延宝年間に惣深《そうふけ》新田（印西市）の開発が行われた。しかし、牧の周辺は秣場《まぐさば》として飼料の採取に利用されていたから、周辺の村々十六ヵ村が開発に反対した。幕府評定所の裁定によって、開発地の総石高四千七百石余のうち二千石ほどは周辺の十六ヵ村に譲渡され、残りの二千七百石余が惣深新田となった。この開発によって印西牧は三分の一に縮小した。この十六ヵ村とは次の村々である（『印西市歴史読本　中世・近世編』）。

（印西市）船尾村・結縁寺《けつえいじ》村・松崎村・別所村・小林村・宗甫《そうほ》村・大森村・鹿黒《かぐろ》村・和泉村

（印西市旧印旛村）吉田村・岩戸村・造谷《つくりや》村

（印西市旧本埜《もとの》村）角田《つのだ》村・荒野《こうや》村・竜腹寺村・滝村

享保七年に作成された実測図によると、小金牧は荘内牧（野田市）、高田台牧（柏市）、上野牧（流山市・柏市）、中野牧（松戸市・鎌ケ谷市・柏市）、一本椚《いっぽんくぬぎ》牧（鎌ケ谷市）、下野牧（船橋市・習志野市・八千代市）、印西牧（白井市・印西市）の七牧からなっていた。括弧内は牧の主要部分を占める近年の市町村名である（『松戸市史　中巻近世編』）。

享保年間には新田開発が奨励され、荘内牧の中で大規模な開発が行われた。現在の野田市域に当たる柳沢新田・宮崎新田・堤根新田・花井新田などがそれである。この開発によって荘内牧は消滅してしまった。また、一本椚牧は享保の改革の中で中野牧に併合された。そのため、これ以降は小金五牧と呼ばれる（図3参照）。

葛飾郡中里村（野田市）の神社には寛政十一年に建てられた石塔があり、「小金牧の野馬が囲を越えて田畑を荒らすので代官所に嘆願したところ岩本石見守という人が難儀を救ってくれた」と刻まれている。荘内牧の廃止後に残っていた野馬が隣接する上野牧・高田台牧などに移されたことを言っているのであろう（『野田郷土史』）。

文政十一年（一八二八）における高田台牧・上野牧・印西牧の野馬数・捕馬数は次の通りである（『柏市史　近世編』）。

牧名	高田台牧	上野牧	印西牧	合計
野馬数	一三一	二二四	八八	四四三
捕馬数	一四	二〇	八	四二

野馬数に対する捕馬数の割合は三牧平均で九％になっている。なお、牧が廃止された明治四年における野馬の概数は、高田台牧が約百頭、上野牧が約百八十頭、中野牧が約二百頭、下野牧が約二百頭、合わせて約六百八十頭で、印西牧については不明である。

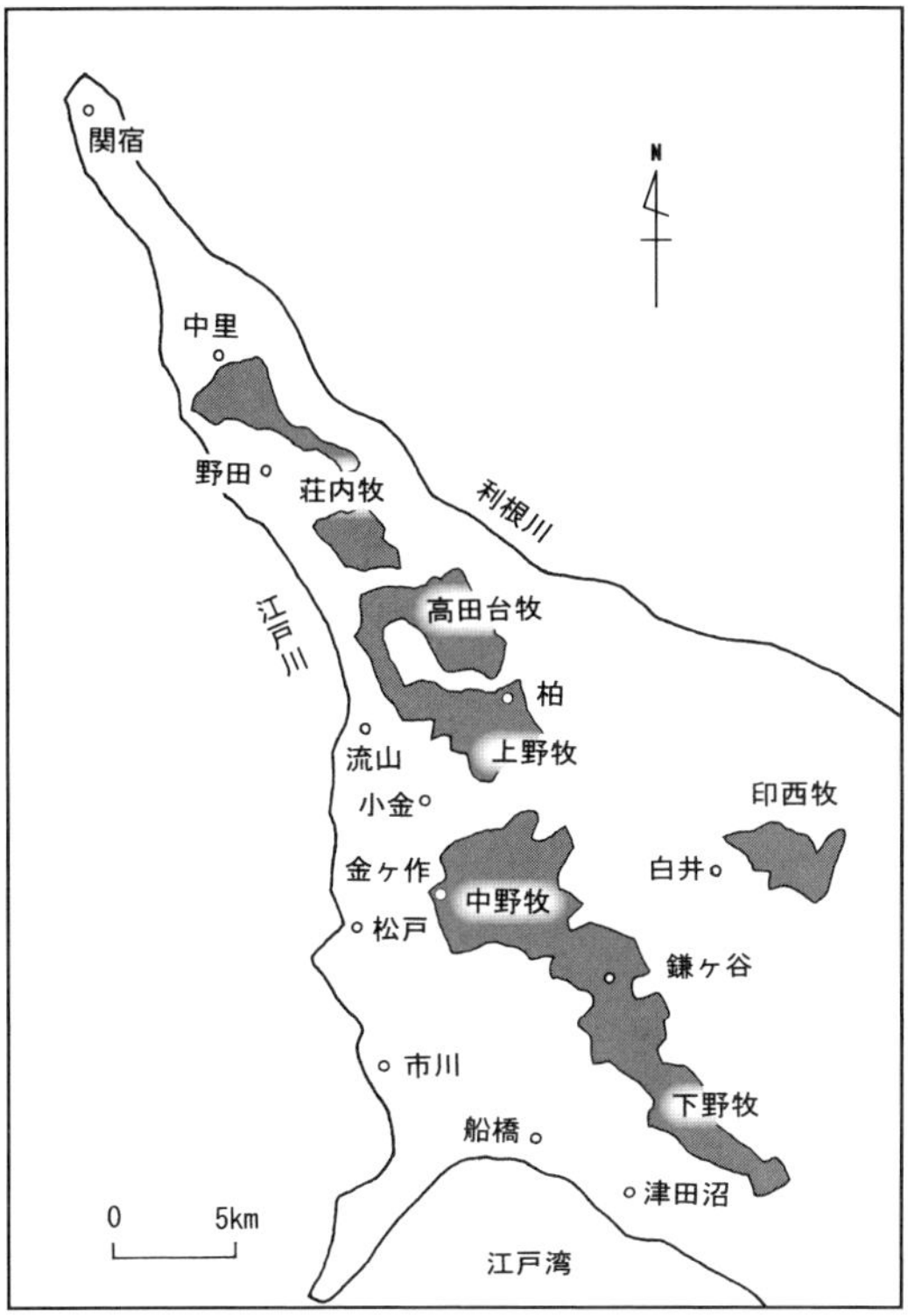

図３　小金五牧の位置

寛保元年（一七四一）に高田台牧（柏市）周辺の十ヵ村（布施村・花野井村・小青田村・船戸村など）で行われた調査によると、農家戸数（本百姓）七百六十四戸に対して馬数は五百五十八頭で、一戸当たり〇・七三頭という結果であった。この地区は利根川の布施河岸（後述）に近く、馬の多くは駄送による駄賃稼ぎに使用され、農耕に使われる馬は少なかった。また、馬の売買を専業とする馬喰《ばくろう》渡世の者も存在していた（『柏市史　近世編』）。

（四）佐倉牧

徳川氏が千葉氏から引き継いだ頃の佐倉牧は千葉領（千葉郡・印旛郡）、東金領（山武郡・香取郡）にも広がっていた。そこで、佐倉牧は二領を支配する代官に預けられ、四人の牧士が任用された。大坂冬の陣が始まる慶長十九年には牧士が六人に増員された（『成田市史　中世・近世編』）。

元和年間（一六一五〜二四）までの佐倉牧は小間子牧（八街市）、柳沢牧（八街市・酒々井町・富里市）、高野牧（富里市・山武市・芝山町）、取香牧（成田市・芝山町）の四牧が主体であった。酒々井（酒々井町）に管理の拠点があって、野付村三十八ヵ村に野馬捕りの回状を廻していた。馬を追い込む捕込も酒々井にあった。水戸佐倉道の「佐倉」は、酒々井を含む広義の佐倉であったのである。

寛永十九年に信濃国松本城主から下総国佐倉城主に所替えとなった堀田正盛《まさもり》は牧の管理に力を注いだ。佐倉藩堀田氏が前期・後期に分かれることについては後述する。牧の区画が整理されたのはこの頃、もしくは寛文二年（一六六二）までの間であり、前記した四牧に内野牧（成田市・酒々井町・富里市）、矢作牧（多古町・成田市）、油田牧（香取市）を合わせて佐倉七牧といわれるようになった（図4参照）（『佐倉市史　巻一』）。

佐倉藩預かりの「佐倉三牧」と綿貫氏支配の「佐倉四牧」では資料の調査年度が異なるので、それぞれの年度で野馬数・捕馬数を整理する。まず、佐倉三牧における天明八年（一七八八）の野馬数・捕馬数は次の通りである（『大栄町史　通史編中巻近世』）。

牧名	内野牧	高野牧	柳沢牧	合計
野馬数	二〇四	二三一	三一一	七四六
捕馬数	三四	四四	六六	一四四

野馬数に対する捕馬数の割合は三牧平均で十九％ほどである。佐倉三牧では毎年の捕馬の中から六頭を幕府に献上

し（献上馬）、十七頭は佐倉城主に下付され（拝領馬）、残りを野付村の百姓に競り売りしていた（払下げ馬）。払下げ馬は農民の農耕・運搬用であり、五年程度の年賦による支払いが認められた。

佐倉四牧における天保十一年（一八四〇）の野馬数・捕馬数は次の通りである（『富里村史　通史編』）。

牧名	小間子牧	取香牧	矢作牧	油田牧	合計
野馬数	四五六	二六四	三四六	一四二	一二〇八
捕馬数	三五	一九	二八	七	八九

野馬数に対する捕馬数の割合は四牧平均で七％ほどである。また、馬一頭の代金は平均五両余であった。

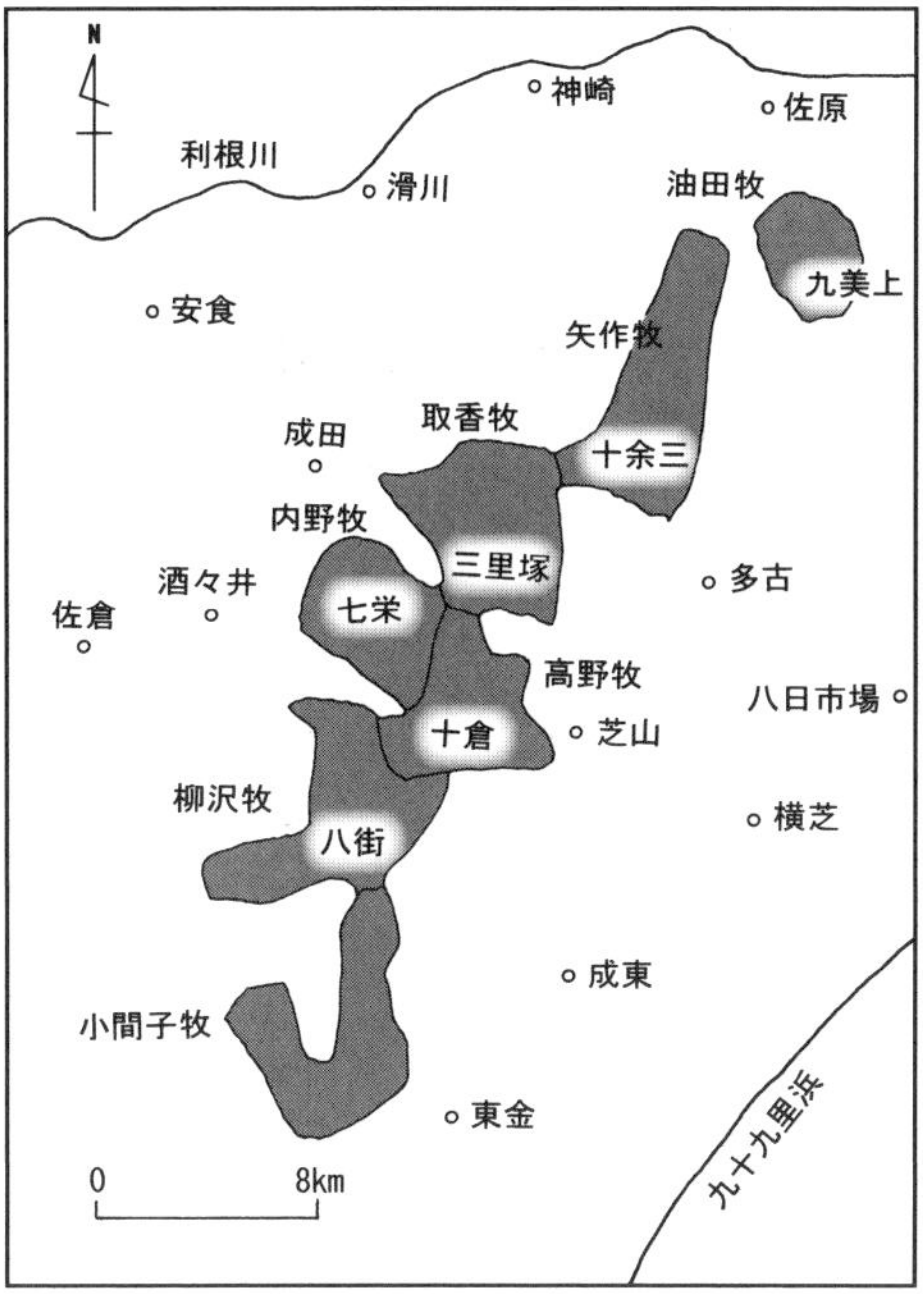

図４　佐倉七牧の位置

『大栄町史　通史編中巻近世』には佐倉七牧で払い下げた馬の価格が整理されている。弘化三年（一八四六）から慶応二年（一八六六）までの間における六回分の調査結果である。この間における各年度の捕馬数（馬の供給量）は比較的安定しており、佐倉三牧で平均八十五頭、佐倉四牧で平均七十六頭であった。ところが、払い下げ馬一頭当たりの平均価格は次のように急騰していた（『大栄町史　通史編中巻近世』）。

弘化三年（一八四六）　八両三分
安政五年（一八五八）　九両
万延元年（一八六〇）　一〇両一分

文久元年（一八六一）　　九両三分
慶応元年（一八六五）　　二〇両一分
慶応二年（一八六六）　　三一両三分

この価格急騰の原因は幕末に馬の需要が急増したことにあると指摘されている。それは開国に伴う国内の動揺と関係しているであろう。

（五）嶺岡牧

嶺岡《みねおか》山系は太平洋岸の磯村（鴨川市）から東京湾岸の勝山（鋸南町）まで、房総半島を東西に横断しており、その長さは約二十五キロメートルに及ぶ。ここには東側から嶺岡山（標高三三六メートル）、愛宕山（四〇八メートル）、伊予ヶ岳（三三七メートル）という高い山が連なり、特に愛宕山は房総一の高さを誇る。

慶長十九年、安房国四万石を治めていた里見氏が伯耆《ほうき》国倉吉（鳥取県倉吉市）に転封され、嶺岡山地に設けられていた嶺岡牧は幕府代官の所管となった。嶺岡牧は嶺岡山周辺の東牧（鴨川市）と、愛宕山周辺の西牧（鴨川市・南房総市）の二牧であった。東牧は嶺岡山の稜線（後の中央林道）に沿って北側に広がり、捕込は中居村（鴨川市）にあった。西牧は愛宕山と白石峠を結ぶ稜線の両側に広がり、平塚村大田代（鴨川市）に捕込があった。

その後、寛永年間に周辺の丘陵で地すべりが激しくなり、牧は一時停滞した。元禄十六年の元禄地震に際しては、嶺岡山付近の尾根続きに長さ三里余に渡って幅三尺ないし六尺の地割れができて多数の馬が死んだ。そのため牧の経営は中断されたが、八代将軍吉宗による享保の改革が始まると、再び嶺岡牧が注目された。この牧の長所は豊富な地下水に恵まれていることである。享保七年に牧士六人を置いて牧が再開された（『鴨川市史　通史編』）。

享保十二年に牧改革があり、東牧は東上牧・東下牧に分割され、西牧は西一牧・西二牧に分割された。また、愛宕山の南方四キロメートルの経塚山（標高三二〇メートル）の周辺に柱木牧（南房総市）が新設された。経塚山（別名柱木山）

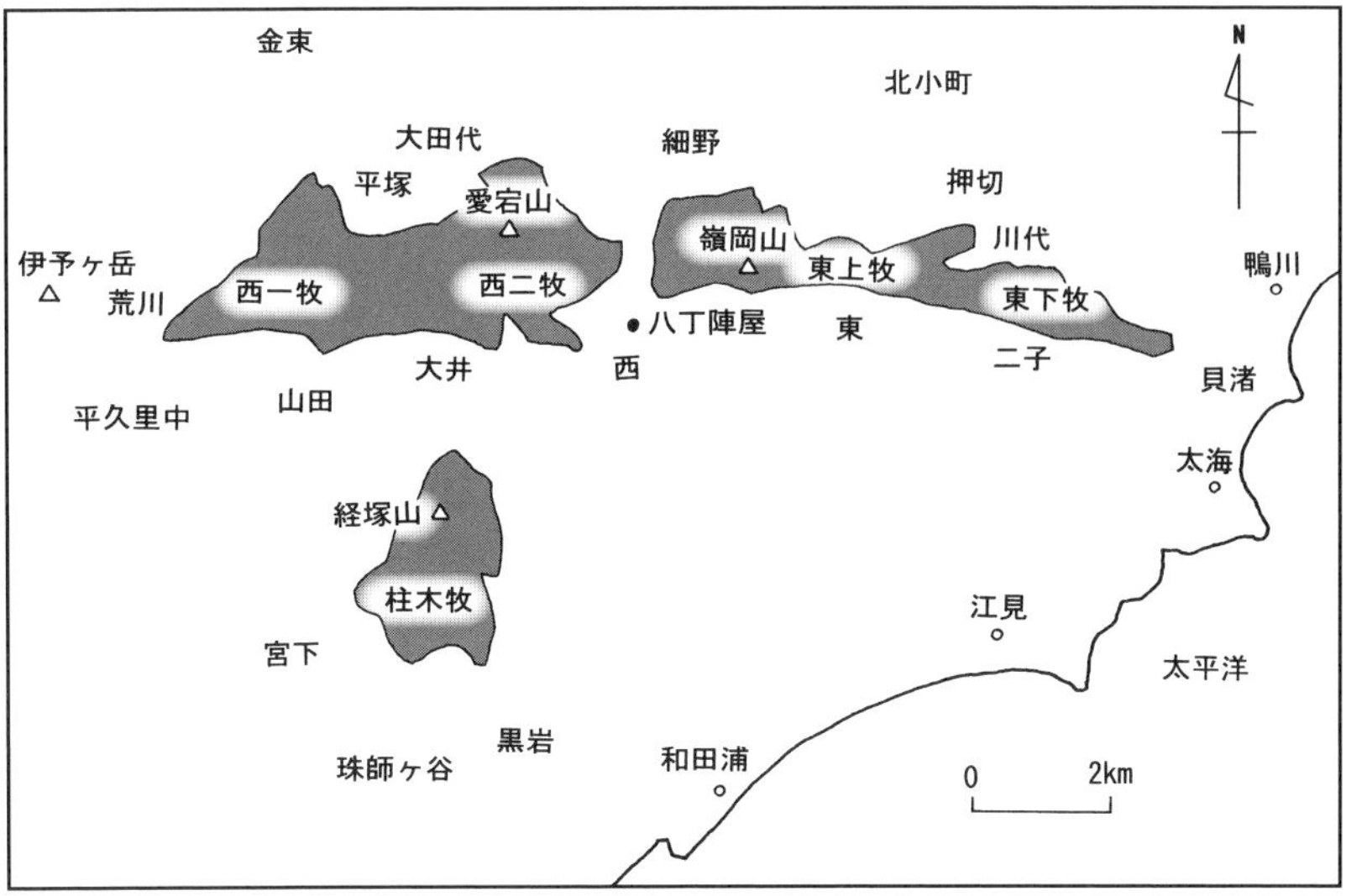

図５　嶺岡五牧の位置

は温石川《おんじゃく》の支流珠師ケ谷《しゅしがやつ》の源流に当り、珠師ケ谷と丸山川に挟まれていた。この周辺には平安の頃から珠師ケ谷馬牧と呼ばれる牧場があったという。こうして嶺岡牧は五牧となった（図5参照）（『富山町史　通史編』）。

嶺岡牧周辺の山地には野馬を襲う狼・山犬・猪・鹿などが生息していたので、牧付村々にはその駆除が義務付けられた。文化五年（一八〇八）には五十六ヵ村に鉄砲二百一挺が貸付けられた。そのうち十五挺を所持した北風原村《ならいはら》（鴨川市）が文化十三年に仕留めた獲物は、山犬二疋・猪十八疋・鹿五十八疋であった。

享保十二年には幕府がインドから白牛三頭を輸入し、嶺岡牧に放牧した。白牛から搾った牛乳を白牛酪《はくぎゅうらく》（バター）に加工し、薬として寛政八年から江戸日本橋で販売した。こうしてこの地は日本酪農発祥地となった。現在は千葉県嶺岡乳牛試験場（南房総市大井）が置かれ、千葉県が文化財（史跡）に指定している（『鴨川市史　通史編』）。

享保十三年、斉藤氏が嶺岡牧の馬預《うまあずかり》に任命され、江戸在住のまま現地の牧士を指揮した。享保二十年には東牧・西牧の境界に近い長狭郡宮山村八丁《はっちょう》（鴨川市西）に八丁陣屋が設けられた。斉藤氏はその後寛政五年まで三代にわたってその役を務めた。陣屋近くで村の名主を務めていた水田家の旧住宅は近年になって国の有形文化財に登録された。八丁陣屋直営の炭焼きについては後述する。

嶺岡五牧の馬数は寛政五年に四百六十六頭、寛政九年に六百七十八頭であった。捕馬は毎年正月ないし二月に行われたが、捕馬数を記録した資料は見当たらない。江戸城に納める馬の頭数は定められていなかった（『丸山町史』）。

明治二十二年の町村制施行直前には、嶺岡牧周辺の村の名前に嶺岡牧に関連する名称が使用されていた。曽呂村（鴨川市）の嶺岡東牧、大山村（同）の嶺岡西牧、満禄村（南房総市）の嶺岡柱木牧などがそれである。

四　河川の付替え

江戸時代初期の利根川は川俣（埼玉県羽生市）から会ノ川を通って後の古利根川に入り、元荒川（後述）と合流した後は住田川（後の隅田川）となって江戸湾（東京湾）に注いでいた。また、渡良瀬《わたらせ》川は古河《こが》（茨城県）の西方から庄内川に入り、金杉（埼玉県松伏町）付近で太日《ふとひ》川（後の江戸川）に入って江戸湾に注いでいた（図6参照）。

一方、現在の利根川の下流部は常陸川と呼ばれていた。常陸川の支流毛野川（鬼怒川）の支流のひとつは猿島《さしま》台地に点在する大山沼（古河市）・釈迦沼（総和町）・長井戸沼（境町）などの水を集めて東方に流れ（図7参照）、毛野川さらには常陸川となって香取海《かとりのうみ》に流れ込んでいた。香取海とは鹿島灘で太平洋に連なっていた内海のことである。これについては後述する（『利根川治水の変遷と水害』）。

（一）　利根川・渡良瀬川の付替え

代官頭（第一章一参照）の一人、伊奈忠次《ただつぐ》は利根川上流域に広大な領地を与えられていた。忠次は慶長十年（一六〇五）から五年の歳月をかけて用水路（代官堀）を完成させ、上野国群馬郡玉村（群馬県玉村町）周辺に新田を開発した。忠次の跡を継いだ次男伊奈忠治《ただはる》も代官として数々の治水・開発の事業を手がけた。利根川の瀬替えと荒川の瀬替えは忠治の代表的な治水事業である（『三郷市史　第六巻通史編Ⅰ』）。

利根川の瀬替えに最初に手をつけたのは忍《おし》（埼玉県行田市）の城主松平忠吉《ただよし》の家臣であった。文禄三年（一五九四）、会ノ川が川俣（埼玉県羽生市）で締め切られ、利根川の水は浅間川を通って古利根川に流れ込むようになった（図6参照）。伊奈忠治が利根川改修に乗り出すのはこの段階からである。元和七年（一六二一）、忠治は佐波（埼玉県大利根町）から中田（茨城県古河市）まで約八キロメートルの新水路新川通《しんかわどおり》を開削し、利根川の水を渡良瀬川に合流させた。

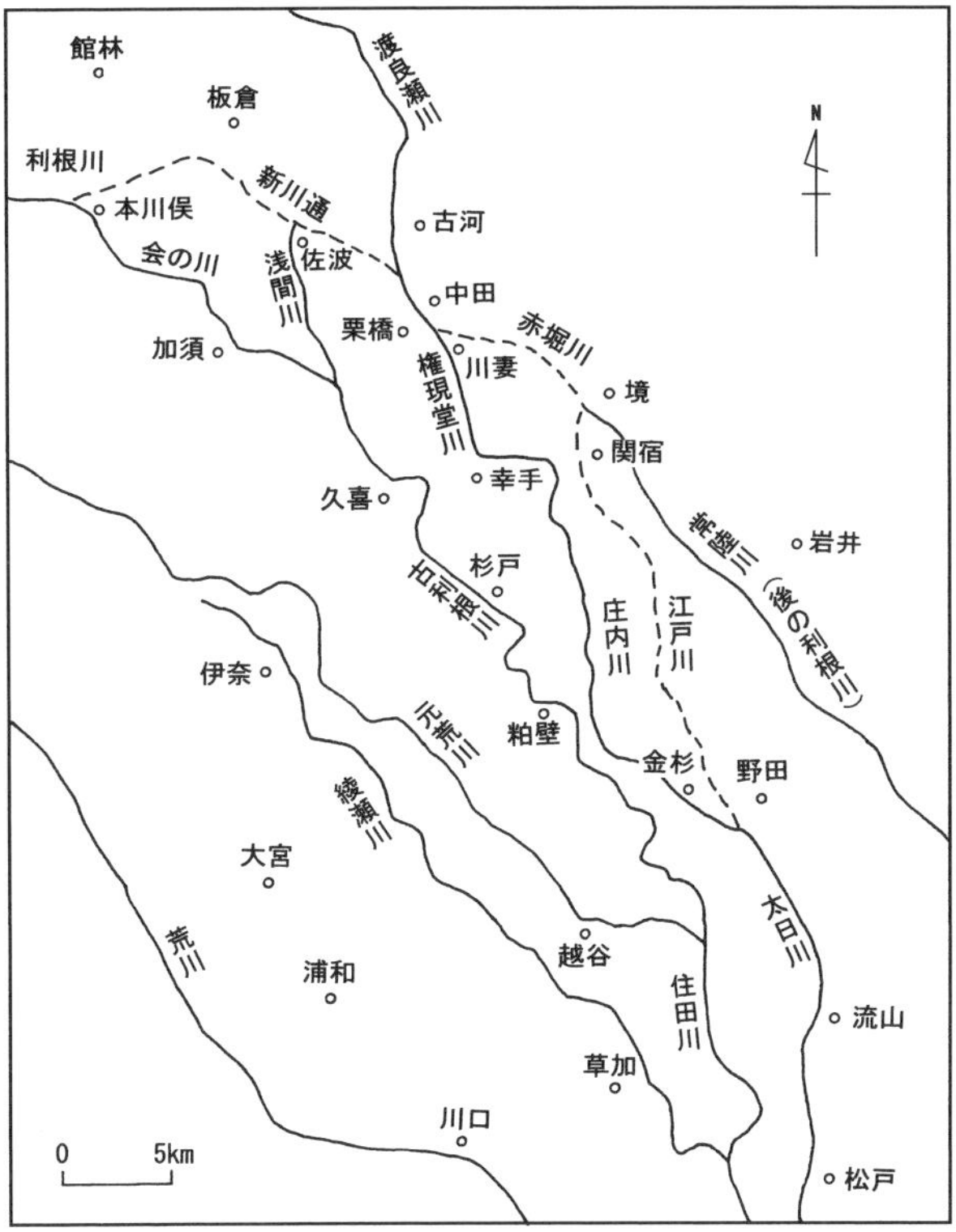

図6　江戸湾に注いでいた川

新川通の開削と並行して（あるいは少し遅れて）、利根川・渡良瀬川の水を常陸川筋に流し込む工事も行われた。元和七年、渡良瀬川と毛野川の分水嶺を掘削し、中田（古河市）から境町（茨城県境町）まで約八キロメートルの新水路「赤堀川」を開削した（図7参照）。赤堀川の名は川底に赤土（関東ローム層）が出てきたことによる。ところが、利根川・渡良瀬川の水は赤堀川に流れ

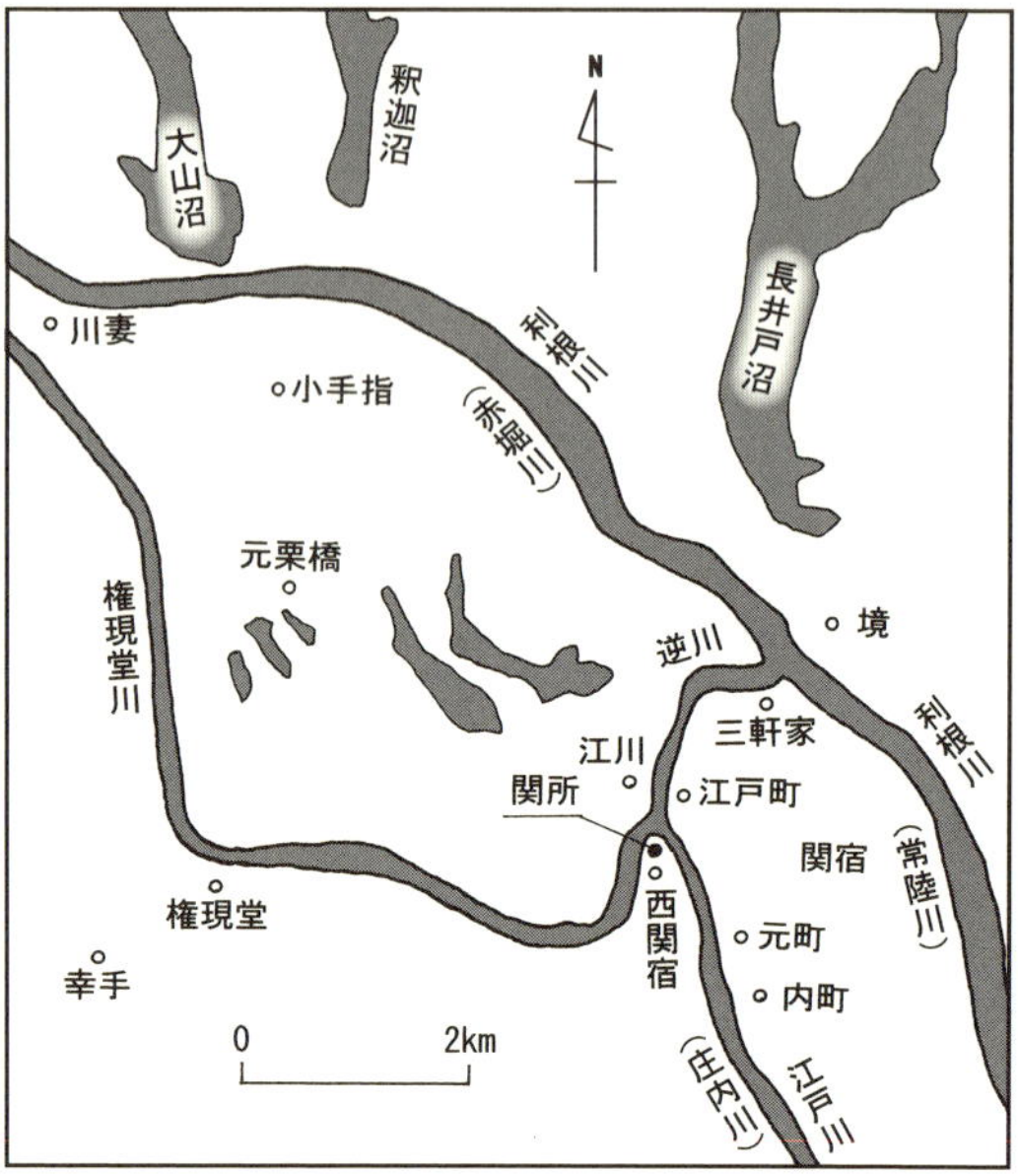

図7　関宿周辺の沼と川（関所）

ず、五霞村（五霞町）の中を流れて庄内川に流れ込んでしまった。栗橋村は権現堂川の東岸にあったが、浸水が激しいために権現堂川の西岸に移転を余儀なくされ、移転前の地は元栗橋と呼ばれるようになった（『関東郡代』）。

　利根川を合流した渡良瀬川には氾濫が多発したため、伊奈忠治は新たな対策を迫られた。その一つが江戸川の開削であり、もう一つが赤堀川の拡幅である。ただ、赤堀川の拡幅は忠治の代には完成しなかったので、その前に荒川の瀬替えと江戸川の開削を述べることにする。

　荒川の瀬替えを実施したのも伊奈忠治である。寄居（寄居町）から行田（行田市）に向かって東向きに流れていた荒川を久下《くげ》（熊谷市）で締め切り、新流路を開削して入間川の支流和田吉野川に合流させた。荒川を西に移動させるこの工事は寛永六年（一六二九）に完成し、熊谷以南の旧荒川流域に多くの新田が生まれた。かつての荒川の流路は現在、元荒川と呼ばれている（図6参照）。

（二）江戸川の開削

　伊奈忠治は利根川・渡良瀬川の氾濫対策として新しい川を開削した。関宿（野田市）から金杉（埼玉県松伏町）まで、約二十キロメートルにわたって下総台地を開削し、利根川・渡良瀬川の水の一部を太日《ふとひ》川に落としたのである（図6

参照）。この工事は寛永十二年に始まり、寛永十八年ないし正保元年（一六四四）に完了した。宝珠花《ほうしゅばな》村は新しい川に分断され、東西二つの村となった。金野井村も同様である。新しい川は当初は新利根川と呼ばれたが、後には江戸川と呼ばれる。それまでは古利根川が武蔵・下総の国境であったが、これ以降は江戸川が武蔵・下総の国境となった。

寛永十八年には権現堂川と逆川《さかさがわ》が開削された（図7参照）。権現堂川は栗橋（栗橋町）と中島（幸手市）を結んで利根川の水を江戸川に導いた。また、逆川は中島と関宿を結んで権現堂川の水の一部を常陸川に導いた。これによって利根川の栗橋─関宿間に権現堂川と赤堀川という二筋の流路ができた。しかし、権現堂川から逆川を経由して常陸川に流れる水はわずかであった。この構想が実現するのは天保年間（一八三〇～四四）に棒出し（後述）が創設されてからである。

（三）　利根川から常陸川への疎通

元和七年に開通した時の赤堀川の川幅は七間であった。その後、二度にわたって拡幅工事が行われたが、渡良瀬川の水を常陸川（後の利根川）に導くことはできなかった。承応三年（一六五四）の掘削によって河床を三間掘り下げて川幅が十三間になった時に、ようやく利根川・渡良瀬川の水が赤堀川を通って常陸川に流れた。これは利根川の治水・水運にとって画期的な出来事であった。その後の水運はすべて利根川・江戸川経由で行われるようになる（『利根川と淀川』）。

会ノ川締切り・赤堀川開削など一連の河川付替え工事には六十年を要した。これは関東郡代伊奈氏が領内の治水・新田開発・年貢米輸送のために実施したものであった。近年になって「利根川東遷」を唱える人々は、これらの瀬替えを幕府が一貫して計画・推進したものと解釈しているが、事実ではないようである（『江戸幕府治水政策史の研究』）。

この河川付替え工事によって常陸川（後の利根川）の水量が増えて上流まで船が通うようになり、銚子と江戸を結ぶ利根川・江戸川水運が開ける条件が整った。幕府は新田開発や洪水防御以上に水運の開発と安定を志向していた。

洪水防御は結果として生まれた効果であり、当初から目的化されたものではなかった。瀬替えの最大のねらいは水運の開発にあったのである。

本書では承応三年（一六五四）以降の旧常陸川を利根川と呼ぶことにする。

（四）　鬼怒川・小貝川の付替え

鬼怒川と小貝川はともに宇都宮付近から北関東平野を南向きに流れ下っている。二つの川は寺畑（茨城県谷和原《やわら》村）で合流し、一本の川となって牛久沼（龍ヶ崎市）の水を合流した後、藤蔵（茨城県河内《かわち》町）で利根川に注いでいた。近世においてはこの小貝川が下総・常陸の国境であった。寛永二年、小張《おばり》村（茨城県伊奈町）に関東代官伊奈忠治の陣屋が設けられ、鬼怒川の付替え工事が始められた。寛永六年、寺畑から野木崎《のぎさき》（守谷市）までの新河道が完成し、鬼怒川は小貝川から切り離され、新河道を南向きに流れて利根川に注ぐようになった。鬼怒川と利根川の合流点が藤蔵から三十キロメートルあまりも上流の野木崎に移ったため、鬼怒川の航路が大幅に短縮された。また、この区間の利根川の水量を増加させる効果をもたらした。

鬼怒川が付替えられた翌年の寛永七年、今度は小貝川の下流部が付替えられた。小貝川と利根川との合流点は藤蔵であったが、藤蔵（図10参照）から十キロメートル程度上流の小文間《おもんま》（取手市）に移された（図9参照）。この工事も利根川の水量増加に効果があった。

小貝川に舟運はなく、農業用の堰が順次築造された。福岡堰（筑波郡谷和原村）は寛永二年に、岡堰（北相馬郡藤代町）は寛永七年に、豊田堰（北相馬郡利根町）は寛文七年（一六六七）に完成した（図18参照）。これらは関東三大堰と呼ばれ、鬼怒川と小貝川に挟まれた谷原《やわら》領の用水源となった（『利根川治水の変遷と水害』）。

（五）　新利根川の開削と町人請負新田

幕府は手賀沼・印旛沼・長沼の干拓を促進するため、利根川下流部の瀬替えに取り掛かった。利根川を布佐（我孫子市）

と布川（利根町）の間で締め切り（図9参照）、布川村押付新田（北相馬郡利根町）から霞ヶ浦まで（図8参照）を直線的に結ぶ延長三十二キロメートルの「新利根川」である。その用地には大名・旗本など五十一人の領地があったので、知行替が行われた。自己資金で千立方坪の普請をした者に三十町歩の新田を与える契約で、二人の代官が工事を指揮した。これに応じたのは江戸の町人十五人と地元農民二人であった。新利根川の開削は寛文二年に始まり、寛文六年に完成した。しかし、新利根川は直線的で遊水機能が皆無であったため、夏季に洪水が発生する一方、冬季には旱害《かんがい》が発生した。下流の村々が反対の訴願を起こしたため、幕府は新利根川の閉鎖を決定した。寛文七年、布佐・布川間の締切り堤が取り壊され、新利根川の呑口が閉塞されて、利根川は旧河道に戻った（図18参照）。

新利根川の普請を請負った町人にはその出来高に応じて土地が与えられた。美濃国加納（岐阜市）の町人加納家が開発した土地は、加納新田（利根町）および下加納新田（河内町）と名付けられた。新利根川の左岸堤防は伏見屋堤、右岸堤防は河内屋堤と名付けられた。また、労働力を提供した村々には親村の名前を冠した新田が与えられた。印旛沼北部（印西市）に生まれた酒直《さかなお》村の酒直卜杭《ぼっくい》新田、萩野村の萩野新田、松虫村の松虫新田などがそれである（『近世日本治水史の研究』）。

新利根川の開削・閉塞については佐原村本宿組の名主伊能三郎右衛門が「根郷五箇村谷地御定納記」の中に覚書を残した。根郷五箇村とは佐原・篠原・津宮・岩ヶ崎・大倉（いずれも香取市）のこと。伊能勘解由《かげゆ》と景利《かげとし》の署名があり、奥書の日付は正徳四年（一七一四）六月、新利根川の閉塞から四十七年後のことであった（千葉県「伊能康之助家文書」『千葉県史料近世篇　下総国上』）。

佐原村の伊能三郎右衛門家の当主は隠居後に勘解由と名乗る慣わしであった。伊能家歴代の当主は景善《かげよし》―景知―景利―昌雄―長由―忠敬と続いたので、この覚書を書いた勘解由は景善に相当しよう。測量家として名高い忠敬はその五代後であるが、忠敬の前は幼少の当主が続き、当主が定まらない期間もあった。伊能景利は祖父景善が残した文書類を引継ぎ、村務に関する覚書を追加編集して『部冊帳』全二十四冊にまとめた。その対象期間は一五七〇年代から一七二三年までの百五十年間に及ぶ。伊能家の当主はそれを参考にして村政に当たったのであろう。測量家伊能忠敬については後述する（『伊能忠敬』）。

（六）紀州流への転換と浅間山大噴火の影響

利根川・渡良瀬川筋の水が常陸川筋に流れるようになるまでには多くの試行錯誤があり、六十年の歳月がかかった。この一連の改修工事を指揮したのは関東郡代伊奈氏であった。伊奈氏が採用した治水手法は、一定以上の洪水については堤防を越流させて遊水地に滞留させるものであり、関東流と呼ばれる。その後、享保七年（一七二二）からは紀州藩の新田開発に功績を挙げた井沢弥惣兵衛《やそべえ》が幕臣に登用されて河川改修を担当した。これは紀州出身の八代将軍吉宗の推挙によるもので、井沢はこの時五十九歳であった。連続堤防によって洪水を防止し、新田開発を重視する井沢の手法は、紀州流と呼ばれる。井沢は享保九年の印旛沼堀割普請、享保十三年の江戸川改修（金杉～深井間）、享保十四年の中川開削（新宿～小合溜井）などを手がけ、勘定奉行にまで上り詰めたが、元文三年（一七三八）に死去した。松戸の対岸に当たる小合溜井（図17参照）はもと古利根川の河道であったが、中川の開削によって溜井となり、近年では水元公園（葛飾区）として利用されている。

天明三年（一七八三）七月に起こった浅間山（上野・信濃国境）の大噴火は利根川・江戸川流域に大量の降灰（高崎で七寸、佐倉で四寸）をもたらした。影響はそれにとどまらず、その後も火山灰が継続的に川に流れ込んで河床を上昇させた。幕府の命を受けた肥後国熊本藩（細川家）は天明三年十一月から翌年正月まで武蔵・上野・信濃三国の河川浚渫と堤防修築工事を行ったが、これは応急処置に過ぎなかった。

文化六年（一八〇六）には赤堀川が四十間に拡幅され、天保年間には江戸川の流頭（関宿）に「棒出し」が設けられた。棒出しとは川幅を狭めるように木杭を大量に打ち込んだものである。棒出しによって利根川から江戸川に流入する呑み口の幅は十八間に狭められ、流入量が制限された。関宿河岸については後述する。

幕府はそれまで治水よりも水運を優先して河川改修を進めてきたが、天保年間に至って初めて利根川洪水のほとんどを利根川（旧常陸川）に押し込もうとする方針に変わった。伊奈氏が確立した利根川治水体系に修正を加える必要が生まれたのである。棒出しはその後も江戸川に流入する水量の調整手段として存続する（『利根川治水の変遷と水害』）。

なお、本節で取り上げた河川付替えのいくつかについては実施時期に関して複数の説が提唱されているが、説明の煩雑さを避けるために記述を省略したことを付記する。

五　新田の開発

年貢収入に頼る徳川幕府は、江戸時代を通じて新田開発に力を注いだ。房総には大型湖沼が点在していたので、まずそれが開発の対象になった。最初の大型干拓事業である香取海《かとりのうみ》の新田開発は慶長年間（一五九六～一六一五）に始まったが、寛文年間（一六六一～七三）には手賀沼・印旛沼・長沼・椿海《つばきのうみ》の干拓が相次いで手掛けられた。

（一）　香取海の開発（慶長～寛永期）

縄文時代が始まる約一万年前にちょうど地球の氷河期が終わり、海面が上昇して陸地内部まで海が侵入していた。海面が最も高かったのは六千年前～五千年前で、縄文海進と呼ばれる。関東平野には南方から入り込んだ内湾と、東方から入り込んだ内湾が生まれ、二つの内湾は後に下総台地となる陸地で区切られていた。東方の内湾が香取海である。

鹿島灘に湾口を開けた香取海は下総台地（千葉県）と行方《なめがた》台地（茨城県）に挟まれ、南北の幅四キロメートル余、東西の長さ十六キロメートル余に及ぶ広大な内海であった。霞ヶ浦・北浦・浪逆《なさか》浦や、後に述べる印旛浦（沼）・手賀浦（沼）も香取海の入江のひとつである。この内海には常陸川（後の利根川）が大量の土砂を運搬してくるため、砂州が発達して島となり、沖之島《おきのしま》と呼ばれていた。沖之島は下総国と常陸国のいずれにも属さない低湿地帯であった（『佐原市史』）。

常陸太田（茨城県常陸太田市）の太田城を本拠とする佐竹義宣《よしのぶ》は天正十八年（一五九〇）七月に豊臣秀吉に臣従した。そして、その年に水戸の江戸氏、石岡の大掾《だいじょう》氏を滅ぼし、天正十九年に鹿島・行方地方にいた大掾氏の一族を滅ぼして水戸に本拠を移した。行方郡玉造（行方市）と島崎（潮来市）には佐竹氏の重臣が配置された。一方、天正十八年に関東六ヵ国を与えられた徳川家康も下総国香取郡小見川《おみがわ》（香取市）周辺を直轄領にして代官吉田佐太郎を配置し、岩ヶ崎（同）周辺の矢作《やはぎ》領には重臣の鳥居元忠を配置した。佐竹・徳川の両雄とも、この地を水運の要として軍事的に重要視していたのである。家康は慶長七年（一六〇二）に佐竹氏を出羽国秋田に移した後、潮来（潮来市）周辺の数ヵ村を水戸藩徳川家に預けたので、潮来は水戸藩の飛び地となった（『東廻海運史の研究』）。

小見川に着任した代官吉田佐太郎はすぐさま香取海を巡視し、常陸国佐竹氏に領地を奪われた江戸崎（江戸崎町）の城主土岐氏の家臣団にこの地を与えた。家臣団は帰農して土着する道を選び、新田開発を許された。佐竹藩に対する藩境警備に役立てることを考慮して、開発は霞ヶ浦に近い砂州群から始められ、次第に南に向かって進められた。天正十九年から寛永十七年（一六四〇）までの五十年間に次の十六の新田が開発され、十六島新田と総称された（図8参照）。数字は開発の順番である（『佐原市史』）。

①上之島《かみのしま》、②西代《にっしろ》、③八筋川《やすじかわ》、④中島、⑤卜杭《ぼっくい》、⑥長島、⑦六角、⑧大島、⑨三島、⑩扇島、⑪加藤洲、⑫境島、⑬結佐《けっさ》、⑭松崎、⑮中洲、⑯磯山

香取海の水位は鹿島灘の潮の干満に応じて変化した。十六島新田の集落は水面下に没することのない砂州に土盛りして作られ、周囲に土手を巡らして居村囲い堤が築かれた。水田は江間《えま》と呼ばれる水路で区画して農家に配分された。

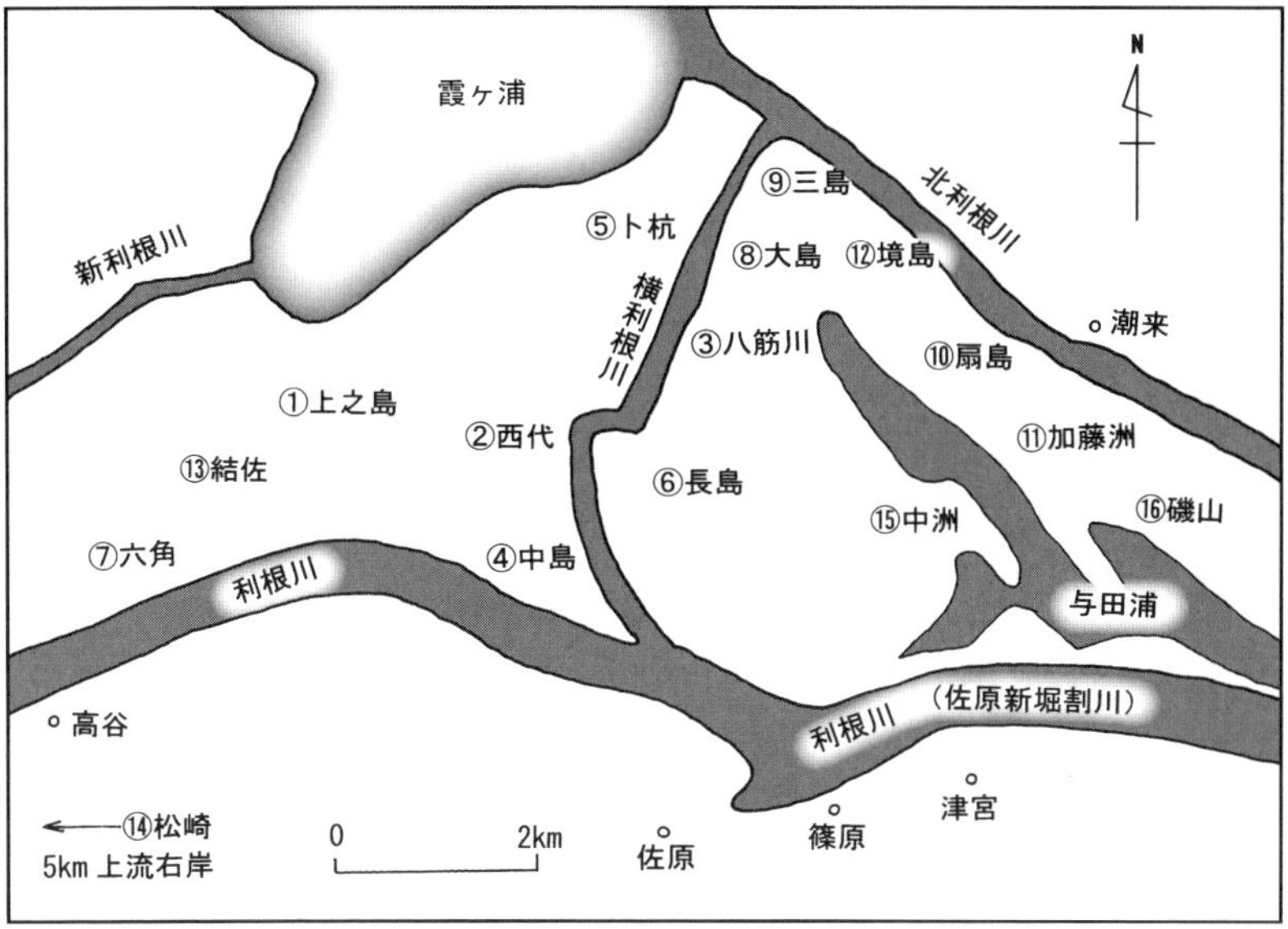

図８　香取海と十六島新田

江間は船が行き交うだけの幅があり、用水路と排水路を兼ねた。農家は江間で船を降り、階段を昇って玄関に入った。家に近い水田には砂を盛り上げて畑にした。沖之島の新田は砂州ができると広げられるので、新田村はそのたびに検地を受けた。しかし、水害で収穫が安定しないことが考慮され、年貢は低めに設定された。条件のよい水田でも一反に付き五斗ほどで、通常の半分以下であった（『続・新田開発―事例編』）。

香取海の南側に位置する佐原・篠原・津宮（いずれも香取市）の三ヵ村は、沖之島の南部を秣刈《まぐさかり》場として利用していた。出先の新田や秣刈場に対して本村は根郷《ねごう》と呼ばれる。開発が沖之島の北部に留まっていた間は問題がなかったが、開発が沖之島の南部に近づいてきた時には、新田と秣刈場が接するようになった。慶長十三年、佐原・篠原・津宮の根郷三ヵ村はそれまで沖之島を利用していた権利を主張して幕府に訴え出た。その結果、慶長二十年に秣刈場の二倍に当たる水域が根郷三ヵ村に分割された。その水域にはまだ砂州のないところもあったが、砂州ができたら村請新田として開発できる権利も与えられた。こうして、根郷三ヵ村は利根川を挟んで両岸に村域を持つことになった（『佐原市史』）。

　この頃の常陸川は佐原の辺りから横利根川を北流し、霞ヶ浦から流れ出る牛堀川と合流して、北利根川（常陸利根川）を流れて浪逆浦に注いでいた（図8参照）。寛永三年に佐原沖と津宮沖を結ぶ佐原新堀割川が開削され、これが後の利根川本流となった（『利根川治水の変遷と水害』）。

　利根川・渡良瀬川の水が常陸川（後の利根川）に流れ込むようになったのは承応三年（一六五四）からである（第章四参照）。それ以降、利根川（前の常陸川）が大量の土砂を運んでくるので、香取海の砂州は急速に成長するようになった。浪逆浦にも砂州ができるようになり、沖之島はたびたび水害に見舞われるようになった。住民は輪中堤を築いてこれを防いだ。これが後の水郷である。水郷の船が木下《きおろし》茶舟として活躍することは後述する。

　佐原村本村から佐原村新田への移住は延宝九年（一六八一）に始まった。しかし、篠原村や津宮村から新田に移住した人はいなかった。彼らは本村から通いながら新田を耕作したので、利根川には渡し場を設けた。それについては後述する（『佐原市史』）。

（二）　手賀沼の開発（寛文期・享保期・安永期）

　近世以前の手賀沼は香取海の入江の一つであり、手賀浦と呼ばれていた。ところが、前述したように利根川・渡良瀬川の水が常陸川に流れ込むようになったため、手賀浦の入口に土砂が堆積し、手賀浦は水深二メートルほどの沼となった。手賀沼は布佐（我孫子市）と大森（印西市）の間を通る幅三十間ほどの水路（六軒堀）で利根川とつながっており、これ以外に排水路はなかった。沼の排水を促進するため、寛永十三年に竹袋村木下《きおろし》（印西市）から利根川に通じる水路が開削され弁天堀と名付けられた（図9参照）。幕府は手賀沼・印旛沼の干拓に役立てるため新利根川を開削したが（第一章四参照）、洪水と旱害が発生したため利根川は元の流路に戻された（『我孫子市史　近世編』）。

　新利根川が失敗に終わったため、これに代わって手賀沼を干拓する手段は、利根川の水を印旛沼に落とすことであった。延宝四年、利根川の水を木下（印西市）で分派し、長門川に導く水路が完成し、将監《しょうげん》川と名付けられた。利根川の水は将監川・長門川を経由して印旛沼・利根川に落とされたので、将監川は枝利根川とも呼ばれる。こうして、印旛沼は利根川の遊水池の役割を果たすことになった。元禄年間（一六八八～一七〇四）には利根川と将監川に挟まれた地区が開発され、布鎌《ふかま》村（栄町）が誕生した（図10参照）（『利根川治水の変遷と水害』）。

将監川の名前は江戸幕府の初期に船奉行を務めた向井忠勝（将監）との関係を連想させるが、それを裏付ける資料は得られなかった。将監を名乗った人物は複数存在するが、向井忠勝については第四章で述べる。

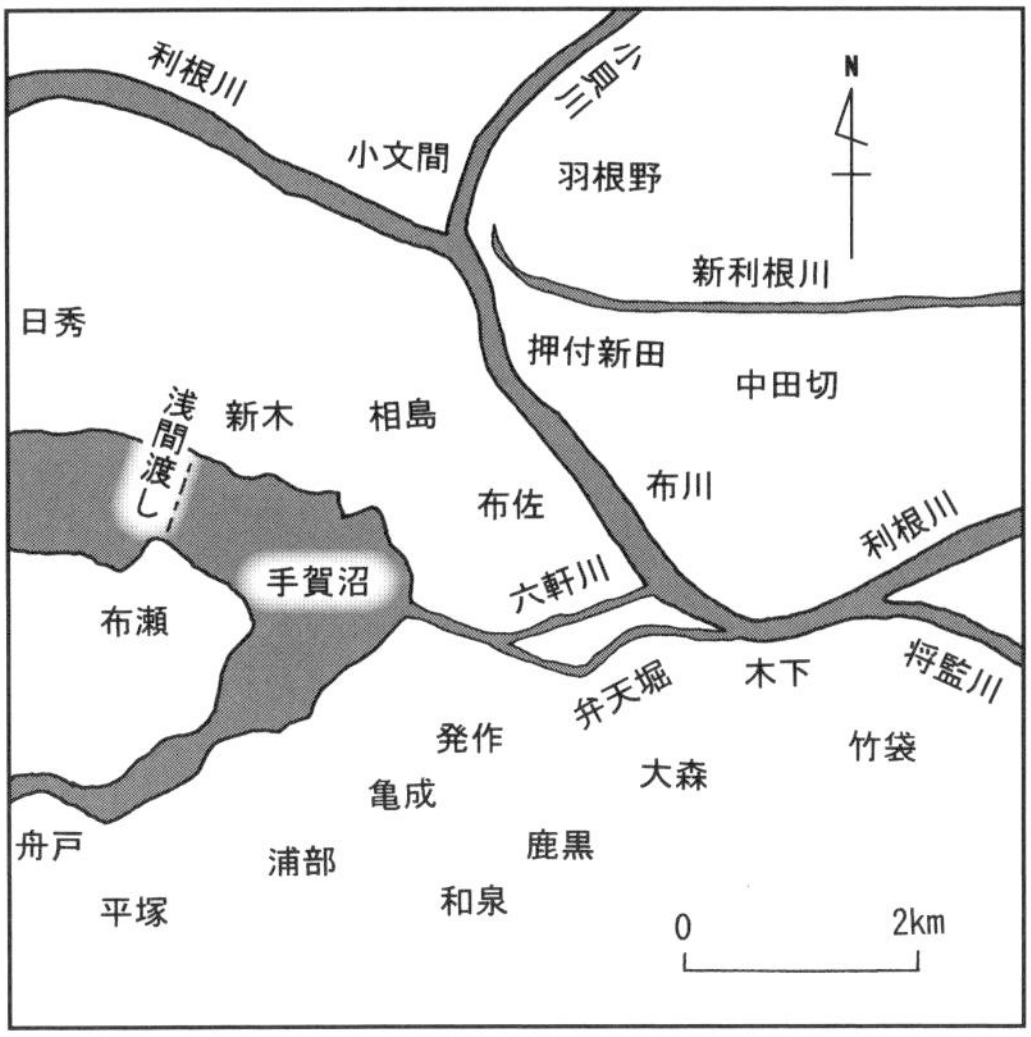

図９　手賀沼の沼口

寛文十一年（一六七一）、江戸の町人海野屋作兵衛など十七人が幕府普請奉行に手賀沼干拓の願書を提出した。鍬下年季を七年とする町人請負新田である。その第一段階は木下（印西市）地先の弁天堀落口から小林（同）地先の将監川までの約四キロメートルにわたる手賀沼水路の開削で、寛文十二年に普請が開始された。第二段階は小林地先の将監川から笠神《かさがみ》（印西市旧本埜《もとの》村）地先の印旛沼までの約四キロメートルにわたる印旛沼水路の開削で、延宝四年に完成した。手賀沼水路と印旛沼水路の完成によって、手賀沼の水は印旛沼に落とされた。延宝六年は干拓の鍬下年季明けであったが、三年の延期を願い出て認められた。天和《てんな》元年（一六八一）に検地が行われ、翌年から年貢の上納が始まった。新田は田百九十八町余で、年貢は米百二十二石余であった。この事業の総責任者は日本橋本小田原町（中央区）の魚屋海野屋作兵衛であった。作兵衛は手賀沼干拓に資産のすべてを投じ、手賀沼南縁の発作《ほっさく》新田（印西市）に居住して帰農した（『我孫子市史　近世編』）。

享保年間には手賀沼北縁の新木《あらき》（我孫子市）と南縁の布瀬《ふせ》（柏市）を結んでいた浅間渡しの位置に締切堤が築造された（図9参照）。締切堤は長さが千間（千八百メートル）であったので千間堤《せんげんづつみ》と呼ばれる。千間堤によって手賀沼は上沼と下沼に二分され、水深の浅い下沼が先に干拓された。上沼の水は下沼の北縁に設けられた水路（浅間堀）で六軒川に排水された。この工事は享保十二年（一七二七）に始まり、享保十四年に完成した。この干拓によって下沼に次の新田が誕生し、享保十五年に行われた検地で千五百石余が石高に算入された。

下沼北縁　沖田新田・大作《おおさく》新田・浅間前《せんげんまえ》新田・相島《あいじま》新田（我孫子市）など

下沼南縁　発作新田・亀成《かめなり》新田・浦部村新田（印西市）など

安永年間（一七七二～八一）には上沼の干拓が行われ（図18照）、次の新田が誕生した。民家がない新田は本村の名を付けて呼ばれている。手賀沼の新田は三十九に上り、手賀沼廻三十九ヵ村組合を結成した。石高は千七百二十六石余であった（『我孫子市史　近世編』）。

上沼北縁　新木村新田・日秀《ひびり》村新田・中里村新田・都部《いちぶ》村新田・
　　　　　我孫子村新田・根戸《ねど》村新田・呼塚《よばつか》新田（我孫子市）など

上沼南縁　手賀沼新田・片山新田・泉村新田・染井入《そめいいり》新田（柏市）・
　　　　　戸張《とばり》村新田・柏中村新田・柏堀之内新田（柏市）など

新田に付随して新たな道ができたことにも重要な意味がある。発作新田の中に布佐（我孫子市）から亀成（印西市）に抜ける道ができたため、布佐河岸から松戸河岸に向かう鮮魚《なま》街道（後述）が短縮されたのである（『松戸市史　中巻近世編』）。

（三）　印旛沼の開発（寛文期・享保期・天明期・天保期）

印旛沼も香取海のなかの入江の一つであったが、洪水のたびに常陸川（後の利根川）から大量の土砂が運ばれてくるため、入口が閉塞されて沼となったものである。印旛沼は上沼（西印旛沼）と下沼（北印旛沼）から成っており、上沼には鹿島川・神崎川・平戸川などが流入し、下沼から流れ出る長門川は利根川に通じていた。洪水時には利根川の水が長門川を逆流するため、長門川の呑み口付近に逆三角州が形成され、この逆三角州は時代とともに拡大してきた（図10参照）。印旛沼は洪水時には大きな被害をもたらしたが、その一方では、魚・鳥・藻草・用水・水運などを供給してくれる恵みの沼でもあった。

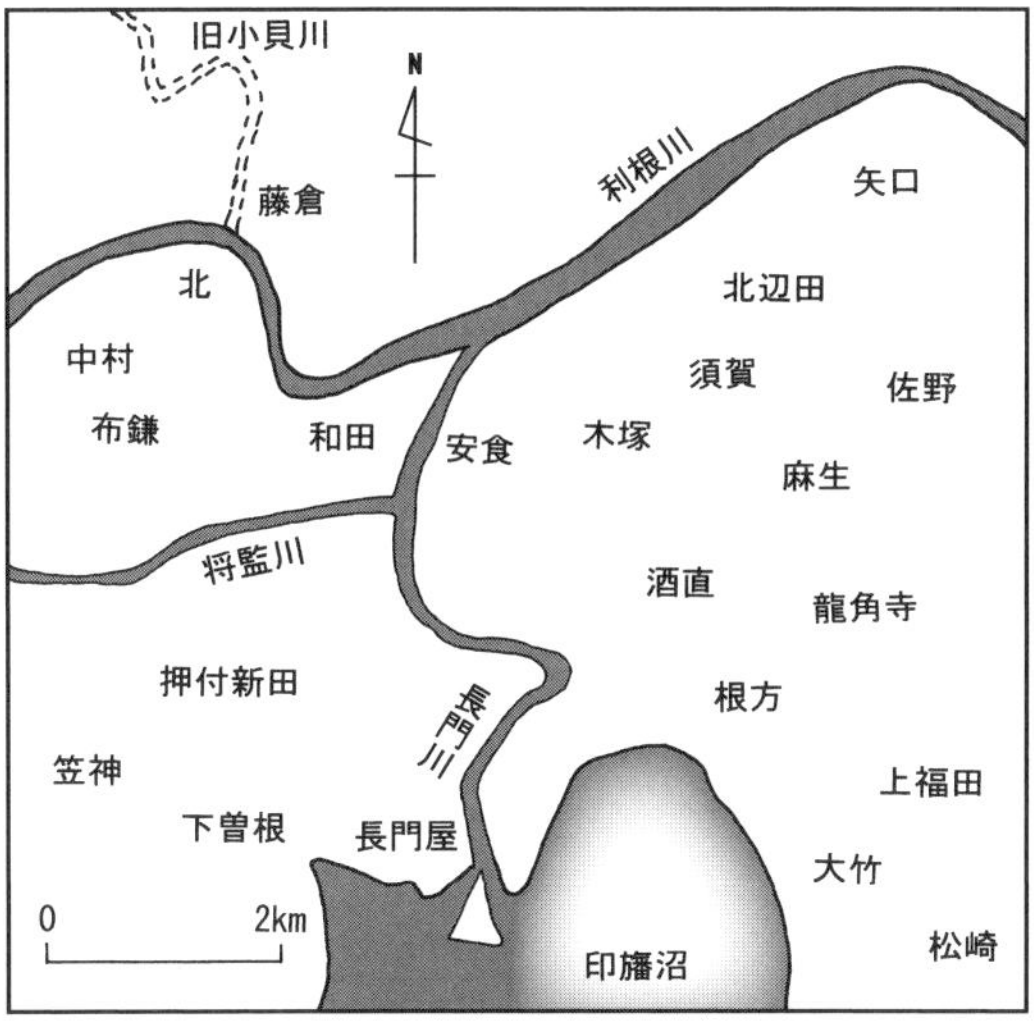

図10　印旛沼の沼口

　印旛沼で採取される水鳥や魚介類は農民の貴重な食糧であり、藻草や海老は田畑の肥料に使われた。鳥類の狩猟は上猟、魚類の狩猟は底猟と呼ばれ、藻草取りと合わせて沼周辺の三十四ヵ村に入会権が認められていた。新利根川の河川敷となった村々は寛文二年に印旛沼北方の笠神埜原《のはら》（印西市）に代替地を与えられて新田を起こしたが、これらの新田には印旛沼への入会権が認められなかった。明和五年（一七六八）に埜原新田十四ヵ村が印旛沼への入会権を求めて訴訟を起こしたので、幕府による入会権の見直しが行われた結果、明和八年に入会権は五十二ヵ村に拡大された（『成田市史　中世・近世編』）。

　寛文期の干拓――寛文二年に着手された新利根川（第一章四

参照）と連動して印旛沼の干拓が行われた。残された資料が少ないために、これを印旛沼干拓に含めていない文献もある。この干拓によって笠神埜原に十八の新田が生まれ、大瀬埜原に十三の新田が生まれた。合わせて三十一の新田は①町人の屋号が付けられたもの、②新利根川の河川敷の代替地として与えられたもの、③人足を提供した村に与えられたもの、④有力農民の名前が付けられたもの、の四種類に分類される。新田に入った百姓の中には武蔵国幸手領・羽生領、上野国館林領などから来たものがおり、大規模な新田開発であったことが分かる。四種類の新田のうち、②の新利根川の河川敷の代替地として与えられた新田を挙げると、下井新田・長門屋新田・押付新田・下曽根新田・行徳新田・中根新田・萩原新田・松虫新田（いずれも印西市）などである（図10参照）。なお、長門川の名は、川の開削に貢献のあった商人長門屋に因んだものである（『印旛村史　通史Ⅰ』）。

寛文年間の印旛沼干拓は、新利根川の開削によって印旛沼の水位を下げようとしたものであった。しかし、これが失敗に帰してからは印旛沼の水を江戸湾に落として印旛沼を干拓しようとする計画が中心となる。印旛沼南方の横戸村（千葉市）付近を分水嶺とし、北に流れて印旛沼に注ぐ平戸川（後の新川）と、南に流れて江戸湾に注ぐ検見川（後の花見川）があった。この二本の川を結ぶ水路が印旛沼堀割である（図11参照）。これが実現すれば、沼周辺の水害を減らして新たに新田を開くことができ、また、利根川から直接江戸に通じる水運も開ける。この構想を実現しようとする動きは享保期・天明期・天保期の三回起こった（『天保期の印旛沼堀割普請』）。

享保期の堀割普請――享保七年七月、幕府は江戸日本橋に新田開発奨励の高札を立て、資本力のある町人に新田開発を任せる方針を示した。当時の印旛沼は面積二十六平方キロメートルにも及び、流域面積は四百八十七平方キロメートルの広大な沼沢地であり、干拓の候補地として最初に目を向けられる存在であった（『千葉県の歴史　通史編近世二』）。

享保九年八月、平戸村（八千代市）の農民染谷源右衛門などが印旛沼の新田開発を幕府に願い出た。井沢弥惣兵衛《やそべえ》（第一章四参照）など幕府の役人三人が現地を検分して作成した計画書では、平戸村から検見川村（千葉市）までの堀割の長さは四里十二町余、費用は人足賃金だけで三十万両とされた。染谷源右衛門はこの計画書に基づいて堀割普請を始めたが、同志が多額の負債を抱えて離反したため、普請は中止された。中止の時期は不明であるが、紀州流を推進した井沢弥惣兵衛は元文三年（一七三八）に死去した（『印旛村史　通史Ⅰ』）。

　天明期の堀割普請――安永九年（一七八〇）八月、惣深《そうふけ》新田（印西市）の名主平左衛門《へいざえもん》と島田村（八千代市）の名主治郎平衛《じろべえ》が印旛沼の新田開発を願い出た。総額三万両をかけて新田三千四百町歩を開発し、一反歩を一両で販売すれば三万四千両の収入が得られると見込んでいた。堀割普請は天明二年に始まったが、運悪く天明三年七月に浅間山大噴火が起こり、関東地方にも被害が及んだため、普請は中断された。普請は天明五年に再開されたが、天明六年七月に利根川の大洪水があり、堀割現場はすべて破壊された。同年八月には老中田沼意次《おきつぐ》が失脚したため、堀割普請は中止された（『印旛村史　通史Ⅰ』）。

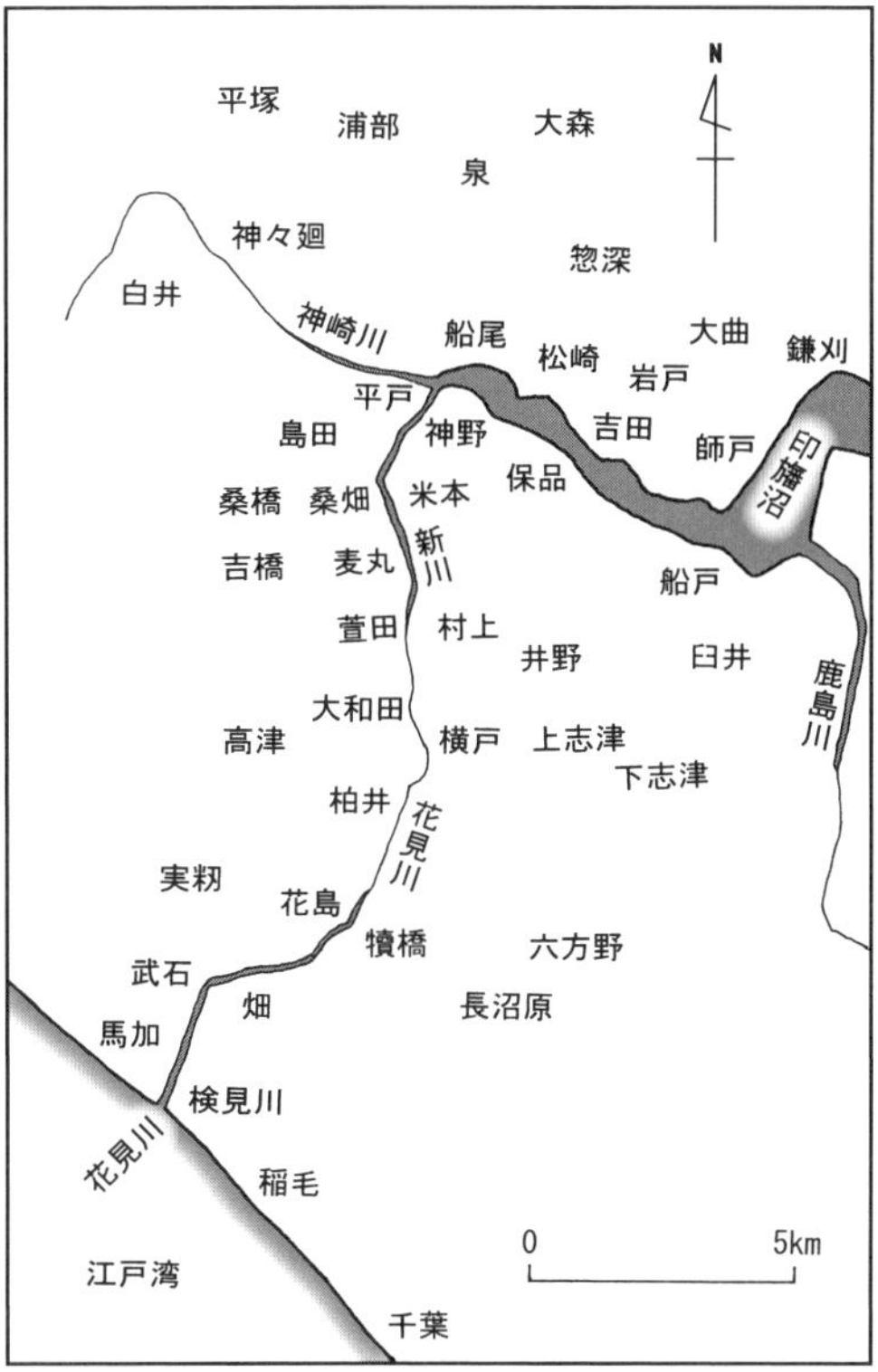

図 11　印旛沼堀割周辺の村々

　天保期の堀割普請――天保期の堀割普請は天保改革（後述）の一環であり、外国船に江戸湾が封鎖された場合に備えて、利根川と江戸湾を結ぶ水路を整備することが目的であった。これが完成すれば、たとえ江戸湾が封鎖されても奥州諸藩の年貢米は利根川・印旛沼を経由して江戸に輸送できるのである。

天保十一年（一八四〇）十一月、印旛沼のこれまでの普請跡を検分した幕府役人は、平戸村から検見川村までの堀割の長さは九千五百九十三間（十七・二キロメートル）、堀割の幅は十間、費用は十三万八千二百両余と報告した。天保十三年十月には柏井村（千葉市）と花島村（同）で試掘が行われた。印旛沼が標高二十五メートル余であるのに対して、柏井村は標高三十メートルほどの台地にあるので、ここは深く掘り下げる必要があった。また、花島村観音下には掘っても掘ってもすぐに崩れてくるヘドロが堆積していた。この二ヵ所がこの普請の難所であった。今回の普請は大名御手伝《おてつだい》普請となり、天保十四年六月に担当大名が決定した。それは印旛沼に近い方から順に次の通りであった。

一の手	駿河国沼津藩主	水野忠義（五万石）	平戸村〜横戸村	八〇六二メートル
二の手	出羽国庄内藩主	酒井忠発《ただあき》（十四万石）	横戸村〜柏井村	二一七四メートル
三の手	因幡国鳥取藩主	松平慶行《よしゆき》（三十二万）	柏井村〜花島村	一二四三メートル
四の手	上総国貝淵《かいぶち》藩主	林忠旭《ただあきら》（一万石）	花島村〜武石村	三八二六メートル
五の手	筑前国秋月藩主	黒田長元（五万石）	武石村〜検見川村	二二三六五メートル

幕府から五藩に渡された心得書には、①無作法がないように慎むこと、②博打・喧嘩・口論を慎むこと、③言い分は普請の完成後に申し出ること、④私的な争論をしないこと、⑤普請の目的は新田開発ではなく水害防止・水運開発であること、の五ヵ条が記載されていた。普請の目的が水運開発にあることが明確に示されたことは注目に値する（『千葉県の歴史　通史編近世一』）。

幕府側からは南町奉行鳥居耀蔵《ようぞう》・勘定奉行梶野良材《よしき》・目付戸田氏栄《うじひで》・勘定吟味役篠田藤四郎《とうしろう》の四人が監督に当たった。普請には樹木伐採・杭打ち・縄引き・物資調達などの準備が必要で、それを担当する場所引請人と世話役が印旛沼周辺の村役人の中から選任された（図11参照）。選任された人物の出身地は次の通りである。

沼津藩　大和田村（八千代市）、佐山村（同）、物深新田（印西市）
庄内藩　武石村（千葉市）、中根村（印西市旧本埜村）
鳥取藩　竜腹寺村《りゅうふくじ》（印西市旧本埜村）、畑村（千葉市）
貝淵藩　物深《そうふけ》新田（印西市）、実籾村《みもみ》（習志野市）、他に一村（判読不能）
秋月藩　検見川村（千葉市）、馬加村《まくはり》（同）、岩戸村《いわと》（印西市旧印旛村）

普請人足は国元から呼び寄せるのが原則であったから、庄内藩（山形県）は十二泊十三日の旅をさせて国元から普請人足を呼び寄せた。しかし、他の四藩は現地で人足を雇い入れた。工期は十ヵ月とされ、天保十四年七月から普請が始まった。各藩が元小屋を設けた村と、動員した人足数は次の通りであった（『天保期の印旛沼堀割普請』）。

沼津藩　萱田村《かやだ》（八千代市）　（資料がないため不明）
庄内藩　横戸村（千葉市）　一日当たり四千〜六千人　総数三十五万四千人あまり
鳥取藩　北柏井村（千葉市）　一日当たり三千〜四千人　総数二十二万四千人あまり
貝淵藩　雨戸村（千葉市）　一日当たり千〜千五百人　総数二万人あまり
秋月藩　馬加村（千葉市）　一日当たり千二百七十人　総数十万六千人あまり

天保十四年八月には利根川を往来する高瀬船の寸法が調査され、長さ十五間（二十七メートル）、幅五間（九メートル）と報告された。これを受けて南町奉行鳥居耀蔵が現地を検分し、工期短縮と費用削減のために堀割の幅（川床）を十間から七間に縮小することを決定した。ところが、閏九月に水野忠邦が老中を罷免されたため、五大名は御手伝普請の任を解かれた。堀割普請は幕府の手に移ったが、推進者を失った印旛沼堀割普請は中止された（『千葉県の歴史　通史編近世二』）。

天保期に行われた印旛沼堀割普請の直後には、完成した区間を使って通船が行われた。船が通った区間は下流の検見川村と上流の大和田村（八千代市）の間で、一日一便ないし二便が往復した。上流からは米・薩摩芋などを積み出し、下流からは肥料などが運ばれた。しかし、この通船は十二年間ほどで廃止された（『千葉県歴史の道調査報告書』一八「海上・河川交通」）。

後に千葉市となる町村を見ておこう。明治二十二年に千葉郡千葉町・寒川《さむがわ》村・登戸《のぶと》村・千葉寺村・黒砂村が合併して千葉町となり、千葉町は大正十年（一九二一）に市制を施行して千葉市となった。千葉市は平成四年に政令指定都市に移行するが、それまでに編入した町村は次の通りである。

蘇我町・検見川町・都賀《つが》村・都村（昭和十二年）、千城《ちしろ》村（昭和十九年）、犢橋《こてはし》村・幕張町（昭和二十九年）、生浜《おいはま》町・椎名村・誉田《ほんだ》村（昭和三十年）、泉町（昭和三十八年）、山武郡土気《とけ》町（昭和四十四年）

なお、生浜町が誕生するまでの経緯は、明治二十二年に浜野村・村田村・北生実《おゆみ》村・南生実村・有吉村が合併して生実浜野村となり、大正十四年に生浜村と改称し、昭和三年（一九二八）に生浜町となったものである。

（四）長沼の開発（寛文期・明和期・天明期・寛政期）

長沼は印旛沼の北東一里ほどのところに位置し、瓢箪《ひょうたん》形に広がった水深の浅い沼である（図12参照）。その面積は七万六千坪余、沼に接する村は埴生《はぶ》郡長沼村・宝田村・荒海《あらみ》村・安西新田など十二ヵ村に上る。長沼の北端、利根川に接して拓かれた安西新田は安西忠左衛門と治右衛門が干拓したもので、明暦三年（一六五七）に検地を受けた。近世初期の下利根川に堤防はなかったが、寛文十二年に安食《あじき》村（栄村）から滑川《なめがわ》村（成田市）までの利根川右岸に堤防が築かれた。これは紀州流が採用される享保七年より五十年も前のことであったが、これ以降長沼に悪水（排水不良）が発生するようになった。埴生郡が二つあったことは前述したが（第一章参照）、下総国の埴生郡は後の下埴生郡（現在の印旛郡）である（図1参照）（『成田市史　中世・近世編』）。

長沼を干拓する計画は寛文三年、明和五年、天明五年、寛政二年（一七九〇）の四回立案された。寛文三年の計画は新利根川の開削によって手賀沼・印旛沼・長沼の水位を低下させ、その干拓を目指したものであったが、新利根川の閉塞によって中止された。明和五年から天明五年は田沼意次が権勢を振るった時代に当たり、印旛沼の干拓に力が注がれたが、運悪く天明三年の浅間山大噴火によって普請は中断された。寛政二年の計画が実施できなかった理由は不明である。いずれにしても、長沼と利根川の水位差が小さく（三尺五寸程度）、長沼の泥が深いことが干拓を困難にしていた（『近世日本治水史の研究』）。

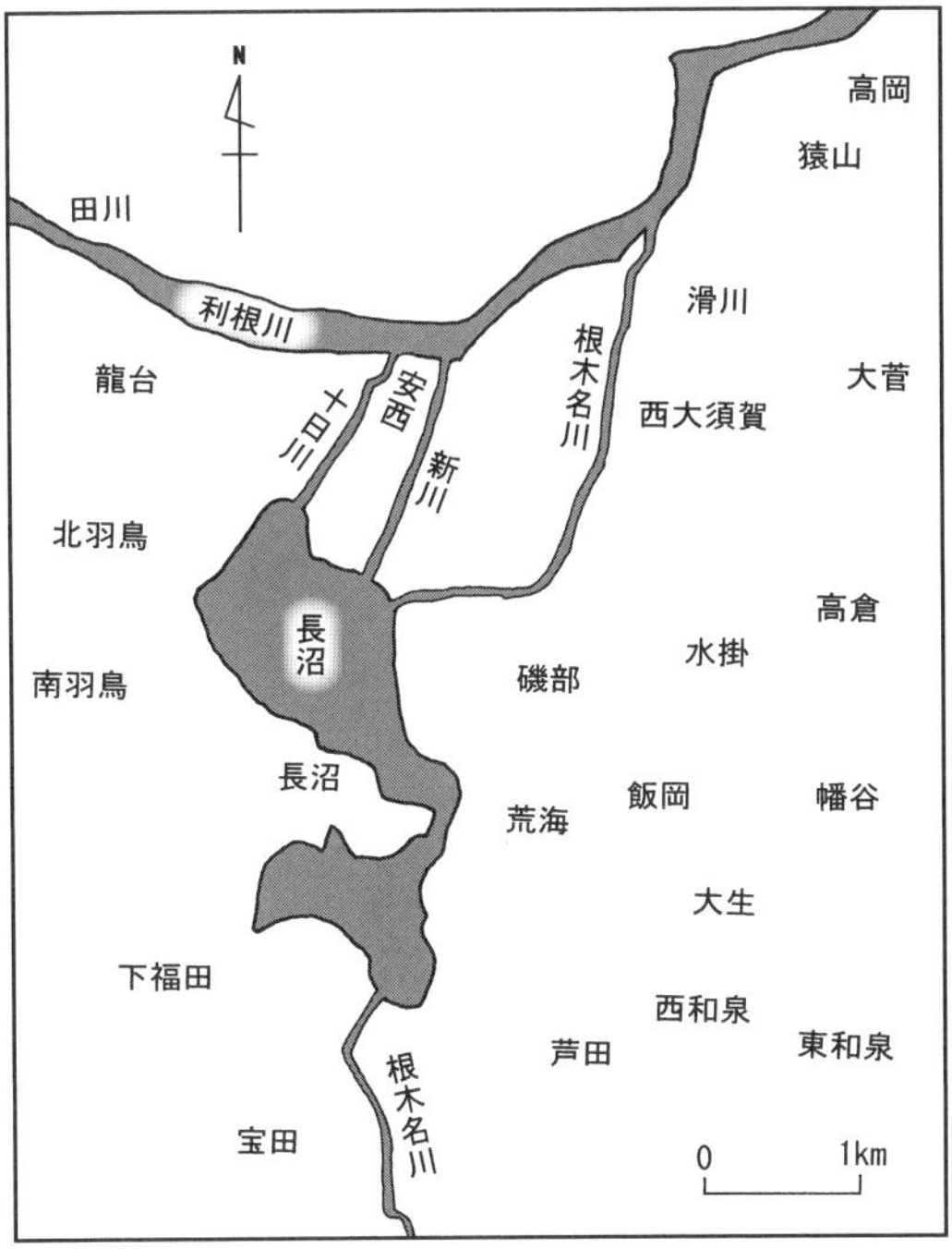

図12　長沼周辺の村々

埴生郡長沼村は佐倉藩主に魚を献上することによって他村より優位に立ち、長沼の漁猟採藻権を独占してきた。ところが、慶安四年（一六五一）に佐倉の町人長兵衛が漁猟権を認められて運上（小物成）を納めるようになり、寛文八年からは長沼村の年貢割付状に長沼運上が記載されるようになった。長沼の運上は入札で決められたため、運上額は年々上昇した。延宝二年に運上額が急落したのは、寛文十二年に利根川の堤防が築かれて魚が獲れなくなったからであった。長沼村の願い出を受けて延宝五年から七年間に限って定額の運上が認められた。その年季明けの貞享元年（一六八四）、北羽鳥村（成田市）が運上を入札で決定することを願い出たため、運上は再び入札で決定されることになった。入札の結果、長沼村が落札したのであるが、猟銭を支払うことを条件に北羽鳥村も出猟を認められた。元禄十四年（一七〇一）に北羽鳥村が漁猟権を求めて起こした争議は宝永《ほうえい》五年（一七〇八）になって、長沼村が運上を請負うことで決着した。長沼の運上を巡る争いはその後も続き、明治期まで持ち越される（『成田市史　中世・近世編』）。

（五）　椿海の開発（寛文期）

九十九里浜平野は栗山川と刑部《ぎょうぶ》岬の間で急にその幅を広げる。ここは下総国香取郡・海上《うなかみ》郡・匝瑳《そうさ》郡の三郡にまたがる広大な湖があったところである。椿海《つばきのうみ》と呼ばれるこの湖は東西十二キロメートル、南北六キロメートルもあり、かつては海に続く入江として漁業が行われ、渡し船もあった。その後、入り口が閉塞されて湖になったもので、湖の南岸から海岸までの陸地は一里（四キロメートル）ほどであった。

椿海の干拓が最初に計画されたのは元和年間であったが、幕府の許可が下りなかった。寛文九年、幕府大工頭の辻内刑部左衛門と江戸の町人白井次郎右衛門が干拓願書を提出し、許可された。この時の排水路は井戸野村（旭市）と仁玉《にったま》村（同）の間を通る経路で計画されていた。これはほぼ現在の新川の位置である。しかし、田畑を潰される井戸野村・仁玉村が反対したため、排水路は椿海東端に当たる野中村（旭市）と三川村（同）の間を通る経路に変更されて普請が始まった。ところが、資金を使い果たした白井次郎右衛門が開発請負人を降りたために普請は中止された。そこで、辻内刑部左衛門は江戸の材木商人野田屋と栗本屋に参加を求めて資金を確保した。これが椿新田の三元締である。

三元締は寛文十年六月に井戸野村・仁玉村間で排水路の開削を始めた。両村が奉行所に訴えたが普請は中止されず、その年十一月に排水路（後の新川）が完成した。椿海の水が流れ出すと大洪水が起こった。井戸野村から吉崎村（匝瑳市）にかけての村々では家が流され、田畑は砂に埋まり、行方不明者も出た。椿海から流れ出た水は全体の三割ほどであったが、多くの水田が用水源を失って旱害が発生した。普請奉行の一人は責任を感じて切腹した（『続・新田開発―事例編』)。

水田の用水を確保するために、椿海周辺の古村の水田を潰して十四ヵ所に溜井《ためい》が設けられ、椿海を囲むように惣堀《そうぼり》が設けられた。また、椿海に残っていた湖水を海に落とすために排水路(新川)を掘下げる一方、椿海の中に新川の延長として支流を掘り進めた。この支流は後に五間川・七間川などと呼ばれる。これらの工事は延宝元年に終了した(『海上町史　総集編』)。

延宝二年から新田が販売され、延宝五年までに千五百町歩余が七千五百両余で売れた。ところが、三人の元締に不正があったことが明らかになり、三人は貞享五年に追放処分となった。没収された新田千二百二十町歩は入札によって販売された。元禄八年に椿新田の検地が行われ、面積三千三百八十町歩、石高は二万四百四十石と認定された。これが後に「干潟八万石」と謡われる椿新田である。検地の時点では村名が決まっておらず、所有者が住んでいる古村の名に「下」を付けて呼ばれていた。それは近年の市町村別に次の十七の古村である。なお、新村(新田)のうち一村は古村に相当する村を持っていない(『干潟町史』)。

(旧旭市)　①太田村
(旧八日市場市)　②椿村・③飯塚村・④大寺村
(旧干潟町)　⑤鏑木《かぶらぎ》村・⑥堀之内村・⑦諸徳寺《しょとくじ》村・⑧溝原村
(東庄町)　⑨上代村・⑩栗野村・⑪小南《こみなみ》村
(旧海上町)　⑫松ケ谷村・⑬岩井村・⑭見広村・⑮蛇園《へびその》村・⑯後草《うしろぐさ》村・⑰江ケ崎村

元禄九年には新田の村名が決まり、新田検地帳に次の十八ヵ村が記載された(図13参照)。古村と新村の関係にある村には同じ番号を付けている(『干潟町史』)。

（旧旭市）　①鎌数村・⑱新町村（古村なし）
（旧八日市場市）　②春海村・③米持《よねもち》村
（旧干潟町）　④秋田村・⑤万力村・⑥米込《よねごめ》村・⑦入野村・⑧関戸村・⑨万歳村
（東庄町）　⑩八重穂村・⑪夏目村
（旧海上町）　⑫幾世村・⑬清滝村・⑭大間手村・⑮長尾村・⑯高生《たかおい》村・⑰琴田村

ところが、新田検地帳は村には渡されず、四人の割元名主に分けて預けられた。移住した農民が少なく、村の様相をなしていないという理由であった。一村ごとに名主が定められたのは検地から二十年後の正徳五年（一七一五）であった。排水路周辺に当たる井戸野村から吉崎村にかけての村々では、水田の水持ちが悪くなって旱害が発生したため、水田を畑に切り替えざるを得なかった。一方、干拓地の奥の村々では排水が進まず、東西二ヵ所に水付之場と呼ばれる水面が残った。両者は排水作業を巡って長い間対立することになった。

開発された椿新田は恒例に従ってひとまず幕府領に組み入れられたが、明和四年に椿新田の一部が上野国安中藩（群馬県安中市）の下総分領となった。安中藩主板倉勝清《かつきよ》が西丸老中となったため上野国から五千石分が下総国に移され、また新たに加増された一万石を合わせて下総国海上郡・香取郡・匝瑳郡に二十三ヵ村、一万五千石を領することになったからである。安中藩領となったのは椿新田十八ヵ村のうち、海上郡琴田村・高生村・清滝村、香取郡米込村・入野村・万歳村・八重穂村・夏目村、匝瑳郡鎌数村・春海村の十ヵ村である。この下総分領を支配するため、安中藩は匝瑳郡太田村（旭市）に陣屋を設け、代官・同心など数人を置いた。下総分領の年貢米は利根川の小見川・笹川・高田・野尻・小船木の河岸に津出しされ、安中藩江戸藩邸に送られた。利根川の河岸については後述する（『海上町史　総集編』）。

椿新田の村人に大きな影響を与えたのが大原幽学《ゆうがく》である。尾張藩士の父に勘当された大原幽学は和歌・俳諧・人相・易学などで生計を立てながら遊歴を重ね、天保九年に椿新田北縁の下総国香取郡長部《ながべ》村（旭市旧干潟町）に住みついた。

長部村の名主遠藤伊兵衛が息子と村民を教導する師匠として招いたからである。伊兵衛は天保十一年に自宅の書院を裏山に移築して教場とし、天保十三年にはこれを幽学の居宅に改築した。幽学は終生自らの出自を明らかにしなかったが、尾張藩士大道寺家の生まれと推定されている（『旭市史　第一巻』）。

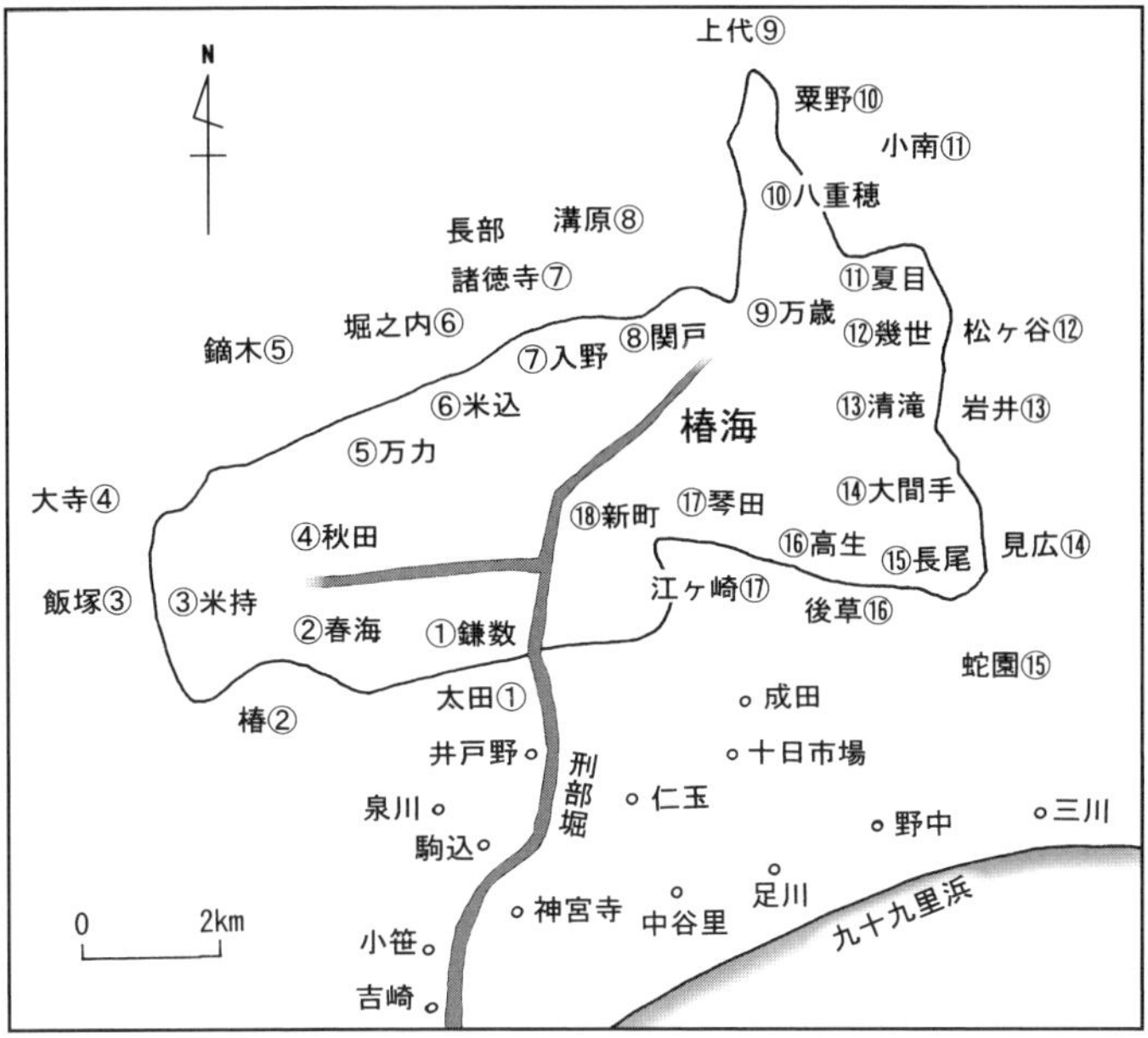

図13　椿新田の古村と新村

当時は農村にも貨幣経済が浸透して零細農家の欠落《かけお》ちが多発し、地主層も地主経営を維持することに苦しんでいた。分相応に生きることを基本とした大原幽学の「性学」は農漁村の地主層に受け入れられ、下総東部地方に急速に広まった。天保十年に長部村で発足した先祖株組合は参加者十一人が土地と資金を持ち寄り、共同経営によって零細農民の離農を防ごうとしたものである。これには海上郡十日市場村（旭市）の名主林伊兵衛が六百五十両という大金を出資した。林伊兵衛は漁業・酒造業を営む豪農であったが、幽学の説話に共鳴して己の行動を改めたのである。この先祖株組合は長沼に近い埴生郡荒海《あらみ》村（図12参照）や、椿海の古村である諸徳寺村（図13参照）でも発足した。長部村の領主清水家（御三卿）は先祖株組合の結成を認めたが、荒海村の領主田安家（御三卿）は性学の学習を禁止した。

長部村は嘉永元年（一八四八）の年貢を完納したため、領主清水家から表彰を受けた。性学の受講者が増えたため、幽学は嘉永三年に新しい教場を建築した。ところが、嘉永四年四月、常陸国新治《にいはり》郡牛渡村（茨城県霞ヶ浦町）の組頭など五人がこの新しい教場に現れ、幽学に入門を申し入れると称して騒ぎを起こした。彼らは文化二年（一八〇五）に設置された関東取締出役（第一章一参照）の指令を受け、幽学の行状《ぎょうじょう》を内偵するために来たのであった。幽学と門人は嘉永五年二月から海上郡本城村（銚子市）で関東取締出役の取調べを受け、八月からは江戸の幕府評定所で取調べを受けた。安政四年（一八五七）十月に評定所の裁決が出され、大原幽学は押込めの刑に処せられた。江戸で百日間の押込めを終えた幽学は安政五年二月に長部村に帰り、翌月に村の墓地で自刃した（『大原幽学』）。

本章の後半で貨幣経済が房総の農村にも浸透してきたことに触れた。それは房総三国を含めた江戸周辺に「江戸地廻り経済圏」が形成されたことと関係しているので、次章では房総で生産された物資について見てゆくことにしよう。

第二章　江戸に送られた房総の物資

江戸幕府が開設された頃、関東には江戸に十分な物資を供給できる生産力がなかった。江戸の需要を満たすことができたのは大坂（大阪）だけであったので、大坂―江戸間に貨物輸送のための定期航路が発達した。それが菱垣廻船であり、樽廻船である。また、大坂と全国各地を結んだのが東廻海運であり、西廻海運であった。こうした陸運・水運については次章で取り上げることになる。

一方、江戸が大都市に成長するに従い、関西から猟師・職人・商人などが移住して関西で発展した技術を持ち込んだ。そして、江戸時代初期には関東で供給できなかった物資も、次第に供給できるようになった。すなわち、江戸周辺に「江戸地廻り経済圏」が形成された。

寛政改革を進めた松平定信（第一章二参照）は株仲間を廃止したが、一方では江戸市場の育成策をとった。生粋の江戸商人十人を勘定所御用達《ごようたし》に登用し、彼らの力を利用して政治改革を推進したのである（『徳川幕府と巨大都市江戸』）。

江戸地廻り経済圏は関東一円に広がったが、房総三国もその一角を占めた。房総から江戸に送られたものは、塩・鮮魚・醤油などの食糧、炭・薪《まき》・木材などの物資、更には奉公人などの人材にも及ぶことになった。

一　塩

塩は生活に欠かせない物資であるから、小規模な製塩は昔から全国各地の浜で行われていた。江戸湾沿岸で中世の頃に製塩が行われた場所（塩場）としては、武蔵国金沢（横浜市）・大師河原（川崎市）、上総国中島（木更津市）、下総国行徳（市川市）などが知られている。これらの塩場のうちいくつかは、江戸時代に入って更に発展することになる（綿貫啓一「東京湾塩業の沿革」『資料の広場　第二十三号』）。

（一）　揚浜法と入浜法

中世の頃の製塩法は、満潮時の海面より高い位置に塩場を設け、ここに海水をまいて天日で乾燥させる方式であった。これが揚浜《あげはま》法である。この潮汲みは大変な重労働で、中世の物語にしばしば登場する。近世に入ってからは、満潮時の海面より低い位置に堤防で囲った塩田を設けて満潮時に水門を開け、干潮時には水門を閉めて水を蒸発させる方式が開発された。これが入浜《いりはま》法である。入浜法は長い堤防を築く必要があったが、揚浜法よりも生産性が高かった。

（二）　十州塩と関東塩業の保護

中世以来、瀬戸内の十州（播磨・備前・備中・備後・安芸・周防・長門・阿波・讃岐・伊予）が最大の塩生産地であった。ここで生産された塩は十州塩と呼ばれ、全国各地に出荷された。徳川家康が江戸に入って間もない慶長年間（一五九六～一六一五）には瀬戸内の十州塩が江戸に送られてきた。これは下り塩と呼ばれたが、ひとたび戦乱が起こればこの塩は入荷しなくなる恐れがあった。そこで、幕府は下総国行徳《ぎょうとく》領（市川市）と、上総国市原郡五井村（市原市）を塩場に指定し、この地域の製塩業を保護した。

江戸川河口に近い行徳から船橋（船橋市）までの江戸湾は遠浅の海が続いていたから、製塩に適していた。幕府は塩田の堤防普請を助成し、塩田の年貢の一部を塩で納めさせた。また、行徳塩を船で江戸に運ぶために小名木川を開削した。

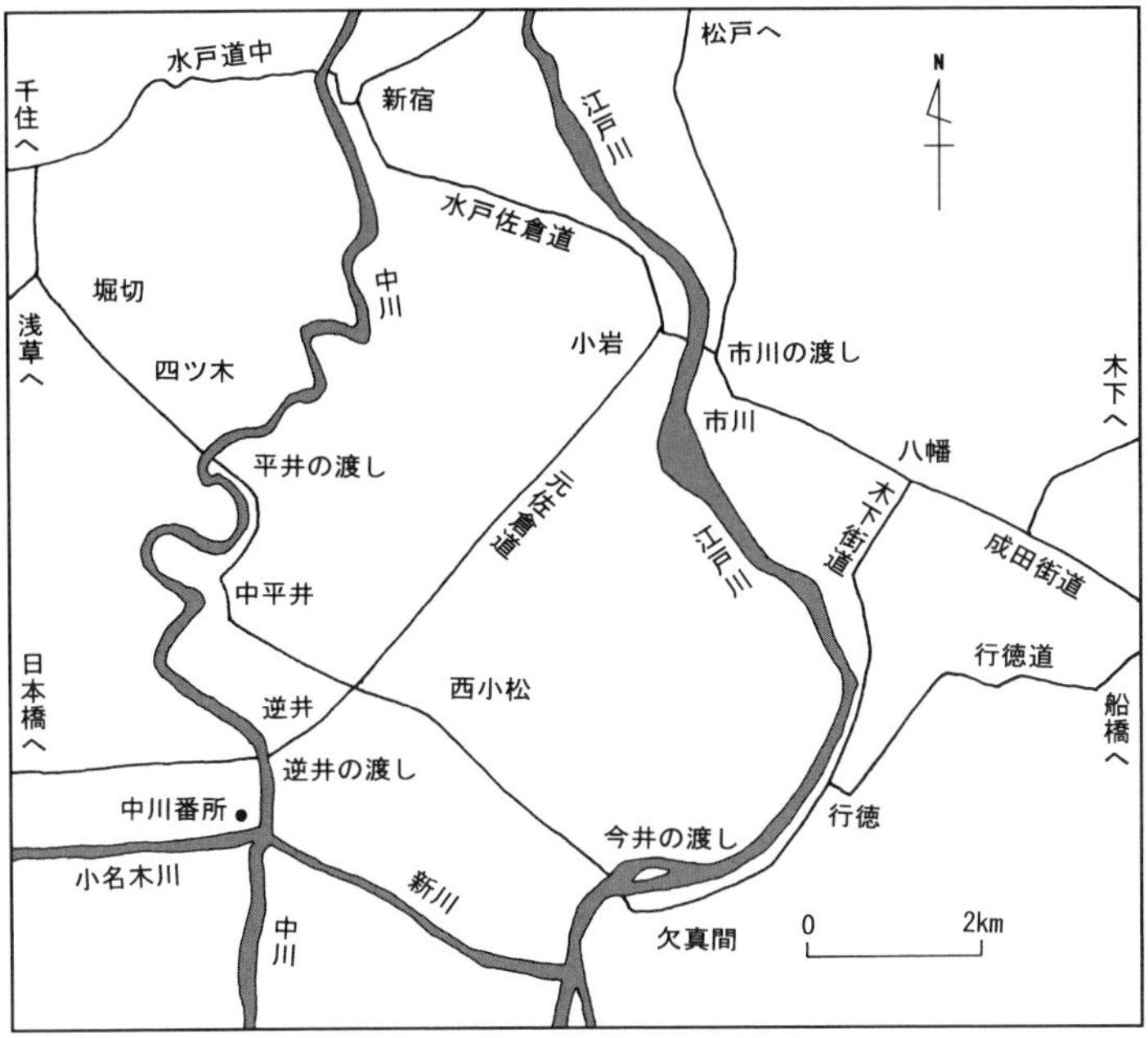

図 14　日本橋―行徳間の水路

（三）小名木川・新川と行徳船

大川（後の隅田川）と中川（後の荒川）を結ぶ水路（約五キロメートル）は、工事を担当した小名木《おなぎ》四郎兵衛の名を取って小名木川と名付けられた。中川と江戸川（現在の旧江戸川）を結ぶ水路（約三キロメートル）は、船堀川の二之江村（江戸川区）以東を新たに開削して新川と名付けられた（図14参照）。小名木川の開削は江戸開府の直後であったが、新川の完成は寛永六年（一六二九）であった（『江戸川区史　第一巻』）。

寛永九年、小名木川と新川に行徳船が認められた。江戸川の本行徳河岸から日本橋小網町の行徳河岸までは三里八町もあったので、長渡船《ちょうとせん》とも呼ばれた。寛文九年（一六六九）には行徳船に旅客輸送が認められ、房総方面への旅行者や成田参詣者に人気を呼んだ。船数は最初十六艘であったが、寛文十一年には五十三艘になった。（『市川市史　第二巻』)。

(四) 行徳塩と塩問屋

行徳塩を生産していた塩浜(市川市)の検地は寛永六年と元禄十五年(一七〇二)の二回行われ、いずれも十六ヵ村に年貢が課された。元禄十五年の検地では塩田の総面積は百九十一町歩余りで、村別では本行徳村・欠真間《かけまま》村・下妙典《みょうでん》村・上妙典村(いずれも市川市)が上位に入り、この四ヵ村で全体の五十五%を占めた。しかし、経営規模をみると一筆当たり二反歩ほどで、十州塩の一筆当たり一町歩ないし一・五町歩と比較すると、きわめて零細であった。それでも製塩は農家の副業として成り立った。文化期(一八〇四〜一八)における行徳塩の一年間の生産量は三万六千石余であったが、同時期の十州塩は四百万石を越えていた。

製塩の作業には塩田一町歩当たり六人ほどの労働力を必要とし、その他にも燃料の薪《まき》や製品の塩を扱う運搬人や商人がいるので、行徳では多くの人が製塩業に関係していた。しかし、経営資金は地元で調達できず、江戸商人に前借りしてそれを塩で返済する者が多かった。元禄元年に江戸の商人が行徳の製塩関係者に資金を貸し付けていたことを示す証拠として、借用証文のひな形が残っている。

行徳塩は船で小名木川を経由して江戸に運ばれ、笊《ざる》を担いだ小売商によって販売された。また、江戸川・利根川・鬼怒川・那珂川などを経由して武蔵・上野《こうづけ》・下野《しもつけ》・常陸の各方面にも出荷された。享保九年(一七二四)には江戸市中で地廻塩問屋七十六軒が公認され、株仲間が結成された。この塩問屋株は十両から十五両で売買されたが、十州塩を扱う塩問屋株が三千両を越えていたのに較べると、はるかに格下であった。それでも行徳製塩業が幕末まで存続したのは幕府の保護政策があったからである(『市川市史　第二巻』)。

(五) 五井塩と六斉市

五井湊に近い五所金杉村・今津朝山村(いずれも市原市)には塩田があり、二十数軒が塩釜元《かまもと》として農業の傍ら製塩業を営んでいた。塩釜元以外の農家も塩焼用の薪・焚き木、製品の塩を運搬する仕事に就くものが多かった。この五井塩の販売には上総国長柄《ながら》郡茂原村（茂原市）周辺に五千石の領地を持っていた旗本大久保治右衛門《じうえもん》が深く関わっていた（『市原市史　中巻』）。

大久保治右衛門は天正十八年（一五九〇）に茂原に五千石の領地を与えられた。慶長十一年（一六〇六）に領内を巡視した際、領民から「交易場所がなくて難儀している」との訴えがあった。そこで、領内の五ヵ村（本納《ほんのう》・長南《ちょうなん》・大網・茂原・一之宮）を一組として六斉市《ろくさいいち》を開設することにした。六斉市とは月に六回開かれる定期市のことである。治右衛門は五井村の塩釜元二十五軒に指定仲買人以外には塩を売らないように命じ、五井村の近隣八ヵ村（君塚・岩野見・松ヶ島・神崎・八幡・御所・村田・生実《おゆみ》新田）の仲買人には、六斉市の開催日に毎日五井塩二十駄を納入することを命じた。五井―茂原間は約二十四キロメートルで、馬を替えずに運べる距離にあった。一駄は馬一頭に積める量で約三十六貫（約百三十五キログラム）、米なら二俵である。十州塩の出荷は禁止された（『本納町史』）。

市の開催日は本納が一と六の日、長南が二と七の日、大網が三と八の日、茂原が四と九の日、一ノ宮が五と十の日と決められた。本納で市が立つ日は毎月一日・六日・十一日・十六日・二十一日・二十六日の六日間となる。毎年正月一日から十一日までは正月休みであるが、それ以外は一年中毎日いずれかの村で市が立つことになった。この五ヵ所の市場には五井からの塩・日用品をはじめとして、九十九里浜からの海産物、周辺村々からの農産物・林産物が搬入された。市場の開設によって近隣の村人たちの生活の便がよくなり、市場自体も繁栄を見せた（『茂原市史』）。

（六）塩業と漁業の競合

夷隅郡の塩田川周辺の浜でも製塩が行われていた。これが塩田浦の塩である。万治二年（一六五九）に日在《ひあり》村（いすみ市）と内野郷（同）との間で塩場の境界を巡る争いが起こったので、その状況が資料として残された。日在浦から小浜浦までの六百三十一間のうち塩場は五百九十間で、これを十八人で分割していた。三十間の塩場を持っていた人が八人、三十五間の人が十人であった。なお、内野郷はその後三人の旗本の知行所となる際、若山村・深堀村・新田村の三ヵ村に分ケ郷された（『大原町史　通史編』）。

九十九里浜のうち東浪見《とらみ》（一宮町）から浜宿（大網白里市）までの浜で生産された塩の年貢は長柄郡岩沼村（長生郡長生村）に置かれた塩役所に納入された。そのため、この地域の塩は岩沼塩と呼ばれていた（図15参照）。しかし、塩の生産が少なかったため、慶長十一年に領内を巡視した大久保治右衛門（前述）によって塩役所は閉鎖された（『本納町史』）。

享保期（一七一六〜三六）になると紀州（和歌山県）や摂津（兵庫県・大阪府）の漁民が九十九里浜に出稼ぎに来るようになり、塩業と漁業が浜を取り合うようになった。寛延四年（一七五一）の海上郡足川村（旭市）では十四人が塩場を持ち、年貢を課されていた。椎名内浜で潮を汲んで塩を焼いたという記述からは、まだ揚浜式の製塩であったことを推測させる。仁玉《にったま》村（旭市）では天明九年（一七八九）に製塩が中止され、塩場が干鰯《ほしか》場に変わった（『旭市史第一巻』）。

二　鮮魚・干鰯

江戸の前面には浅瀬の多い江戸湾が広がっていたから、魚介類は豊富であった。しかし、江戸に幕府が開かれるまでは海産物の需要は小さく、漁業技術も育っていなかった。そのため、地元の猟師たちは急速に大きくなって行く江戸の需要に応じきれなかった。

その後、江戸に近い深川・品川・大井・羽田・神奈川などに漁業を専業とする猟師町が生まれ、本村と区別された。従って、海岸に面した村でも漁業を専業とする磯付村と、農業と漁業を兼ねる磯付百姓村とがあった。幕府は農業を重視していたから、農民が自由に漁業に転向しないように抑制策をとった。

（一）　御菜浦と佃島

江戸幕府が開かれた頃、江戸城に魚介類を上納したのは御菜浦《みさいうら》と呼ばれる武蔵国本芝浦・金杉浦（港区）、品川浦・大井御林浦（品川区）、羽田浦（大田区）、生麦浦・新宿浦・神奈川浦（横浜市）の八ヵ浦であった。これ以外にも日本橋小網町・佃島《つくだじま》（中央区）、深川猟師町（江東区）、長島村・下今井村・二之江村（いずれも江戸川区）、下総国船橋浦（船橋市）などが魚介類を納めた。彼らは江戸城に納入した残余を市中で販売することを許された（『品川区史　通史編上巻』）。

大川（隅田川）河口に佃島（中央区）を開いたのは摂津《せっつ》国西成郡佃村（大阪市西淀川区）出身の猟師たちであった。以前から徳川家との取引があった佃村の猟師たちは、徳川家の求めに応じて天正十八年（一五九〇）に江戸小網町（中央区）に移住した。そして、夜間に大川や中川で四手網による白魚漁を行い、これを独占した。寛永年間（一六二四～四四）に鉄砲洲（中央区湊）に移り、正保年間（一六四四～四八）には対岸の砂洲に移ってこの地を佃島と名づけた（図24参照）。その後彼らは猟師専業から魚問屋に転じ、日本橋魚市場の開祖となった。

深川猟師町（江東区）は寛永六年（一六二九）に開かれ、翌年から御菜肴を江戸城に納めるようになった。主に貝類を納めて、猟師無年貢の特権を得た。文化七年（一八一〇）に作成された文書には「摂津出身の先祖が家康入国の頃に江戸に下った」と記載されているが、それを裏付ける記録類は消失したという（『東京百年史　第一巻』）。

（二）　関西漁民の出漁と定着

畿内と呼ばれる山城・大和・河内・和泉・摂津は奈良・京都・大坂という大消費地を抱えていた。戦国末期に渡来して畿内で急速に普及した綿作は多量の肥料を必要とした。その需要に応えて、摂津・和泉・紀伊の漁民は干鰯・〆粕《しめかす》などの魚肥生産に乗り出した。その原料となるイワシ（鰯）の新漁場を求めて、彼らは他国に進出を始めた。進出先は、西は北九州・対馬、東は相模・房総・常陸にまで及んだ（『近世の漁村』）。

『鴨川市史　通史編』には房総に出漁した関西漁民の事例が列記されている。その記述を表にまとめ、別の市町村史で確認できた件に資料名を付記すると次のようになる（『鴨川市史　通史編』）。

開始時期	出身地	出漁地	漁法	確認資料
弘治元年（一五五五）	紀州（和歌山県）	九十九里浜	地引網	九十九里町誌
天正十一年（一五八三）	紀州湯浅（湯浅町）	鵜原（勝浦市）	網漁	勝浦市史
慶長十年（一六〇五）	紀州栖原《すはら》（湯浅町）	塩見（館山市）	鰯網	―
慶長年間（～一六一九）	和泉堺（堺市）	石小浦（南房総市）	鯛長縄漁	富浦町史
元和二年（一六一六）	紀州加太（和歌山市）	川津（勝浦市）	小八手網《はちだあみ》	勝浦市史
元和三年（一六一七）	紀州湯浅（湯浅町）	岩和田（御宿町）	小八手網	大原町史
元和三年（一六一七）	紀州栖原（湯浅町）	底目（いすみ市）	小八手網	大原町史
元和年間（～一六二四）	紀州栖原（湯浅町）	萩生《はぎう》（富津《ふっつ》市）	鯛桂網	富津市史
寛永初め（一六二四～）	摂津・和泉・紀州	富津（富津市）	八手網	富津市史
寛永六年（一六二九）	伊勢（三重県）	小湊（鴨川市）	鮑漁	―
慶安年間（～一六五二）	摂津下福条（大阪市）	奈良輪（袖ケ浦市）	地引網	袖ケ浦市史
明暦二年（一六五六）	紀州広村（広川町）	外川《とがわ》（銚子市）	まかせ網	銚子市史
貞享年間（～一六八八）	伊勢（三重県）	洲崎《すのさき》等（館山市）	潜水漁	―

『大原町史　通史編』は関西漁民の出身地における資料に基づいて、房総に出漁した漁民などの事例を掲載している。そのうちの三例を紹介しよう（『大原町史　通史編』、『近世日本漁村史の研究』）。

○和泉国岡田浦（大阪府泉南市）から関東に出稼ぎに出る者たちは、岸和田藩に関東出役銀を納めていた。出稼ぎ人は漁業稼と商業稼に大別されるが、商業稼も漁業稼に付随するものであった。宝永三年（一七〇六）に関東に出稼ぎに出た四十人の滞在先は、小浜（いすみ市）・塩田（同）・岩和田（御宿町）・勝浦（勝浦市）・今泉（大網白里市）などであった。彼らは一旦出掛けると二年ほど滞在して漁業をしたり、岡田浦商人として干鰯を集荷したりしていた。

○和歌山藩は享保十八年（一七三三）に藩内の加太浦（和歌山市）と湯浅浦（有田郡湯浅町）から関東に出漁している漁民に御用金を課した。加太浦の鰯網元二十六人・御宿浦商人一人・勝浦町商人一人の合計二十八人は合わせて金六百九十八両を納入した。彼らが出漁した先は松部浦・串浜浦・沢倉浦・新官浦（いずれも勝浦市）などであった。

○湯浅町（有田郡湯浅町）の顕国神社にある手水石《ちょうずいし》には、湯浅から上総国の御宿・岩和田・六軒町（いずれも御宿町）、岩船（いすみ市）などに出漁していたことを示す銘文がある。また、大原（いすみ市）にある浄土真宗照願寺《しょうがんじ》の過去帳には元禄四年（一六九一）から享和二年（一八〇二）までの百十一年間に、百三人の関西出身者が記載されている。その内訳は紀州五十一人、泉州四十九人、摂津三人であった。紀州のうち三十一人は吹井《ふけい》浦（由良町）、泉州のうち二十七人は嘉祥寺《かしょうじ》村（田尻町）、十二人は岡田浦（泉南市）である。

（三）干鰯の生産と流通

関西から房総に出漁した猟師たちは、当初は漁獲したイワシを自分で干鰯に加工し、国許に帰る際に船に積んで帰った。しかし、干鰯の生産が拡大するに従って生産と流通が分業化された。出漁中の船からイワシを買い上げて干鰯に仕上げる干鰯小買商人、干鰯を集荷する干鰯仲買商人、それを関西方面に輸送する廻船持商人などである。元禄二年の御宿浦（御宿町）には干鰯小買商人十一人、干鰯仲買商人三十一人がいた。また、元禄十年の南白亀《なばき》領二十ヵ村（白子町周辺）には関西からきた廻船持商人が十数人いた。彼らは漁船団に同行してきたのであったが、滞在先に蔵や屋敷を持つ者もいた。元禄年間を過ぎると、関西漁民から漁業技術を学んだ地元漁民が力を付け始め、関西漁民は次第に撤退に追い込まれた。それと時期を同じくして、江戸・関宿・境・東浦賀に多くの干鰯問屋が出現した。新田開発によって採草地が減ったため、関東地方でも田畑にまく肥料として干鰯を使わざるを得なくなっていた（『近世海産物経済史の研究』）。

江戸には元文四年（一七三九）に成立した二組の干鰯問屋仲間があった。銚子場組の問屋は十三人、永代町組の問屋は十六人で、それぞれ二ヵ所に干鰯揚場を持っていた（古川力「九十九里浦の干鰯陸送と東金街道」『房総漁村史の研究』）。

干鰯は産地によって漁法、水洗いの有無、価格決定方法の上で違いがあり、四つに区分されていた。木戸川（山武市）から四天木《してんぎ》（大網白里市）までが北場物、四天木から塩田（いすみ市）までが南場物、塩田から白子（南房総市千倉町）までが本場物、白子から柏（館山市）までが西方物である。北場物は地引網でイワシを水洗いしないので品質が劣った。南場物は地引網であるが水洗するので品質が良かった。本場物と西方物は八手網によるので品質が安定していたが、価格の決定方法に違いがあった（『九十九里町誌　総説編』）。

本場物の荷主は価格の決定を干鰯問屋に一任していた。干鰯問屋は本場の荷主に対して事前に仕入金を貸し出しており、仕入金は納入金額から差し引かれた。本場物以外の荷主は市場での価格を干鰯問屋に一任せず、価格を連絡させて価格決定に参加していた。この聞荷《ききに》という仕組みは、荷主が江戸の干鰯問屋に対して優位に立っていたことを示している（『日本近世の地域と流通』）。

房総沿岸と江戸の間を通ったのは五大力船《ごだいりきせん》である。平たい船底で喫水を浅くし、五百～九百俵の米を積めた。海上は帆走するが、川に乗り入れる時は帆柱を倒して竿を使った。一方、鮮魚を江戸に送り届けるのは押送船《おしおくりぶね》である。幅の狭い小型船を七人ほどで漕ぐので船足が速く、船倉には鮮魚のための生簀《いけす》が設けられたものもあった。

押送船は浮世絵版画にも登場する。葛飾北斎は「冨嶽三十六景」のうち「神奈川沖浪裏」で三艘の押送船を描き、「富嶽百景」のうち「容裔不二《うねりふじ》」で一艘の押送船を描いた。いずれも漕ぎ手が七人であることを確認できる（『葛飾北斎』）。

葛飾北斎は文化三年（一八〇六）に夷隅郡荻原村（いすみ市）の行元寺《ぎょうがんじ》を訪れ、鴨川出身の彫刻師、武志《たけし》伊八郎が制作中の欄間彫刻「波と宝珠」に出会った。この彫刻師は通称を「波の伊八」といい、低い視点から荒波を描いて波の躍動感を見事に表現した名作を残した。北斎の「神奈川沖浪裏」の構図は「波の伊八」の作品に似ているため、近年になってその影響に注目が集まっている。文化面で房総が江戸をリードした一例である（『名工　波の伊八』）

（四）魚種・漁法・漁場

イワシ漁には砂浜で使われる地引網（地曳網）、磯浜で使われるまかせ網および八手網があった。地引網は二艘の船で網を繰り出して魚群を取り巻き、この網を浜にいる人手で引き上げる漁法である。まかせ網は魚群の周囲を細長い網で取り囲み、網の下縁を絞り込んで捕獲する漁法。八手網は浮きを付けた網を二艘または四艘の船で張り巡らし、魚群が網の上にきた時に引き上げる漁法である。八手網のうち、二艘で網を張るのが小八手網といった。

マグロ漁にはたちば縄漁と流し網漁があった。たちば縄漁は、長さ百十メートルほどの縄の先端に釣針を付けて竹竿で鮪を釣り、縄を伸ばしてマグロが力尽きた頃に引き上げる漁法である。流し網漁は、長さ五百五十メートルほどの道縄に三十六メートル間隔で枝縄を結びつけ、枝縄の先端に付けた釣針で釣り上げる漁法である。マグロ漁の漁期は六月から十月までであった。

カツオ漁は釣漁による。餌には生きたイワシが使われるが、カツオの群れが大きい時は擬餌《ぎじ》針が使われる。カツオ漁の漁期は十一月から翌年三月までであった（『鴨川市史　通史編』）。

内湾か外海かによって魚種が異なり、砂浜か磯浜かによって漁法が異なる。また、江戸との距離によって処理方法が異なる。『千葉県の歴史　通史編近世二』では房総の漁場を内湾・内房・外房の三つに区分している。三浦半島南東端の剣崎《つるぎざき》（三浦市）と房総半島南西端の洲崎（館山市）を結ぶ線から北側が江戸湾であり、観音崎の付け根に当たる走水村《はしりみず》（横須賀市）と富津岬（富津市）を結ぶ線の内側が江戸内湾である（図23参照）。さらに、品川と深川を結ぶ線の内側が江戸前であった。本書では房総を次の五つに区分し、それぞれの区域の漁業を概観する。①内湾（旧江戸川河口〜富津岬）、②外湾（富津岬〜洲崎）、③外房（洲崎〜太東《たいとう》崎）、④九十九里浜（太東崎〜刑部《ぎょうぶ》岬）、⑤銚子半島（刑部岬〜利根川河口）

江戸内湾の定義については、相模国三浦郡千駄崎（横須賀市久里浜）と上総国天羽郡竹ヶ岡（富津市）を結ぶ線の内側という説もある（図23参照）。『品川区史　通史編上巻』に掲載されている「東京湾の海底地形」によると、千駄崎—竹ヶ岡を結ぶ線の外側で水深が急に深くなり、百メートルを越えるような東京湾海底谷ができている。そのため、右のような定義が生まれたものであろう（『品川区史　通史編上巻』）。

（五）江戸内湾の漁

旧江戸川河口から富津岬までの内湾には、水深十メートルないし三十メートルの平坦な海底が広がっている。この海域は干潟や浅瀬が多いために魚介類の漁が盛んで、漁獲物はその日のうちに江戸に届けられた。

船橋村とは葛飾郡五日市村・九日市村・海神村という三ヵ村の総称である。船橋浦の漁場は谷津村（習志野市）沖から堀江村（浦安市）沖までであり、高瀬・二かいの洲・三番瀬などと呼ばれる好漁場が広がっていた。御菜浦としての船橋浦は毎月三度江戸城御台所に魚介類を上納したほか、将軍御成りの際は船橋御殿（第一章二参照）にも魚介類を納めた。御菜魚として知られているのはイシガレイ・コチ・キス・サヨリ・イナなどであり、その量は一回当たり三十匹前後であった（『千葉県の歴史　通史編近世二』）。

寒川《さむがわ》村（千葉市）周辺で獲れる魚類はコチ・カレイ・クロダイ・イカ・イワシ・コノシロ・ギンダラ・キス・ヒラメ・ハゼ・ギンポ・タコ・イナ・イナダ・タナゴ・ゴンソウ・カマス・ゲンパチ・アジ・ボラなどである。また、カニ・エビ・アサリ・ハマグリ・赤貝・バカ貝（アオヤギ）なども獲れた。寒川村は押送船二十艘あまりを所有し、魚介類を江戸に運ぶのに使用した（『千葉市史　第二巻』九六頁）。

五井湊（市原市）で水揚げされた魚介類はイワシ・アナゴ・コハダ・キス・カレイ・ハゼ・ギンボ・イカ・エビ・カニ・シャコ・ハマグリなどであった（『市原市史　中巻』）。

キサゴは小型で扁平な巻貝であるが、即効性の肥料として大量に採取された。キサゴが採取できる干潟は村の共有地とされ、キサゴ札を発行して管理された。内陸の村（野方）は海付きの村（浦方）からキサゴ札を買ってキサゴを採取しなければならなかった。そのためキサゴ採取を巡って村落間で紛争が多発した（『千葉県の歴史　通史編近世二』）。

江戸の町の成長とともに魚介類の需要が増大すると、内湾の浦相互間で競合が起こるようになった。また、総漁獲量が減少し、水産資源に限りがあることが明らかになった。その対策を協議するため、文化十三年に江戸内湾の各浦を代表する人たちが神奈川浦（横浜市）（図25参照）に集った。武蔵国からは御菜浦八ヵ浦を含めて二十一ヵ浦、相模国からは八ヵ浦、上総国からは十五ヵ浦、合わせて四十四ヵ浦である。この神奈川参会では新規漁法の禁止、違反した村の取扱い、毎年一回の会合開催などが協議され、議定書《ぎじょう》が作成された。木更津以北の上総、下総全部、武蔵国東部の浦は参加していなかったが、議定書には議定に参加していない浦をも拘束する内容が含まれていた。そのため、議定に参加した浦と参加しなかった浦との間で訴訟が起こった。なお、神奈川参会で三十八種類の漁法（内海三十八職）が決定されたとする説が流布しているが、この議定書に内海三十八職は記載されていない（盛本昌広「内海の漁業」『荘園と村を歩く』）。

海苔《のり》は品川・大井・大森などで採れたが、浅草観音の土産物（浅草海苔）として売られて有名になった。海苔の養殖は延宝年間（一六七三〜八一）に粗朶《そだ》（海苔ひび）を立てて海苔を養殖する「ひび立て」という方法が発明されてから急速に普及した。これは生簀の粗朶に海苔が生えたのを見て始まったという。延享三年（一七四六）からは海苔運上が賦課された（『品川区史　通史編上巻』）。

海苔小売商であった近江屋甚兵衛は小糸川河口を海苔養殖の適地と見立て、文政四年（一八二一）に周准《すす》郡人見村

（君津市）の村役人に養殖を奨めた。人見村での海苔養殖は甚兵衛の指導で文政六年から本格化した。甚兵衛は人見村の海苔を一手に買い受け、江戸で上総海苔として販売した。隣村の大堀村（富津市）も海苔養殖を開始し、天保五年（一八三四）から海苔運上を納めるようになった。甚兵衛は大堀村に海苔の一手買いを申し入れたが拒絶された（『君津市史　通史』）。

（六）　内房の漁

富津岬（富津市）から洲崎（館山市）までの内房のうち（図23参照）、竹ヶ岡（富津市）から先は水深が百メートルに達するような海底谷が続いており、海岸線も砂浜と岩礁とが交互に分布する。

内房ではアワビ・サザエ漁や八手網によるイワシ漁が盛んで、漁獲物は鮮魚として押送船で翌日の早朝までに江戸に送り届けられた。

金谷・萩生・竹ヶ岡（いずれも富津市）の三ヵ浦では桂網《かつら》によるタイ漁が盛んであった。桂網とは多数の木片を取り付けた縄（ぶり縄）を地引網で囲みながら引き回す漁法で、七艘の船と四十人ほどの人員が必要であった。この漁法を房総に持ち込んだのは紀州有田郡栖原村（湯浅町）の栖原角兵衛であった。栖原は元和九年（一六二三）に房総に移住し、代々にわたって桂網の漁をした（『富津市史　通史』）。

安房国勝山村（鋸南町）の醍醐《だいご》新兵衛家は江戸時代以前から捕鯨漁に従事しており醍醐組と呼ばれた。勝山沖に広がる東京湾海底谷は水深百メートルを超えており、鯨の生息が可能であった。また勝山沖の浮島が防波堤となり、大規模な船団の活動を助けた。捕鯨は紀州や四国でも行われていたが、ザトウクジラやナガスクジラを対象としていた。これらは重さ五十トンもある大型の鯨で、イワシやニシンを海水ごと呑み込む。この種の鯨は死ぬと沈んでしまうので、網をかぶせて捕獲する。この捕鯨には猟師七百人以上、数十艘の船、大量の網と綱、解体場などが必要で、莫大な経費がかかった。そのため、大資本家がすべてを直営で操業した。それに対して、醍醐組が対象にしていたのはツチクジラであった。ツチクジラは重さ十トン前後の小型の鯨で、イカ・タコ・深海魚を海底付近まで追いかけて歯で捕獲する。脂肪皮が厚くて死んでも浮いているので、銛《もり》を打って捕獲する。醍醐組は経営方式も独特であり、船・漁具・作業場を持たず、元締を務めるだけであった。漁船としては勝山村の二組三十三艘、岩井袋村の一組二十四艘を参加させ、合計五十七艘で船団を組んだ。漁期は猟師が他の漁を休む六月から八月だけに限った。鯨肉はすべて船団に渡し、脂肪皮だけを受け取って鯨油を江戸の油問屋に売り渡した。醍醐組は二百六十年以上、推定を加えると四百年以上にわたって捕鯨の元締を務め、明治三年（一八七〇）に休業した（矢代嘉春「醍醐捕鯨経営史」『房総漁村史の研究』）。

醍醐家は代々勝山村の名主を務めてきたが、六代目と推定される醍醐新兵衛定恒は俳人でもあった。俳人小林一茶については後述するが、一茶は醍醐家を三度訪れており、文化三年には定恒の案内で捕鯨見物をした。

一茶はこの時海路で木更津に入り、勝山村の浄蓮寺に八泊して捕鯨見物などをした後、金谷から浦賀に渡って江戸に帰った（『小林一茶と房総の俳人たち』）。

（七）外房の漁

洲崎（館山市）から太東崎（いすみ市）（図22参照）までの外房では岩礁地帯が続く。

外房では八手網によるサンマ漁・イワシ漁が行われた。九月から十一月までがサンマ漁、十一月から翌年春までがイワシ漁で、その切り替えは十一月十日と決められていた。外房と江戸との往復には五日ほどかかったので、サンマは塩サンマとして江戸に送られた。また、イワシは干鰯や〆粕に加工され、肥料として日本橋（中央区）・深川（江東区）・東浦賀（横須賀市）の干鰯問屋に送られた（『千葉県の歴史　通史編近世一』）。

御宿（御宿町）は良港であるので、多くの関西漁民が八手網でイワシ漁を行った。元禄二年の御宿では紀伊国下津村三張、湯浅村九張、加太《かた》村二張、和泉国吹井《ふけい》村一張、合計十五張の八手網が操業しており、関西出漁民は合計六百人に上った。元禄五年に御宿で生産された干鰯は十六万六千俵余に達した（『近世海産物経済史の研究』）。

小湊（鴨川市）では寛永六年に伊勢から来た海女船がアワビ漁を始めた。その後、洲崎・天津などでもアワビ漁が行われた。幕府は元禄十一年に干アワビ・イリコ・フカヒレを中国（清国）向けに輸出することを決めた。イリコとはナマコをゆでて干したもの。この海産物三種は俵詰めにされるので俵物《たわらもの》と呼ばれ、長崎出島を経由して中国に輸出された。延享二年から長崎の俵物商人が俵物の集荷を請負っていたが、天明五年からは幕府が直轄で集荷した。文化六年からは干アワビ生産が請負制となり、川津村（勝浦市）・勝浦村（同）・岩和田村（御宿町）などが大量に請け負った（大場敏雄「房総の鮑漁業」『房総漁村史の研究』）。

勝浦（勝浦市）の網元である市郎右衛門は天和三年（一六八三）から関西漁民五人と共同で小八手網を操業していたが、元禄四年にその五人から訴えられた。訴えの内容は、五人が必要になった時にはいつでも金子を貸すとの定めを履行しなかったこと、出漁に必要な道具・食糧を自由に購入させなかったこと、貸付金の利息が定めた率より高いことなどであった。この頃には漁業の主導権が地元の網元に移りつつあった（『勝浦市史　通史編』）。

（八）　九十九里浜の漁

九十九里浜は南の太東岬（いすみ市）から北の刑部岬（旭市）まで、五十六キロメートルにわたって美しい弓形を描いている（図15参照）。平野の幅は五キロメートル～十キロメートルで、その奥には茂原・東金・松尾・八日市場などの町を乗せた下総台地があり、台地の端は太平洋の荒波に浸食されてできた海食崖になっている。

九十九里浜平野の沖合には浅い海が広がっており、水深二百メートル以内の海が海岸から七十キロメートルあまり沖まで続いている。ペリー艦隊が浦賀（図23参照）に来航した時、粟生《あお》村（九十九里町）の沖で水深が調査された。その結果は、汀線から千七百二十八メートル沖で水深六メートル、三千二百四十メートル沖で水深十八メートルであった。この浅い海を作った砂の供給源が銚子半島にあることについては後述する。

九十九里浜の海岸線は百数十年間に三百メートル余、年平均二メートルあまりも沖に移動した。海岸付近で生成されたはずの砂丘が次第に平野の中に位置するようになり、海岸線に平行する微高地となって線状模様を描いている。こうして、九十九里浜平野には九列ないし十三列の砂丘列（砂堆）が形成された。

紀州から出稼ぎにきた漁民（旅網）は、海岸近くの砂丘に納屋を建てて漁具を収納した。海が後退して納屋が海岸から遠くなると、海岸近くの新しい砂丘の上に新しい納屋を建てた。以前の納屋は普段の住居として使われたので納屋集落と呼ばれる。こうして納屋集落も微高地の上に線状に並ぶことになった。海岸から遠い集落ほど古い時代の集落というわけである。○○納屋という地名は南の南白亀川（長生郡白子町）から北の木戸川（山武市）までに多く見られる。この分布は東浦賀（横須賀市）の干鰯問屋が集荷した地域（北場物）と重なっており、背景に関西出身者の影響が窺われる。干鰯の北場物については前述した（『九十九里町誌　総説編』）。

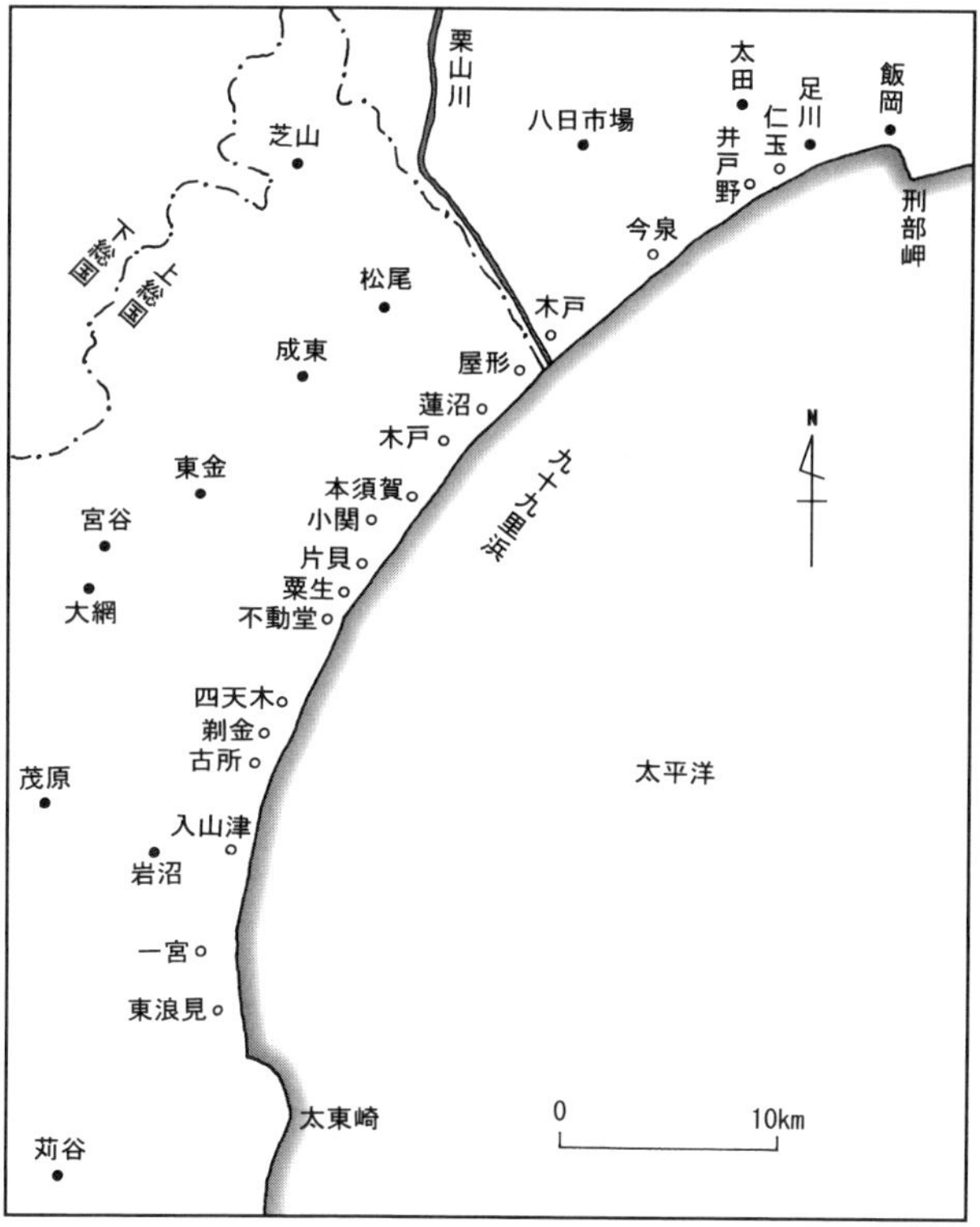

図15　九十九里浜の村々

九十九里浜の地引網の対象はサンマ・イワシであるが、関西漁民がもたらした地引網漁は漁船一艘で操業する小地引網であった。しかし、元禄十六年に元禄大地震（後述）が起こると関西漁民は多くの死者を出し、漁船・漁具をすべて流された。関西漁民の多くは撤退し、それに代わって地元漁民の漁が活発になった。用具の改良も行われて宝永年間（一七〇四～一一）には漁船二艘で操業する大地引網が生まれ、現代まで伝わっている（宮崎茂一郎「九十九里浦大地引網漁業の発達」『房総漁村史の研究』）。

大規模な地引網漁では船に乗る者（水主《かこ》）が六十人ほど、陸で網を引く者（岡者）が百人ほど必要である。網主（網元）の多くは名主や村役人を務める大地主であり、水主の多くは網主の小作人であった。イワシはすべて干鰯に加工され、江戸や東浦賀の干鰯問屋に送られた。これは肥料として主に関西方面に出荷された。

栗山川は上総・下総の国境であった。これより東方の九十九里浜（匝瑳郡・海上郡）で生産された干鰯は銚子周辺の利根川河岸に陸送された後、船で江戸の干鰯問屋に送られた。一方、これより西方の九十九里浜（武射郡・山辺郡・長柄郡）で生産された干鰯は、①陸路で曽我野・寒川（千葉市）に送られる場合と、②海路で東浦賀（横須賀市）に送られる場合があった。

①の陸路の場合、片貝村（九十九里町）から東金街道を経由して曽我野・寒川までは三十五キロメートルあまりであり、馬を変えずに一日で運ぶことができた。

②の海路の場合、東浦賀の廻船問屋が配船した五大力船が九十九里浜の各浦の沖合に停泊し、艀《はしけ》で干鰯を集荷した。五大力船は興津《おきつ》（勝浦市）または松部（同）を拠点とし、集荷後は館山を経由して東浦賀に向かった（『九十九里町誌総説編』）。

山辺郡粟生村（九十九里町）は北町奉行与力の給地であった。村の名主を務める飯高家は与力給地全体の差配役を務めるほど有力な網主でもあった。飯高家は東浦賀（横須賀市）の干鰯問屋および曽我野村（千葉市）の船問屋と姻戚関係を結んで繁栄する。

東浦賀村（横須賀市）には天正年間（一五七三～九二）にすでに十五軒の干鰯問屋があった。紀州有田郡湯浅村（湯浅町）

出身の与三右衛門は元禄六年頃に東浦賀（図23参照）で干鰯問屋「湯浅屋」を開いた。元禄十三年に湯浅屋を継いだ二代目与三右衛門は、九十九里浜との取引を拡大した。湯浅屋の八代目与三右衛門には男子がなかったため、千葉郡曽我野村（千葉市）の廻船問屋「小河原家」の五代目七郎兵衛の子を養子に迎えて九代目とした（『九十九里町誌　総説編』）。

曽我野村（図20参照）の廻船問屋小河原家の六代目清左衛門は山辺郡粟生村（九十九里町）の網主「飯高家」四代目惣兵衛の長女たみを娶り、二人の間に生まれた娘もつを惣兵衛の孫に当たる吉太郎に嫁がせた。吉太郎ともつは従兄弟《いとこ》同士に当たる。この飯高吉太郎が東浦賀に飯高家の出店「飯塚屋」を開いたのは文化十二年であった。この頃の湯浅屋は小河原家出身の九代目与三右衛門であり、飯塚屋の遠縁に当たる。飯塚屋の家業は順調に発展し、吉太郎は文政九年には東浦賀干鰯問屋の総代に就任する。こうして九十九里浜の網主飯高家は東浦賀の干鰯問屋飯塚屋、曽我野村の廻船問屋小河原家と姻戚関係を結び、強力な販売網を手にした。これ以降、九十九里浜で生産された干鰯の多くは東浦賀に送られるようになった（古川力「九十九里浦の干鰯陸送と東金街道」『房総漁村史の研究』）。

（九）銚子半島の漁

刑部岬（旭市）から名洗（銚子市）までは屏風《びょうぶ》ヶ浦と呼ばれる海蝕崖が続き、名洗から利根川河口（銚子市）までは犬吠埼などの岩礁地帯が続く（図16参照）。

銚子半島は太平洋の荒波に曝されて激しい浸蝕を受けており、名洗付近の海岸線は明治初年から大正十三年（一九二四）までの五十年間に三十六メートルも後退した。茅刈《かやかり》島は三百八十年前には名洗と陸続きであったが、現在は名洗の沖三百六十メートルに浮かぶ島になった。椿新田に近い海上町後草《うしろぐさ》（旭市）の旧家には元和二年作成の文書が所蔵されており、「先祖は建久三年（一一九二）に他の六軒とともに永井からこの地に移住した」と記されている。今から八百二十年も前のことである。飯岡町上永井（旭市）にあった通蓮洞《つうれんどう》という洞窟は波の浸食によって昭和二十年頃に崩壊して消滅した。屏風ヶ浦沖の沿岸流は年間を通じて西南方に向かっているので、浸食された土砂は九十九里浜の沖に運ばれて広大な浅海を形成したものと推定されている（『飯岡町史　付篇』）。

銚子に漁港を開いたのは地元の猟師ではなく、関西から出稼ぎにやってきた猟師たちであった。岩礁地帯が続く銚子半島では、まかせ網・八手網（前述）によるイワシ漁・カツオ漁が行われた。彼らは秋に来て漁をし、春になったら帰るという生活（旅網）を繰り返していたが、やがて銚子に定住するようになった。慶安三年（一六五〇）に摂津国西宮（西宮市）から猟師六十人あまりが銚子にきて漁場を開き、承応元年（一六五二）頃には飯沼村飯貝根《いがいね》（銚子市）に多数の商店が立ち並んだ。承応二年には紀州（和歌山県）から猟師多数がきてカツオ漁をした。この頃は利根川の瀬替えが完了した時期に当たる（第一章四参照）。飯貝根は飯沼村の一字名に過ぎなかったが、村名よりも知られるようになった。寛文・延宝（一六六一〜八一）の頃に銚子に集まったカツオ船は五十艘に上った。江戸時代における銚子は房総三国で最大の町場を形成していたが、それについては後述する（『銚子市史』）。

海上郡外川《とがわ》村（銚子市）に漁港を開いたのも紀州人であった。紀州有田郡広村（和歌山県広川町）の猟師崎山次郎右衛門《じろうえもん》は明暦二年（一六五六）に銚子にきて飯沼村に居住し、万治元年に外川村に港を開き、寛文元年（一六六一）に外川村に移住した（図16参照）。崎山は郷里の広村・湯浅村などから猟師・船大工・仲買人などを多数呼び寄せて外川村に住まわせたので、外川村の家数は千戸以上に達した。ところが、宝暦五年（一七五五）から始まったイワシの不漁が明和五年（一七六八）には大不漁となり、外川に寂《さび》れが見られるようになった。安永三年（一七七四）五月、崎山家の四代目次郎右衛門が外川を離れ、紀州に帰った。初代次郎右衛門が銚子に来てからおよそ百二十年が経っていた（『近世魚肥流通の地域的展開』）。

銚子周辺の利根川河岸に水揚げされた鮮魚は霞ヶ浦方面（牛堀・潮来・土浦）、利根川方面（小見川・佐原・木下・布佐・布川）、成田方面（八日市場・大田・成田）などに向けて出荷された。霞ヶ浦・利根川方面に向かう鮮魚は猪牙船《ちょきぶね》に積まれたので生漕《なまこ》ぎと呼ばれ、成田方面に向かう鮮魚は馬に積まれたので生駄賃または生擔《なまかつ》ぎと呼ばれた（『千葉縣海上郡誌』）。

銚子を中心とする海上郡十七ヵ村は宝永七年に上野国高崎藩間部《まなべ》氏の下総分領（銚子領）となり、飯沼村（銚子市）に陣屋が置かれた。この十七ヵ村には利根川河岸のある飯沼村・新生《あらおい》村・荒野《こうや》村・今宮村のほか、椿新田（第一章五参照）の古村である見広村・蛇園村・後草村も含まれていた。享保二年に高崎藩主が間部氏から松平氏（大河内）に代わったが銚子領と飯沼陣屋はそのまま引き継がれ、高崎藩松平氏が幕末まで銚子を支配した。

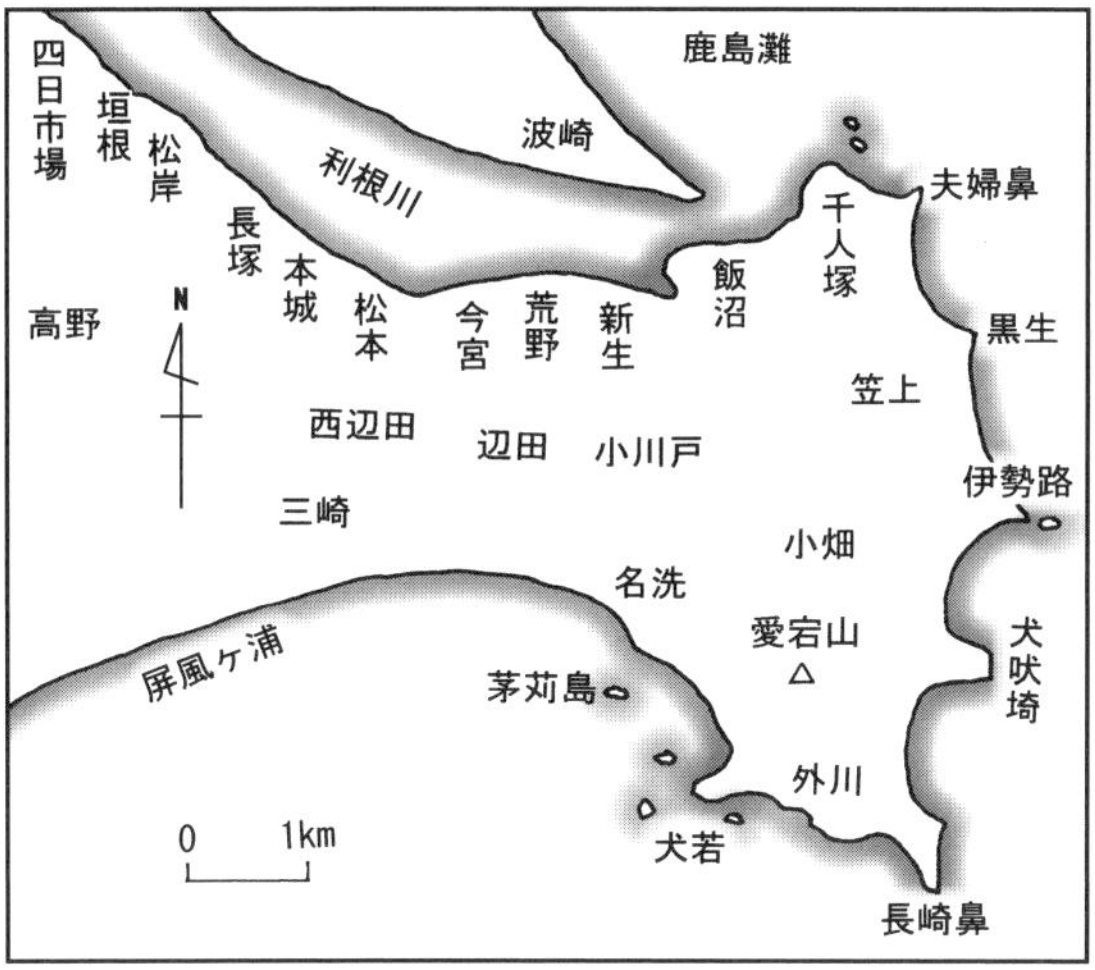

図16　銚子半島の村々

弘化三年（一八四六）の高崎藩文書によると、銚子領の船数は高瀬船《たかせぶね》百三十九艘、五大力船七十三艘、猪牙舟二十六艘など、合わせて二百六十三艘であった。

銚子においても干鰯の生産が盛んであった。干鰯は莚《むしろ》の上にイワシを広げて乾燥させて作るため、広い干鰯場が必要であった。飯沼村には広大な干鰯場があり、所有者は銚子の豪商、宮本屋太左衛門《たざえもん》・行方屋庄次郎《しょうじろう》・田中玄蕃《げんば》・柳屋仁平治《にへいじ》の四人である。前から三人目までは地元飯沼村出身であるが、最後の柳屋は紀州有田郡広村の出身であった。田中玄蕃と柳屋仁平治はやがて醤油醸造に乗り出す人物である（『銚子市史』）。

海上郡飯岡《いいおか》村（旭市）も漁業と海産物集散地として繁栄した村のひとつである。飯岡村（図15参照）には馬差《うまさし》と称する周旋屋と、陸上輸送に当たる馬匹所有者の組合があった。馬差はその日の鮮魚発送荷数を把握して輸送に必要な馬数を見積もり、馬匹所有者の組合に通知した。馬匹所有者は馬差からの通知に従って順番に海産物を馬に積んで出発した。海産物の輸送先は江戸・船橋・佐倉・佐原・小見川・八日市場などであった。江戸への経路は八日市場〜横芝〜埴谷《はにや》（山武市）〜岩富（佐倉市）〜馬渡《まわたし》（同）〜千葉と進み、千葉から先は船であった。後述する「外房と内房を結ぶ干鰯の道」にこの道は含まれていないが、これもそのひとつといえよう（『千葉縣海上郡誌』）。

利根川の河岸や九十九里浜の漁業集落には運送や荷揚げ作業の人足が大勢集まったため、犯罪や暴力沙汰も発生した。犯罪者の家族や村はかかわりを恐れて宗門人別帳から本人の名前を削除したので、無宿者となった。犯罪を繰り返した無宿者は悪党と呼ばれ、領地の境を越えて逃亡した。関東取締出役《しゅつやく》（第一章一参照）はこうした事態に対処したものであった。

娯楽施設のない当時は海が荒れて漁が休みになると、網主の納屋などで博打《ばくち》をするのが水主（漁夫）の唯一の楽しみであった。利根川の河岸や九十九里浜には賃稼ぎの人が集まったので、あちこちに博打を商売とする親分衆がいた。文化・文政の頃（一八〇四〜一八三〇）に銚子で親分をしていたのが五郎蔵である。九十九里浜も五郎蔵の縄張りであったが、飯岡村の助五郎を子分に加え、この方面は助五郎に任せた。

助五郎は相模国公郷村《くごう》（横須賀市）から江戸に出て力士を目指した大男であったが、一年で廃業した後は上総国作田村（九十九里町）の網主の下で漁夫として働き、文化九年頃に永井村（旭市）の網主半兵衛に雇われた。この頃の数年間はイワシの大漁が続き、九十九里浜には安房や相模から大勢の出稼人が集まっていた。助五郎は網主半兵衛の娘を娶り、半兵衛の援助を受けて新たに網主を創業して三浦屋と称した。銚子の親分五郎蔵から飯岡一帯の縄張りを譲られたのは文政五年頃で、助五郎は三十歳ほどであった。天保十五年（一八四四）に起きた笹川事件については後述するが、その頃の助五郎は関東取締出役の道案内人を務めていた（『飯岡町史　付篇』）。

下総国内の町場の家数を一斉に調査した資料はないようである。そこで、寛政十二年（一八〇〇）から安政六年（一八五九）までの間の資料に基づいて、町場を家数の多い順に並べると次のようになる（『千葉県の歴史　通史編近世二』）。

①銚子（飯沼村・新生村・荒野村・今宮村）二千六百五十四軒
②佐倉城下（六町）千二百三十八軒
③佐原村千百六十三軒
④船橋（九日市村・五日市村・海神村）千六十八軒
⑤八日市場村四百十五軒
⑥本行徳村三百七十六軒
⑦多古村三百五十七軒
⑧小見川村三百五十軒
⑨千葉町三百四十八軒

原資料は下総国と断っているが、対象を房総三国に広げても、順位に変動はなさそうである。家数が千軒を越えるのは銚子・佐倉・佐原・船橋の四ヵ村のみで、千葉町は九位に甘んじている。千葉町が発展するのは明治期に県庁が置かれてからのことである。

三　醤油

醤油の起源は関西にある。中でも紀伊国湯浅（和歌山県湯浅町）で生産される醤油の人気が高かった。江戸に幕府が開かれると、醤油・酒をはじめとする多くの生活物資が関西から新消費地江戸に送られた。上方（関西）から下ってくる産品は下り物と呼ばれ、質の良い品の代名詞になった。江戸時代初期に江戸の醤油問屋が取り扱った醤油はすべて下り物の関西醤油であり、元禄七年（一六九四）には下り醤油問屋の株仲間が結成された。享保十一年（一七二六）に江戸に移入された醤油十三万二千樽のうち、下り醤油が十万一千樽に上り、全体の七割六分を占めていた。関東で醤油醸造業が発展するのはそれ以降のことである（『千葉県の歴史　通史編近世二』）。

（二）　銚子組

海上《うなかみ》郡飯沼村（旧本銚子町）では干鰯《ほしか》の生産で財をなした資産家が醤油の醸造に乗り出した。飯沼村の豪農であった田中玄蕃《げんば》もその一人である。田中は日本橋本船町の鮮魚商真宜《さなぎ》九郎右衛門に勧められて醤油の醸造を始めた。真宜は摂津国西宮（西宮市）出身で、房総の鮮魚を買い入れ、幕府の鮮魚御用を務めていた。元禄年間（一六八八～一七〇四）に酒を販売する支店を出し、本店では引き続き鮮魚を販売した。田中は元禄十年頃に醤油の醸造を本格化し、ヒゲタ醤油の商標（山型の下に田の文字）を付け、真宜の支店に送って江戸で販売した。享保二年には今宮村（旧銚子町）に新たに醸造所（後の銚子醤油第二工場）を増設し、享保十三年には田中吉之丞を分家した。田中玄蕃家は十二代（昭和十一年没）までヒゲタ醤油（銚子醤油株式会社）を経営し、銚子の経済界に君臨した。

紀州有田郡広村（和歌山県広川町）出身の浜口儀兵衛《ぎへえ》は正保二年（一六四五）に荒野村《こうや》（旧銚子町）に定住して漁業・商業を手がけていたが、元禄十三年に広屋の屋号で醤油醸造を始め、ヤマサ醤油の商標（山型の下にサの文字）で販売した。浜口家は近年に至るまで紀州と銚子の両方に家を構え、両者の結び付きに貢献している。因みに、岩崎重次郎《しげじろう》も紀州有田郡広村の出身である。やはり広屋の屋号で醤油を醸造し、ヤマジュウ醤油の商標（山型の下に十の文字）で販売した。しかし、居住開始年や醸造開始年は不明である。

宝暦三年（一七五三）の銚子における醤油仕込み高は田中玄蕃家三百七石、田中吉之丞家百九十八石、広屋儀兵衛家八百三十一石、広屋重次郎家三百二十一石などであり、十二家の合計は五千七十三石に上った。その翌年の宝暦四年に銚子醤油組合が結成された。なお、醸造家の家伝の中には、史料の裏付けのない創業年を記載したものも存在する（『銚子市史』）。

後に銚子市となる村々を見ておこう。銚子市は昭和八年（一九三三）に発足するのであるが、発足までの経緯は次の通りである。明治二十二年、海上郡飯沼村が単独で本銚子町となり、新生村・荒野村・今宮村が合併して銚子町となり、松本村・本城村・長塚村が合併して伊豆原村となり、小川戸村・辺田村・三崎村が合併して豊浦村となった。伊豆原村は明治二十四年に西銚子町となった。昭和八年に本銚子町・銚子町・西銚子町・豊浦村が合併して銚子市となった。一方、明治二十二年に発足した高神村には名洗・外川・長崎・犬吠埼などが含まれていたが、高神村が銚子市に編入合併されるのは昭和十二年である。なお、明治二十二年以前に「銚子」という名前の付いた村はなかった。銚子の云われについては後述する。本節では銚子市となる直前の旧町村名を括弧内に記載した。

（二）　佐原組

香取郡佐原村（香取市）は香取海に面しており（図8参照）、十六島新田という穀倉地帯を抱えていた（第一章五参照）。また、町の中を流れる利根川支流小野川に佐原河岸《かし》を持っていた。佐原村の行政組織は小野川東岸の本宿組・浜宿組・仁井宿組、小野川西岸の上宿組・下宿組《しもじゅく》の五組に分かれ、それぞれ名主・組頭を置いていた。下宿組で代々名主を務めてきた伊能茂左衛門家は廻漕業に加えて、米穀・油類・薪炭《しんたん》の販売業を手がけていたが、享保八年頃から醤油醸造業を開始した。享保十四年には江戸の問屋十七家宛に三千三百三十一樽を出荷した。生産高の大部分は江戸向けで、地回りは一割ないし三割であった。明和八年（一七七一）の佐原における酒・醤油醸造家は三十七家に上っていた。さらに進んで、天保十年（一八三九）における佐原村の醤油醸造家は十四家で、醸造高は合計六千九百四十石に上った（『佐原市史』）。

香取郡佐原村の伊能家は茂左衛門家の他数家に分かれており、測量家伊能忠敬を輩出した家は伊能三郎右衛門家である。伊能忠敬は山辺郡小関村（九十九里町）の名主小関家に生まれ、十七歳の時に佐原村の名主伊能三郎右衛門家に養子入りした。忠敬の実父も武射郡小堤村《おんづみ》（横芝光町）の名主神保家から小関家に養子入りした人であった。この小堤村は栗山川（後述）の中流域に当たり、九十九里浜から多古村（多古町）を経て佐原村に向かう街道沿いにあった。戦国時代には九十九里浜の塩がこの道を通って佐原方面に運ばれたと伝えられる。なお、忠敬の義母の実家もこの街道沿いの南中村《みなみなか》（多古町）にあった。忠敬が佐原村本宿の名主を務めたのは天明元年から天明四年までで、隠居して江戸深川（江東区）に住居を構えたのが寛政七年（一七九五）、幕府測量方として測量を開始したのは寛政十二年であった。最初の測量旅行として蝦夷地が選ばれたのは、緯度一度分に当たる子午線の長さ（南北方向）を測るためであった（『伊能忠敬』）。

享和元年（一八〇一）六月、伊能忠敬は測量隊を率いて上総国に入った。六月二十三日は木更津泊、二十四日は富津村泊、二十五日は湊村泊、二十六日は金谷村泊で、晴天であれば夜間も星を使って測量をした（『富津市史　通史』）。

享和元年七月、伊能忠敬の測量隊は夷隅郡に入った。七月十一日は勝浦村泊、十二日は岩和田村泊、十三日は小浜泊、十四日は中里村（白里町）に宿泊した。測量隊は朝六ツ半（七時）に出発し、午後八ツ（二時）に宿舎に入るのを日課とした（『大原町史　通史編』）。

伊能忠敬の測量隊は九十九里浜を測量した後、銚子に入った。七月十八日から二十七日まで豪商田中玄蕃の分家（田中吉之丞家）に宿泊し、筑波山・日光山・富士山などの方位を測定した。二十七日には船で銚子を発って常陸国鹿島郡矢田部（波崎町）に向かった（『銚子市史』）。

（三）　野田組

葛飾郡野田村（野田市）は江戸川に面しており、江戸に近かったので、銚子よりも有利な条件にあった。野田村の飯田市郎兵衛《いちろべえ》（亀屋）は永禄年間（一五五八～七〇）に醤油醸造を始めたとされる。上花輪村（野田市）の名主であった高梨兵左衛門《へいざえもん》は寛文元年（一六六一）に醤油の醸造を始め、寛文十一年には江戸川の岸辺に醤油仕込み蔵（後のキッコーマン第二工場）を新設した。茂木七左衛門《しちざえもん》は寛文二年に味噌の醸造を始め、その後、分家の茂木七郎右衛門《しちろうえもん》（柏屋）とともに醤油醸造を始めた。さらに、大塚弥五兵衛《やごへえ》・杉崎市郎兵衛《いちろべえ》・竹本五郎兵衛《ごろべえ》が醤油醸造を始め、この七醸造家は天明元年に野田醤油仲間を結成した。この仲間は年番の行事（幹事）を置いて江戸醤油問屋との掛合いに当たり、市場の拡大と価格の維持に努めた。その後も醤油醸造に参入する者が相次ぎ、天保元年頃の醸造家は十八家、醸造高は二万五千石余に上った。高梨兵左衛門家と茂木左平治家が幕府御用を仰せ付かったのはその頃であった。その後、茂木・高梨一族八家は大正六年に合同して野田醤油株式会社となり、昭和三十九年にキッコーマン株式会社と改称する（『野田郷土史』）。

これら関東産の地廻り醤油は、初期には大口の消費者である酒屋や呉服屋などに直接販売されていたが、享保十一年になって地廻り醤油問屋の株仲間が幕府公認となった。

文政年間（一八一八～三〇）になると、関東の九地区で造醤油仲間が結成された。それは水街道組七家、江戸崎組四家、松尾講組十六家、玉造組十七家、川越組十六家、野田組十九家、成田組七家、千葉組十二家、銚子組二十家で、九地区の醸造家は合計百十八家に上った。この中に佐原組の名前はない。地廻り醤油はその後も発展を続け、安政五年（一八五八）の二月から八月までの半年間における下り醤油は三百五十樽まで落ち込んだ。醤油はこの頃までに下り物への依存から脱却していたといえよう。これらの醤油醸造家の中では、銚子組のヒゲタ醤油とヤマサ醤油、野田組の野田醤油が大いに発展して今日に至っている（『千葉県の歴史　通史編近世二』）。

（四）流山の味醂

下総国葛飾郡流山村（流山市）の堀切家は、初代紋次郎が明和三年に武蔵国葛飾郡番匠免《ばんしょうめん》村（三郷市）から流山に移住して酒造業を始めたとされる。初代紋次郎は流山で副業として醤油醸造を始めたが、それは天明八年から享和三年までであった。その後、二代目紋次郎が文化十一年（一八一四）に白味醂の醸造を始め、主に飲用酒として販売した。堀切家の白味醂は調味料の万上味醂として売り出され、成功を納めた。明治六年にオーストリア万博に出品された万上《ばんじょう》味醂は有功章牌を授与された。

流山には堀切家のほかに秋元家という有力な味醂醸造家があり、天晴《あっぱれ》味醂という名で販売していたが、創業の頃の資料は残されていない。秋元家の九代目秋元三左衛門は双樹《そうじゅ》という俳号を持つ俳人して有名であった。秋元双樹は信濃国柏原村（信濃町）出身の俳人小林一茶の有力な後援者であった（『流山市史　通史編Ⅱ』）。

流山の南、葛飾郡馬橋《まばし》村（松戸市）で油問屋を経営していた大川家は松戸宿に蔵を持つほどの豪商であった。その二代目大川平右衛門は俳人で俳号を立砂《りゅうしゃ》といい、やはり小林一茶の有力な後援者であった。一茶は十五歳で江戸に丁稚奉公に出された後、二十五歳から俳人として世に知られるようになった。その間の十年間の消息が不明であるため、一茶の奉公先として流山の秋元家や馬橋の大川家が推測されているが、確証は得られていない。一茶には多くの後援者がいたが、大川立砂と秋元双樹は最も早い時期からの後援者であった。一茶については後述する（『松戸市史　中巻近世編』）。

四　炭・薪

山林から得られるものは木材・薪《まき》・炭などの商品（山方荷物）ばかりでなく、枝打ちや間引きの際の枝は燃料になり、下草や落葉は肥料や燃料になった。化学肥料のない当時は、下草や落葉が肥料の中心であった。山林の手入れ・伐採、木材類の加工・運搬、炭焼きなどは賃稼ぎの機会でもある。このように様々な恵みをもたらす山には、領主所有の御林、村の共有林（入会林）などがある。御林は領主が変わることがあり、共有林にも複数の村が共有する場合があって、その利用は長年の習慣や申合せで運用されていた。

炭は焼き方によって製品が異なり、①火取り（石窯）によれば硬くて火持ちのよい白炭ができ、②伏焼き（窯なし）によれば軟らかくて点火しやすい黒炭ができ、③松・樅などを楽田《らくだ》（土窯）で焼けば軟らかくてやや質の劣る松炭ができる。近年では白炭と黒炭が知られているが、松炭を知る人は少ない（『鴨川市史　通史編』）。

山方荷物の種類については、史料毎にさまざまに表記されているために統一性に欠ける。そのため、当然のことならが参考文献においても表記に統一が見られない。たとえば、「マキ」という意味で薪・真木・槙などと表記されている上、「薪」という文字はマキともタキギとも読める。そこで、本書ではマキについては「薪」、タキギについては「焚き木」と表記することにしたが、元資料に含まれている曖昧さが解消された訳ではない（筑紫敏夫「江戸湾沿岸の湊と小商品生産」『資料の広場　第二十三号』）。

（二）　竹木炭薪問屋

炭・薪をはじめとする山方荷物が江戸の問屋に届くまでには山主との交渉、山木の伐採、商品への加工、河岸場までの津出《つだし》、船による輸送など多数の作業工程があり、各作業工程で木こり・木挽き・馬喰・積み下ろし人足・船頭・漕ぎ手などの人手が必要であった。そこで、山主と問屋との間に立って中間の作業を一括して担当する者（山方仲買人）が介在した。また、資金が豊富な問屋は山方仲買人に仕入金を前渡しして山方荷物を確保することが行われていた（筑紫敏夫「近世後期における江戸湾沿岸の海運業者」『千葉県立中央博物館研究報告　第六巻第二号』）。

江戸で消費される炭・薪は関東各地から供給された。江戸町奉行が文久三年（一八六三）に作成した書付によると、薪は武蔵・伊豆・相模・常陸・上野・下野・上総・下総・安房の九ヵ国から供給され、炭はこれに駿河・甲斐・遠江を加えた十二ヵ国から供給されていた。江戸には炭薪《たんしん》問屋組合が十一、竹木炭薪問屋組合が九つあり、問屋の合計は五百二十四人であった。竹木炭薪問屋は炭・薪のほか、角材・板・丸太・竹なども取り扱った。山の上木を一括して買い上げる形式の取引では、木材から薪・焚き木・松葉まで各種の商品（山方荷物）が同時に生産されるためであろう。江戸に入荷する炭・薪は、産地から送られる経路に着目して奥川《おくかわ》ルートと海手《うみて》ルートに二分されていた。ただ、房総に領地を持つ幕府・旗本・大名はこうした問屋を通さず、自領から直接江戸屋敷に炭・薪を送らせることが多かった。幕末に品川沖の台場を築造する際に、葛飾郡内の幕府直轄林で伐採された丸太が大量に使われたことは後述する。

（二）　奥川ルート

奥川とは江戸から見て江戸川より奥にある川の流域という意味である。これには利根川・鬼怒川・印旛沼はもちろん、渡良瀬川とその支流に当たる巴波《うずま》川・思川《おもい》、さらに牛久沼・霞ヶ浦・北浦などの周辺地域が含まれる。奥川で生産された炭・薪はすべて利根川・江戸川の水運で江戸に運ばれた。

安永七年（一七七八）、江戸浅草（台東区）に住む平八という者が奥川薪の輸送路に当たる利根川・鬼怒川・江戸川・本所竪川《たてかわ》の川浚《かわさら》いを請け負いたいと出願した。竪川は隅田川の両国（墨田区）と中川の亀戸（江東区）を結んでいる。川浚いの資金は各地から江戸に入荷する奥川薪に百歩一（一％）の運上を課して調達するという計画であった。これには幕府勘定奉行の後押しがあったらしい。下総・常陸・下野の三ヵ国の薪荷主と江戸の炭薪問屋はこれに反対して幕府に訴訟を起こした。薪荷主の惣代となった者の居村は、下総国葛飾郡・香取郡・埴生郡・印旛郡・猿島《さしま》郡・結城《ゆうき》郡・相馬郡、常陸国河内郡・真壁郡・新治《にいはり》郡・茨城郡・鹿島郡・行方《なめがた》郡、下野国都賀郡の三ヵ国十四郡に及んだ。この訴訟は天明二年に結審し、出願者である平八に五ヵ年間に限って川浚いが認可された。それを実現するために関宿と境町に川浚会所が置かれ、新川沿いの二ノ江村（江戸川区）に薪船改会所が置かれた（『千葉県の歴史　通史編近世二』）。

江戸の隅田川沿いには奥川筋船積問屋と呼ばれる問屋が集まっていた。この問屋は他の各種問屋や荷主から関東・奥羽・信越方面に送る荷物を引き受け、各地の河岸問屋宛に送ることを業務としていた。各地から来た船は江戸で荷物を降ろした後、この奥川筋船積問屋で帰り荷を貰って積んで帰るのである。寛延元年（一七四八）以降は三十六ないし三十九軒が営業しており、問屋ごとに得意とする送り先が違っていた（『河岸に生きる人びと』）。

淀藩（京都市）稲葉家は印旛沼周辺に下総分領を持ち、大森（印西市）に大森役所を置いていた（図9参照）。天保十二年（一八四一）五月、大森役所から分領内の薪荷主に対して、淀藩江戸上屋敷へ毎年薪八千束（代金五十五両あまり）を納めるようにとの指示が出された。薪荷主は藩が鑑札を交付することを条件としてこれを受入れた。そして、天保十二年十二月、印旛郡・埴生郡・香取郡の二十三ヵ村の薪荷主三十四人が三郡山稼惣仲間《そうなかま》を結成した。なお、この年十二月には老中水野忠邦（浜松藩主）が主導した天保の改革の一環として株仲間解散令が出されたのであるが、この地の三郡山稼惣仲間にどのように影響したかは分からない（『成田市史　中世・近世編』）。

利根川に面した滑川村《なめがわ》（成田市）の青柳家は薪・竹木などの林産物を利根川の滑川河岸から江戸に積み出していた（図12参照）。安政六年（一八五九）の薪の受取記録によると、淀藩領である大菅村・七沢村・小野村・中里村・冬父村・名木村の六ヵ村（いずれも成田市）の山から松・樫・雑木の薪が切り出されたが、本数で数えられる用材も含まれていた。このうち名木村ではすでに安政二年に、伐採で山が荒れるのを防ぐ目的で議定書が作成されていた。その内容は、勝手に伐採した者とそれを見逃した者に金一両の過料を課すというものであった。すでに当時から山林資源の枯渇が心配されていたものとみえる（『下総町史　通史近世編』）。

（三）　海手ルート

海手とは江戸内湾を経由して江戸に搬入される経路を意味する。これには佐倉藩の外港である寒川湊《さむがわ》などから積み出されるものと、養老川・小櫃川《おびつ》・小糸川などを川舟で下って河口の湊から積み出されるものがあった。本書では説明上の都合で、後者を川舟ルートと名付けて別に取り扱う。なお、佐倉領内の林産物でも、印旛沼の河岸から積み出されるものは奥川ルートに分類される。

佐倉牧の炭

享保七年（一七二二）に佐倉藩預かりとなった内野牧・高野牧・柳沢牧（図4参照）では、野馬土手の修復や杉の植林が行われた（第一章三参照）。その際、椚《くぬぎ》などの雑木が農民に払い下げられて炭が焼かれた。宝暦年間（一七五一～六四）になると、佐倉藩の役人が炭焼御用で出張したり、佐倉藩江戸屋敷に炭三百俵を送ったりしている。寛政年間（一七八九～一八〇一）に炭焼法が改良され、佐倉領内の椚炭が江戸に出荷された（『佐倉市史　巻二』）。

佐倉藩は文政四年（一八二一）の財政改革をきっかけとして、佐倉炭を専売制にした。文政八年には千葉町の炭問屋が御買上炭御用達《ごようたし》に指定され、佐倉藩が買い上げた炭を江戸の炭薪問屋に販売する役割を担った。文政十年には泉水村《いずみ》（千葉市蘇我町）に炭会所（貯蔵庫）が設けられ、寒川湊から江戸に向けて積み出された。しかし、この専売制は炭問屋には不評で、藩の規制を破って江戸の鍛冶屋などに直接炭を売りさばく者が後を絶たなかった。

弘化四年（一八四七）、酒々井町の炭仲間が「佐倉炭を印旛沼の河岸から江戸向けに積み出したい」とする願書を佐倉藩に提出した。これは前述した奥川ルートに相当する。佐倉藩はこの出願を却下するとともに、佐倉炭の専売制を廃止した。これに代わって千葉町ほか四ヵ町村の炭仲間に炭の集荷から販売までのすべてを委ね、代償として三ヵ年で四百両の冥加金を上納させるという制度を制定した。千葉町には二十人の炭仲間がいたが、そのうちの一人が炭取締頭となってこれを実施した（『千葉県の歴史　通史編近世二』）。

江戸後期の国学者小山田与清《おやまだともきよ》は文化十二年（一八一五）から弘化三年までに出版された書物に基づいて辞書風の随筆『松屋筆記《まつのや》』を著したが、佐倉炭については「性和にして疾《はや》く火が興《おこ》る」と評した。幕末に江戸に送られた炭は二百万俵に上ったが、そのうち四十四万俵ほどは佐倉炭であった。佐倉は江戸に近かったので、遠方の炭より価格が安かった（『佐倉市史　巻二』）。

嶺岡牧の炭

嶺岡牧（第一章三参照）では幕府直営で炭焼きが行われた。八丁《はっちょう》陣屋（図5参照）に詰めた牧士が江戸の野馬方役所から炭焼入用金の下げ渡しを受け、農民を雇って炭を焼いたのである。安政元年十二月から安政四年八月までに下げ渡された炭焼入用金の総額は七百両で、これを使って白炭二万二千俵、黒炭二千五十俵が生産された。文久二年における村別の炭生産量は、平塚村（鴨川市）・大井村（南房総市）・山田村（同）・荒川村（同）がそれぞれ五百俵ないし八百俵を焼いて上位を占めた。これらの村はすべて愛宕山南西の山麓、すなわち西一牧の周辺に位置している。嶺岡牧で焼かれた炭は牧西方の平久里中《ひらぐりなか》村（同）に運ばれた（『鴨川市史　通史編』）。

平久里中村に集められた炭は不入斗《いりやまず》村（南房総市）の高崎浦に津出しされ、高崎浦の船で江戸本所（墨田区）に運ばれ、野馬方役所の御用商人によって荷揚げされた（『千葉県の歴史　通史編近世一』）。

嶺岡牧と江戸を結ぶ経路は四つあった。この四口の人馬継ぎ立て御用を務めるのは野付村の六十六ヵ村であり、年間におよそ三千人の人足を差し出した。各村はそれぞれ担当する道が決められていた。そのうち、関口組の宮山村・大川面村・西野尻村・仲村の四ヵ村は八丁陣屋の御用も務めた（『富山町史　通史編』）。

大多喜口　貝渚《かいすか》～天津～植野～松野～大多喜～長南～長柄山～浜野
久留里口　北小町～香木原《かぎはら》～亀山～三本松～久留里
関口　金束《こづか》～木乃根～関～鹿野山～六手《むて》～貞元《さだもと》～木更津
勝山口　荒川～平久里中～保田《ほた》～金谷～萩生～天神山～佐貫

江戸時代初期の関口は、関（富津市）から西に進んで湊（同）に出ていた。しかし、享保十三年に嶺岡牧が再興されて斉藤氏が馬預に就くと、嶺岡牧と江戸との通行が頻繁になった。そのため、天明元年に関から鹿野山《かのうざん》を経由して木更津に出る道が整備された。これについては後述する（『君津市史　通史』）。

（四）　川舟ルート

川舟ルートという名称は本書だけで使用するものである。ここでは、西上総の養老川・小櫃川・小糸川などを川舟で下り（図22参照）、江戸内湾を経由して江戸に搬入された炭・薪を取り上げる。なお、「中小河川の舟運」そのものについては第四章に節を設けている。

養老川上流域の炭・薪

市原郡を流れる養老川の最上流部は夷隅郡に属する。この地区は広大な森林地帯で、筒森郷《つつもり》（大多喜町）と呼ばれていた。また、その東方に当たる夷隅川支流の西畑川沿いの西畑郷（大多喜町）も森林地帯で、両者を合わせて奥山と呼ばれていた。この奥山は勝浦藩植村氏の領地であったが、植村氏は分家当主が殺害された事件に関する虚偽報告が露見して改易となり、宝暦元年（一七五一）に大岡氏が入封した。大岡氏は宝暦六年に岩槻藩（岩槻市）に移るが、勝浦領は岩槻藩の上総分領として引き続き大岡氏が支配した。

夷隅郡筒森村（大多喜町）の名主永島家は戦国大名里見氏の時代から筒森郷の山の管理を任され、ここで生産する炭・薪の一割を年貢として里見氏に納め、残りは自由に売捌いてきた。この慣例は奥山を引き継いだ植村氏・大岡氏にも認められた。永島家が元文元年（一七三六）に生産した白炭は二千二百俵で、そのうち六百俵を植村家に販売し、残りの千六百俵の一割百六十俵を年貢として納め、千四百四十俵を出荷した。薪の束は長さ二尺、周囲二尺五寸と決められていた。奥山全体における寛保二年（一七四二）の薪上納高（年貢）を見ると、筒森郷十二ヵ村で一万束あまり、西畑郷二十五ヵ村で一万千束あまりを分担して上納していた（『大多喜町史』）。

筒森郷における炭焼き人の住所地は粟又村・大田代村・筒森村・面白村（いずれも大多喜町）などであった。奥山の炭・薪はいったん大田代（大多喜町）に集められ、そこから養老川の戸面《とづら》河岸（市原市）に運ばれて岩槻藩の蔵に保管された。ここから川舟で五井湊まで下り、五大力船に積み替えられて江戸に運ばれた（『勝浦市史　通史編』）。

小櫃川上流域の炭・薪

小櫃川の上流に広がる森林地帯は、炭・薪・木材など多様な林産物の産地であった。中流の久留里藩領で生産された林産物は久留里河岸（君津市）に運ばれ、上流の川越藩上総分領で生産された林産物は大和田河岸（同）に運ばれて、それぞれ領主の改めを受けてから川舟に積み込まれた。この二つの河岸については後述する。小櫃川最上流部に当たる望陀郡亀山地区（君津市）では、天保十三年の正月から七月までの半年間に二万二千俵余の炭が焼かれた。川越藩はこの分領から天保四年に六千二百俵ほどの炭を江戸屋敷に納入させた。川越藩上総分領からは薪の出荷も盛んであった。小櫃川を下った林産物は久津間《くづま》河岸（木更津市）を経由して木更津湊に運ばれ、五大力船に積み替えられて江戸に向かった。

元禄十年（一六九七）に出版された『本朝食鑑』には「久留里炭は池田（摂津）・一ノ倉（丹波）の炭に次いで日本第一（第三）の木炭」と記されている（『佐倉市史　巻二』）。

小糸川上流域の炭・薪

上総国周准《すす》郡内を流れる小糸川の上流域には森林地帯が広がっている。この付近の二十ヵ村は旗本曽根氏の知行所で、周准郡市場村（君津市）に陣屋があった。その中でも最上流に当たる奥米村（君津市三島地区）では享保六年の一年間に四千三百八十七俵の炭が焼かれた。曽根氏の知行所では薪の出荷も盛んであった。この付近の林産物は約八キロメートル下流の市宿村（君津市）の河岸まで陸送され、小糸川を下って大堀村（富津市）に津出《つだ》しされた（『君津市史　通史』）。

幕府領であった大堀村（富津市）には寛永六年（一六二九）に小糸川十分一《じゅうぶいち》役所が設けられた。幕府役人が一人駐在し、小糸川を下ってくる薪・竹・木から十分一運上（積荷の一割の税）を取り立てた。地元の添役三人には給金として一人三両が支給された。この運上取り立ては正徳元年（一七一一）まで続いた（『富津市史　通史』）。

湊川上流域（鬼泪山）の炭・薪

上総国鹿野山（標高三五二メートル）の西方に広がる鬼泪山《きなだ》（標高三一九メートル）は、天羽《あまは》郡・周准郡合わせて百七十九ヵ村のうち六十五ヵ村が共同で利用する入会山であった。六十五ヵ村の内訳は佐貫領十四ヵ村・嶺下領十ヵ村・峰上領六ヵ村・御領私領三十五ヵ村の四組であり、組ごとに利用内容と年貢の有無などが規定された。前三つの組は天羽郡に属する鬼泪山周辺の村々であり、鬼泪山の利用（焚き木採取・下草刈など）が無年貢で認められていた。四つ目の組には鬼泪山から遠い周准郡の村々が含まれており、年貢（草札米）の上納を条件に下草刈だけが認められた。四組とも十分一運上（一割の税）を納めれば、木材・薪などを領外に持ち出して山稼ぎをすることが認められていた。

元和八年（一八二二）に佐貫藩に入封した松平氏は、翌年から湊川を下ってくる山方荷物に十分一運上を課した。天羽郡湊・数馬《かずま》・八幡・笹毛（いずれも富津市）の四ヵ所に蔵を建て、津出しされた荷物を保管した。その後、蔵は湊の一ヵ所に集約され、ここが湊十分一役所となった。松平氏は寛永九年に移封され、佐貫領は幕府領となったが、十分一運上の対象は変わらず、十分一役所の機能も変更がなかった。十分一役所の執務時間は四時《よつどき》（午前十時）から八時《やつどき》（午後二時）までの四時間であった（『富津市史　通史』）。

湊十分一役所は十分一運上を徴収したほか、峰上《みねがみ》山の御林を管理した。峰上山という地名は現在残っていないが、湊川中流域の左岸に広がる丘陵地帯をさしたものと推定されている。峰上山にあった七十九ヵ所の御林は十区画に分割され、八ヵ所を八年周期で順次伐採の対象とした。残り二ヵ所は随時、不足分に当てられた。

宝永七年（一七一〇）に佐貫藩に入封した阿部氏は鬼泪山の山稼ぎを禁止し、鬼泪山の上木を商人に売って佐貫城の普請費用に当てた。村々は享保十三年頃から山稼ぎの再開を願い出たが許されなかった。寛保二年には佐貫領十四ヵ村のうちの十二ヵ村が幕府老中に駕籠《かご》訴《そ》をしたが却下され、名主一人が遠島《えんとう》となり、四十数人の村役人・百姓が処罰された（『千葉県の歴史　通史編近世一』）。

五　武家奉公人

房総特に上総からは江戸に多くの武家奉公人が供給された。奉公人は物資ではないが行論の都合上、ここで取り上げることにする。

大名・旗本の江戸屋敷では、屋敷の維持や家臣の身辺の世話などに当たる足軽・中間《ちゅうげん》・小人《こびと》などを多数必要とした。こうした武家奉公人は本来それぞれの領地・知行所から連れて来られるべきものであったが、領地が江戸から遠い大名は奉公人の大部分を江戸周辺で雇い入れた。上総・下総・信濃・越後などからは多数の出稼ぎ人が江戸に流入し、奉公人斡旋を専門とする業者を介して武家屋敷に奉公した（『千葉県の歴史　通史編近世二』）。

（一）　江戸の人宿

地方農村から江戸に流入する者に奉公先を周旋する業を人宿《ひとやど》あるいは桂庵《けいあん》と言った。武家も商家も国許から直接奉公人を雇い入れることがあったが、多くは人宿を請人として雇い入れた。奉公人は欠落ち（脱走）・取逃げ（窃盗を伴う脱走）などの不都合を起こすことがあったので、奉公人請負制というものがあった。奉公人の親子兄弟が人主となり、請人に奉公人の身元を保証した。請人は奉公先に対して奉公人の身元を保証し、不都合の際に弁済する義務を負った。奉公人契約の請状は請人が奉公先に提出し、請人が控えを保管した。幕府は治安維持のために奉公人請負制の整備に努め、宝永七年（一七一〇）には人宿組合を結成させた。五人以上の奉公契約をしている人宿すべてに組合加入を義務付けたので、三百九十人余の人宿が三十人ずつ十三の組合を作った（『江戸の社会構造』）。

（二）　地方の抱元

大名・旗本の江戸屋敷が人宿から奉公人を調達するのは、当初は国元からの奉公人が不足した場合であった。しかし、十八世紀半頃からはどの江戸屋敷も国元からの奉公人調達が困難となり、人宿の間で奉公人獲得の競争が激しくなった。そのため、江戸屋敷の家臣や人宿が出稼ぎ人の多い地方に出向き、地方の仲介者を介して奉公人を召抱えるようになった。地方にあって近隣の村々から奉公人を仲介する者を抱元《かかえもと》といった。

（三）　上総抱え

上総国は武家奉公人の代表的な供給地であり、上総から奉公人を雇うことを上総抱《かずさがかえ》といった。近江国堅田藩（大津市）堀田氏の江戸屋敷は江戸の人宿から足軽・小人を雇い入れていたが、奉公人の質が悪かった。そこで、明和元年（一七六四）からは家臣を上総の抱元に派遣し、奉公人を直接雇い入れることにした。家臣が毎年十一月頃に十日間ほど、上総に出張して奉公人の抱え入れに当たった。その出張先は武射郡鳥喰《とりはみ》村（横芝光町）・本柏《もとかしわ》村（山武市）・埴《は》生《ぶ》郡長南宿（長南町）などであった。家臣が抱元に与えた指示には、欠落の際の代人補充、給金の弁済、盗品の取戻しなどがあった。寛政十年（一七九八）には家臣の派遣を取りやめ、抱元の責任で奉公人を江戸屋敷に差し出させるように変更した。埴生郡が二つあったことは前述したが（第一章参照）、上総国の埴生郡は後の上埴生郡（現在の長生郡）である（図1参照）。

中間奉公の例を挙げよう。埴生郡長南宿（長生郡長南町）の平蔵は文化六年（一八〇九）十二月から翌年十二月まで、前の勝浦藩主植村氏の江戸屋敷に中間として奉公した。その請状には給金を二両三分二朱とすること、御家法を堅く守ること、御法度の宗門（キリスト教・天台宗）ではないことの三ヵ条が記載されていた（『長南町史』）。

（四）　抱元による請負

夷隅郡小又井村（いすみ市）の幸助は天明年間（一七八一～八九）に伊予国松山藩（愛媛県松山市）松平氏の中間抱元を務めた。幸助が天明三年に集めた奉公人は夷隅郡・埴生郡・長柄郡の三郡十六ヵ村で合計六十七人であった。小又井村からは六人、南隣の須賀谷村からは十六人が村に妻子を残し、江戸に出て武家奉公に励んだ。奉公の期間は二月二十日から翌年の二月二十日まで、給金は二両一分から三両までの間の三段階に分けられていた（『夷隅町史　通史編』）。

夷隅郡作田村《さくだ》（いすみ市）の吉原重郎は嘉永三年（一八五〇）十一月に三河国挙母藩《ころも》（愛知県豊田市）内藤氏の中間抱元を引き受けた。重郎は内藤氏から採用予定五十人分の前渡し給金を受け取り、奉公人ごとに内藤氏に提出すべき奉公人請状の雛形を作成した。奉公人請状には八ヵ条の条件が記載され、奉公人の請人・人主・名主が連判することになっていた。八ヵ条には奉公期間（一年間）・給金（二両あまり）・身だしなみ・作法の遵守など本人に関係する事項のほか、欠落ち（脱走）・取逃げ（窃盗を伴う脱走）の際の返済方法や代人の差出しなど、請人が負うべき責任が含まれていた。この契約に基づいて翌年二月に下大多喜村・小土呂村・宮森村・三又村（いずれも大多喜町）、引田村・大野村・布施村（いすみ市）の七村から合計二十三人が江戸へ出立した。

長柄郡上市場村（長生郡睦沢町）の内蔵助は豊後国岡藩（大分県竹田市）中川氏の中間抱元を務めており、夷隅郡神置村《かみおき》（いすみ市）の七右衛門を奉公人とする身元引請証文を預かった。奉公の期間は天保五年（一八三四）三月から翌年三月まで、一年間の給金は二両二分である。給金のうち二両は前年十二月のうちに七右衛門に渡したが、同人は病気を理由に四月になっても引越をしなかった。五月に中川氏から催促の飛脚がきたため、内蔵助が七右衛門に掛け合ったが、同人は代人を出さず、給金も返却しなかった。そこで、内蔵助は天保五年十二月に七右衛門を奉行所に訴え出た。奉行所は翌年二月に双方を評定所に呼び出した。しかし、この訴訟の結末は不明である（『睦沢村史』）。

上総国埴生郡立木村（茂原市）の抱元直八は安政四年（一八五七）に江戸田町（港区）の人宿万屋に請書を提出し、筑前国久留米藩有馬氏に小人を提供する業務を請け負った。万屋は茂原地域に直八など四人の抱元を持ち、その抱元を通じて夷隅郡・埴生郡・長柄郡・山辺郡など六郡三十三ヵ村から合計八十二人の奉公人を複数の江戸武家屋敷に斡旋した。人宿と抱元の間では、奉公人の選定条件や移動期限、病気や取逃げで欠員が生じた場合の補償方法などが取決められていた。

本章で述べたように、房総の物資の大部分は江戸に運ばれた。房総は川と海に囲まれているので、物資輸送にはこの川と海が最大限に利用された。次章ではその物資輸送路を中心にして、人の交通路についても見てゆくことにしよう。

第三章　房総と江戸を結んだ陸運・水運

寛永十二年（一六三五）に武家諸法度が改訂され、大名の参勤交代が制度化された。各藩は江戸屋敷で消費する米や日用品を国元から送るか、またはその費用を捻出するための米を江戸に送る必要に迫られた。陸上交通路（陸運）が参勤交代などの公用人馬の通行を目的に整備されたのに対し、水上交通路（水運）は年貢米などの物資輸送を目的に整備されたということができよう。

幕府の米蔵は初め江戸城内にあったが、元和六年（一六二〇）に浅草に五十四棟七万五千石分の米蔵が新設された。その後、対岸の本所にも建てられて幕府の二大米蔵となった。幕府直轄領は百万石であったので、それを収納するには不足であった。そこで、年貢米の一部は江戸周辺の城に預けられた。天正十九年（一五九一）の八日市場領の年貢米のうち四百三十一俵は印旛沼の河岸まで駄送され、そこからは川船で関宿に運ばれた。その輸送費は駄送賃・船賃合わせて六十八俵（一割六分）に上った。

馬に積める荷物は米俵なら二俵であったが、川舟では二十五俵ほど、大型の海船なら二千五百俵ほどを積むことができた。そこで、遠回りになっても水運が選ばれることが多かった。九十九里浜と江戸との間の輸送手段としては利根川・江戸川水運によるほか、房総半島を迂回する海運があった。しかし、この海路は難所続きであったため、九十九里浜と江戸内湾を結ぶ道が発達し、九十九里浜の海産物の一部はひとまず江戸内湾の湊まで陸送された後、海路で江戸に運ばれた。また、内陸部の林産物は中小河川の川舟で利根川や江戸湾に搬出された。

江戸時代の中期になると、関東地方の農村では綿や生糸の生産が進むとともに、肥料としての干鰯《ほしか》・〆粕《しめかす》の消費量も増えた。農村の生産物を江戸に送る中継地となった地方市場は、江戸から農村に送られる商品の中継市場ともなって、次第に流通網が整備された。関東地方にこうして形成された商圏が「江戸地廻り経済圏」である（伊藤好一「江戸地廻り経済の形成と関東農村」『論集　関東近世史の研究』）。

一　房総内の陸運

東海道に宿駅が設けられて伝馬制度が敷かれたのは、関ヶ原の戦の翌年、慶長六年（一六〇一）のことであった。これは江戸—大坂間で兵員移動や書状伝達を円滑に行う必要があったからである。江戸に幕府が開かれるのはその二年後（慶長八年）、大坂夏の陣で豊臣家が滅亡するのは十四年後（元和元年）のことである。寛永十二年には参勤交代制度が設けられ、諸大名の通行が頻繁になった。こうした経緯を見ると、伝馬制度が軍事的・政治的な目的で整備されたことが分かる。

（一）　街道と宿駅

万治二年（一六五九）に設けられた道中奉行は、東海道・中山道・奥州道中・日光道中・甲州道中の五街道を直接管理した。五街道には付属する脇往還が指定されており、下総国内を通過する水戸道中と日光東往還（図19参照）は日光道中に付属する脇往還であった。街道の宿駅は伝馬役（人馬継立）を義務付けられ、その代償として土地にかかる地子（年貢）を免除された。宿駅の中で伝馬役を担当するのが問屋である。問屋は指定された数の人馬を常備し、公用の旅行者や書状・物資などを次の宿駅まで継ぎ送った。また、大名など高い身分の旅行者を宿泊させるために本陣・脇本陣が設けられた。小さな宿駅では名主が問屋や本陣を兼ねることが多かった。元禄七年（一六九四）には助郷制度が定められた。助郷に指定された村は、宿駅が常備している人馬で不足が生じた場合に人馬を提供することを義務付けられた。

宿駅が常備すべき人馬は東海道百人百疋、中山道五十人五十疋、それ以外の街道は二十五人二十五疋あるいはそれ以下であった。明和三年（一七六六）に水戸道中を上った磐城平藩（いわき市）安藤氏の場合は、百一人百二十二疋の人馬が動員された（『茨城県史　近世編』）。

幕府が管理する街道・道中・往還の名称は決まっていたが、その他の道の多くは行先の地名を付けて呼ばれた。従って、一本の道であっても出発地と到着地で呼び名が異なるのが普通であった。また、経路が複数存在し、唯一に確定できない道も多かった。『千葉県歴史の道調査報告書』で取り上げられている房総内の道は次の十六道である。

水戸道中（日本橋～千住～新宿《にいじゅく》～金町～松戸～小金～我孫子～取手～藤代～水戸）
日光東往還（小金～山崎～中里～関宿～境～結城～雀宮～日光）
鮮魚《なま》街道（松戸道）（布佐～発作～亀成～浦部～平塚～富塚～佐津間～金ケ作～松戸）
木下《きおろし》街道（木下～大森～白井～鎌ケ谷～八幡～行徳）
成田街道（新宿～小岩～市川～八幡～船橋～大和田～臼井～佐倉～酒々井《しすい》～成田）
佐倉道（寒川《さむがわ》～千葉～貝塚～馬渡《まわたし》～佐倉）
御成街道（船橋～犢橋《こてはし》～六方野～金親～中田～東金～白幡～小松）
東金街道（登戸～松ヶ丘～宮田～和泉～中野～東金）
土気《とけ》往還（曽我野～鎌取～野田（誉田《ほんだ》）～土気～大網）
銚子街道（木下～安食～滑川《なめがわ》～神崎～佐原～津宮～小見川～笹川～銚子）
多古街道（酒々井～根木名～三里塚～香山～染井～多古～赤池～佐原）
多古銚子道（多古～八日市場～太田～網戸～垣根～松岸～銚子）

伊南《いなん》房州通往還（浜野～潤井戸《うるいど》～追分～六地蔵～茂原～一宮～勝浦～鴨川～館山）
大多喜街道（追分～長南～市野々《いちのの》～小土呂坂～大多喜～松野～勝浦）
久留里《くるり》道（五井～今富～馬来田《まくた》～久留里）、（木更津～横田～馬来田～久留里）
房総往還（船橋～検見川～浜野～五井～木更津～佐貫～湊～竹ヶ岡～金谷～館山）

道中・街道・往還という呼称は資料によって異なる例が見られるので、本書では『千葉県歴史の道調査報告書』に従うことにする。これらの道は現在の国道・県道・地方道に重なるものもあるが、異なる道筋であったものも多い。

江戸と佐倉を結ぶ道の経路と名称は時代とともに変化したので、変遷の経緯を説明しておこう。江戸時代初期に佐倉道と呼ばれたのは、日本橋から小松川（江戸川区）・小岩（同）を経て八幡（市川市）に出る道であった。これは現在の千葉街道に近い。しかし、元禄十年に江戸川を渡るまでの佐倉道が廃止され、水戸道中に併合されてしまった。新しい経路は水戸道中の新宿（葛飾区）で分岐し、小岩を経て八幡に出る道であり、水戸佐倉道と呼ばれた（図14参照）。それまでの佐倉道は元佐倉道と呼ばれることになった（『江戸川区史　第一巻』）。

その後、成田参詣客が急増したため、この水戸佐倉道がいつの頃からか成田街道と呼ばれるようになる。寛延二年（一七四九）に建てられた大和田（八千代市）の庚申塔に「さくら道」とあり、安永六年（一七七七）に建てられた前原（船橋市）の道標には「なりた道」と刻まれているので、名前が変わるのはこの前後であろう。そして、登戸湊・寒川湊と佐倉城下を結ぶ道が改めて佐倉道と呼ばれるようになった（『千葉県歴史の道調査報告書』二一「成田街道」）。

道の用途は本来多様なものであるが、本章の目的である物資輸送という観点から前述の十六道を分類すると、①治世者・旅行者のための道、②利根川と江戸川を結ぶ道、③外房と内房を結ぶ道、という三分類になる。便宜的な分類ではあるが、これに従って説明を進めることにする。

（二）治世者・旅行者のための道

江戸時代初期の街道や伝馬制度は軍事的・政治的な目的で整備された。御成街道（第一章二参照）はその象徴であろう。しかし、江戸時代の半ばになると交通網が整い、庶民の間にも行楽に出掛ける余裕が生まれて、旅行者が増えた。

○水戸道中は日光道中の千住宿（足立区）で分岐し、新宿（葛飾区）を経て江戸川（金町・松戸関所）を渡る（図17参照）。下総国内の宿駅は松戸・小金・我孫子の三宿で、宿駅に義務付けられていた人馬の数は二十五人・二十五疋である。

江戸時代初めにおける水戸道中は、我孫子から布佐（我孫子市）に至り、利根川を渡って布川（利根町）・河原代《かわらしろ》（龍ヶ崎市）を経て佐貫（同）に向かっていた（図18参照）。しかし、天和三年（一六八三）に街道付替えがあり、我孫子を出てすぐに利根川を渡り、取手・藤代（藤代町）を経て佐貫に向かう経路に変更された。付替え後の江戸―水戸間は二十九里余で、江戸・水戸を除いて十九宿であった。新しい経路は寛永年間（一六二四～四四）に伊奈氏によって開発されたばかりの湿地帯の中を通った。この経路は洪水の際に冠水する恐れがあったため、三つの廻り道が設けられていた（『取手市史　通史編Ⅱ』）。

享保十五年（一七三〇）に布施―戸頭《とがしら》間（七里ヶ渡）で利根川を渡る新道が作られたが、宿駅がこれに反対したため、元文四年（一七三九）に新道は通行が禁止された。しかし、新道はその後も物資輸送に利用され、利根川の布施河岸（柏市）は大いに賑わった。布施河

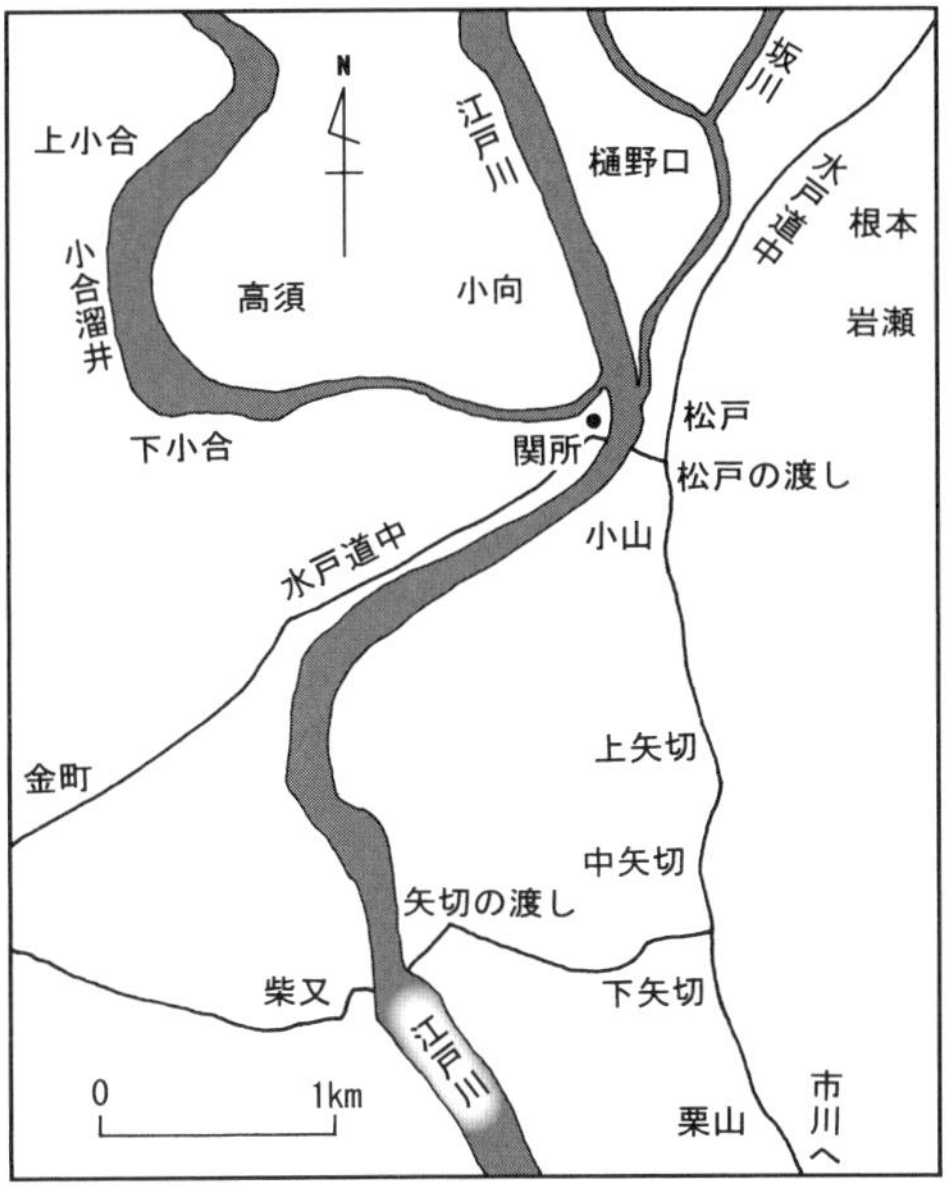

図17　金町・松戸の渡し（関所）

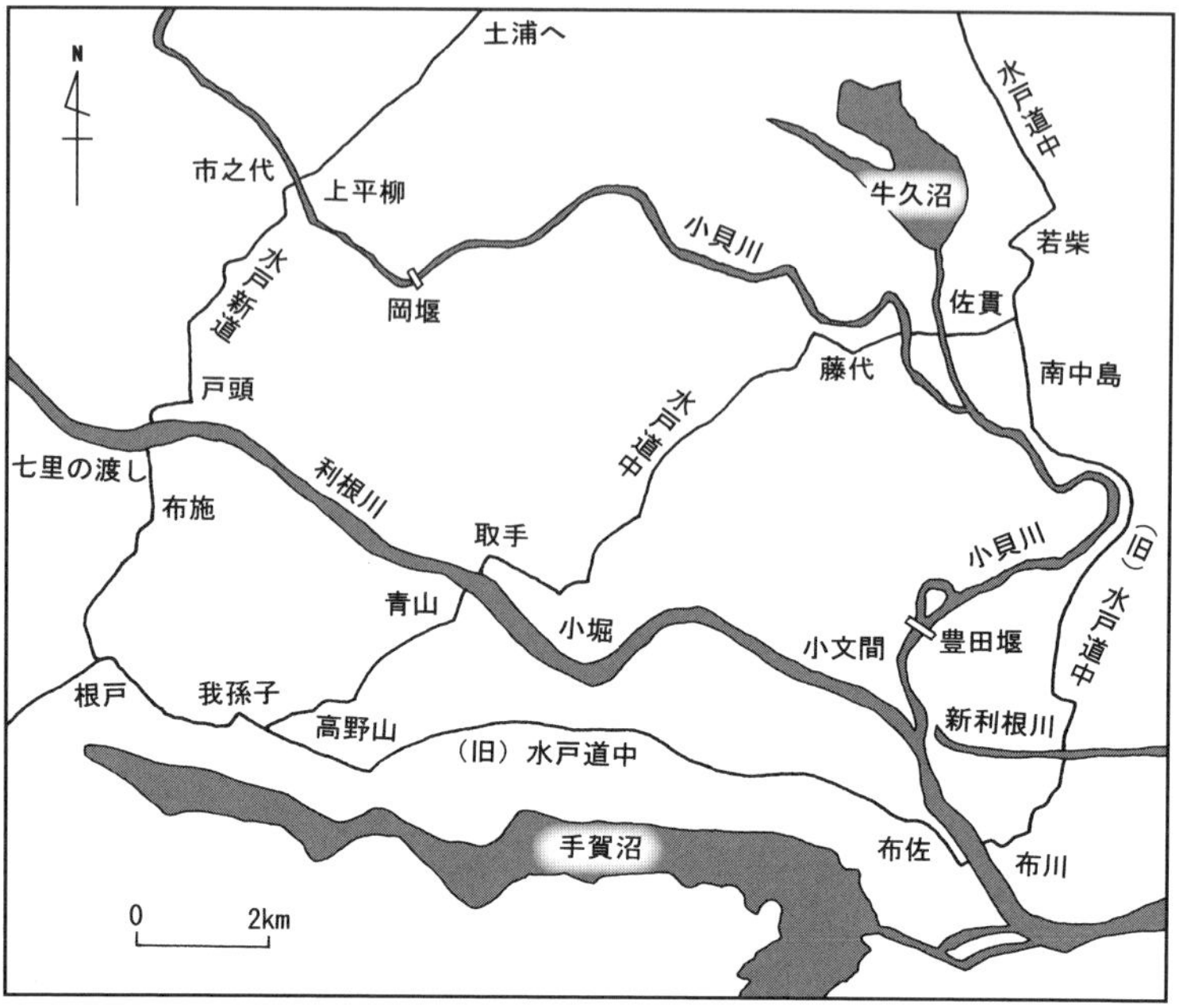

図18　水戸道中（我孫子―佐貫間）の経路

岸については後述する（『千葉県歴史の道調査報告書』四「水戸道中」）。

小金町（松戸市）は江戸時代初期から小金町と称していた。一方、松戸村は元禄十二年頃に松戸町となり、宝暦十三年（一七六三）頃に松戸宿となった。天明四年（一七八四）に松戸宿を通過した大名は、常陸国の九藩（水戸藩・府中藩・土浦藩・笠間藩・矢田部藩・宍戸藩・下妻藩・牛久藩・志津久藩）、陸奥国の四藩（相馬中村藩・岩城平藩・岩城泉藩・湯長谷《ゆながや》藩）、下総国の一藩（小見川藩）、合わせて十四藩であった（『松戸市史　中巻近世編』）。

以下に十六道を順次見ていくことにしよう。

○日光東往還は水戸道中の小金宿（松戸市）で分岐し、山崎（野田市）・中里（同）・関宿（同）を経て利根川（大船渡境）を渡る（図19参照）。元和二年に没した家康の遺体が日光東照宮（日光市）に安置されたため、歴代の将軍（二代・三代・四代・八代・十代・十二代）が合計十八回の日光社参《しゃさん》をした。日光周辺で将軍警護に当たる大名は将軍に先行してこの道を通行した。最後の日光社参は天保十四年（一八四三）の十二代将軍家慶《いえよし》であったが、この時は十三家の大名が山崎宿で宿泊または休息した（『千葉県歴史の道調査報告書』五「日光東往還」）。

○御成街道は房総往還の船橋宿（船橋市）で分岐し（図19参照）、犢橋《こてはし》（千葉市）・六方野（同）を経て東金（東金市）に至る道である（第一章二参照）。この街道は将軍の鷹狩に使われただけでなく、九十九里浜の海産物を江戸に運ぶ道としても使われた（『千葉県歴史の道調査報告書』九「御成街道」）。

○成田街道は水戸道中の新宿（葛飾区）で分岐し、小岩・市川関所で江戸川を渡り（図14参照）、佐倉・酒々井を経て成田（成田市）に至る。江戸―成田間は十六里余で、八幡・船橋・大和田・臼井《うすい》・佐倉・酒々井・寺台の七宿があった。このうち、八幡（市川市）から船橋（船橋市）までが幕府領、大和田（八千代市）から寺台（成田市）までが佐倉藩領である。成田街道を通行する旅行者が増えた理由としては、成田山の出開帳《でかいちょう》、歌舞伎の影響、物見遊山の流行、の三つが指摘されている。前二つが成田山への信仰を広める役割を果たし、江戸周辺の庶民が行楽を兼ねて成田山を参詣するようになった（『千葉県歴史の道調査報告書』二「成田街道」）。

江戸時代初期の佐倉とは、千葉氏の居城本佐倉城があった本佐倉村（酒々井町）と隣の酒々井村（同）を含む広い地域を意味した。酒々井村には佐倉牧の捕込《とっこめ》があり、佐倉牧（図4参照）を管理する拠点になっていた（第一章三参照）。そのため、酒々井―小金―江戸間の往来は盛んであった。小田原落城の翌年に当たる天正十九年、酒々井村は徳川家康によって町に取り立てられ、佐倉道（当時）の宿駅に指定された。酒々井は小見川・香取・銚子に向かう道の分岐点となって繁栄する。また、臼井（佐倉市）は千葉氏の支族臼井氏の城下町であったが、慶長九年に幕府直轄領（後に旗本知行所）となったため、佐倉道（当時）の宿場町に変容する（『佐倉市史　巻二』）。

歌舞伎役者の初代市川団十郎は荒事《あらごと》で名声を高めたが、子宝に恵まれなかった。そこで、出身地の幡谷村《はたがや》（図12参照）に近い成田山新勝寺（成田市）に祈願をしたところ、元禄元年に男子を授かった。元禄十六年には親子二代で成田不動の霊験《れいげん》記を演じて大当たりをとった。一方、成田山新勝寺は元禄十四年に本堂の再建がなり、本尊を開帳した。開帳は戸張を開いて本尊を見せるもので、見た者の信仰心を高め、寺に浄財をもたらした。元禄十六年には江戸深川（江東区）に出向いて出開帳を実施した。これが多くの信者と浄財を獲得したため、江戸深川での出開帳は安政三年（一八五六）までに合計十回に及んだ（『成田市史　中世・近世編』）。

○佐倉道は寒川湊・登戸《のぶと》湊と佐倉城下を結ぶ道である（図20参照）。これは佐倉藩の年貢米輸送路であった。寒川湊の米蔵からは江戸詰め家臣の飯米や、江戸で売却する廻米が積み出された。また、江戸から佐倉に送られる物資は登戸湊に陸揚げされ、この道を通って佐倉に運ばれた（『千葉県歴史の道調査報告書』一七「佐倉道」）。

○銚子街道は木下河岸（図9参照）と飯沼河岸（図16参照）を結ぶ利根川沿いの道である。明和八年に出版された『坂東観音霊場記』に滑川観音（成田市）と飯沼観音（銚子市）が掲載された頃から巡礼者が急増した。巡礼の延長として銚子磯巡りなどの行楽客も増加し、天明三年頃には二つの観音の間に十二基の道標が立てられた（『千葉県歴史の道調査報告書』三「銚子街道」）。

○多古街道は成田街道の酒々井（酒々井町）で分岐し、取香牧（三里塚）を経て多古（多古町）に至る道である（図4参照）。その先は三方向に分岐する。北方に向かえば、矢作牧（後の十余三《とよみ》）を経て佐原に至る。栗山川沿いに北に向かえば、岩部（香取市）を経て佐原あるいは小見川に至る。東方に向かえば、八日市場を経て銚子に至る（『千葉県歴史の道調査報告書』一「多古街道」）。

『千葉県歴史の道調査報告書』には取り上げられていないが、多古で分岐する四番目の道があった。多古から栗山川沿いに南に向かい、横芝（横芝光町）を経て木戸（同）や九十九里浜に至る道である（図15参照）。九十九里浜から多古を経て佐原（香取市）に向かう道は中世の頃から塩が運ばれた道であった（第二章三参照）（『伊能忠敬』）。

多古は古くから人馬継立場を務めており、利根川水運が開かれるまでは下総東部と江戸との間の交通に重要な役割を果たしていた。文禄四年（一五九五）、香取郡森山（香取市）から江戸までの経路に当たる宿場十四ヵ所（森山・岡飯田・府馬・鏑木・大寺・多古・佐倉・臼井・大和田・船橋・八幡・市川・葛西・浅草）に伝馬手形が発行された。この伝馬手形は森山の柑子《こうじ》（みかん）を徳川家に届けるためのもので、伊奈忠治など五人の代官頭が署名していた。千住大橋が架橋されたのは文禄二年、千住宿（図19参照）が人馬継立場に指定されたのは慶長二年であるから、多古の人馬継立場指定はこれらと同時代であった（『多古町史　上巻』）。

○多古銚子道は多古から八日市場（匝瑳市）・太田を経て松岸河岸（銚子市）に至る道である（図16参照）。椿海に椿新田（第一章五参照）が開かれた延宝年間（一六七三～八一）以降に通行が頻繁になった（『千葉県歴史の道調査報告書』一〇「多古銚子道」）。

元禄八年、すでに水戸藩第二代藩主を退いていた徳川光圀《みつくに》（黄門）が水戸への帰途に多古銚子道を通った。水戸道中ではなくこの道を選んだ理由は、時期から推測して椿新田（第一章五参照）を見るためであったろう。匝瑳郡太田村（旭市）が本陣となり、太田村二十八軒、成田村五軒、合わせて三十三軒の民家に一行三百三十四人が宿泊した。通行のための人馬は井戸野村・十日市場村・蛇園村など十一ヵ村が負担した（図13参照）。黄門一行はその後、野尻河岸（銚子市）から川舟で利根川・霞ヶ浦を経て土浦に向かった（図21参照）（『旭市史　第一巻』）。

○大多喜街道は伊南房州通往還（後述）の長柄山《ながらやま》村追分（長柄町）で分岐して南に向かい、長南宿（長南町）を経て大多喜（大多喜町）に至る。この間には三大難所といわれる三つの坂があったが、大多喜藩主が参勤交代のために通行した。天正十八年に大多喜（図22参照）に領地を与えられた本多忠勝は徳川四天王の一人であり、戦国大名里見氏を牽制する役割を担ったのである（第一章二参照）。大多喜から先、松野（勝浦市）を経て勝浦（同）に至る間はさらに険阻であったから、旅行者の通行は少なく、海産物を八幡（市川市）方面に送る道として利用された（『千葉県歴史の道調査報告書』一三「大多喜街道」）。

○久留里道には五井（市原市）から今富（同）・馬来田（木更津市）を経て久留里（君津市）に至る道（中往還）と、木更津（木更津市）から横田（同）・馬来田を経て久留里に至る道（西往還）があった。中往還は久留里藩黒田家が参勤交代の際に通行した。西往還は久留里周辺の林産物などを木更津湊に搬出する際に使われた（『千葉県歴史の道調査報告書』一五「久留里道」）。

○房総往還は成田街道の船橋で分岐し（図19参照）、木更津を経て館山に至る道である（図23参照）。江戸から館山までの間に設けられた継立場は、船橋・馬加《まくはり》・検見川《けみがわ》・曽我野・浜野・八幡・五井・姉崎・奈良輪・木更津・貞元・佐貫・湊・竹ヶ岡・金谷・本郷・市部・那古・北条である。金谷（富津市）までが下総国、本郷（鋸南町）から南は安房国に属する。市部（鋸南町）—北条（館山市）間には本道より山側に脇道があり、上滝田（南房総市）・府中（館山市）を経て北条で本道と合流する。房総往還の大部分は海岸沿いであるから、沿道の各湊からは江戸向けの船が出て、地元で生産された海産物・林産物が輸送されていた。従って、房総往還は参勤交代や旅行者の通行に使われる一方、物資輸送に関しては荷物を湊まで運び出す「津出し」ための道であった（『千葉県歴史の道調査報告書』一四「房総往還Ⅰ」）。

房総往還にとって幕府直轄の嶺岡牧（第一章三参照）への往来は重要な公務のひとつであった。天明元年に開設された嶺岡往還は、木更津から三直《みのう》（君津市）・六手《むて》（同）・鹿野山宿（同）・関（富津市）を経由して嶺岡牧に通じた（図23参照）。嶺岡牧から各方面に向かう四口の道のうち、これは関口と呼ばれる道であった（『君津市史　通史』）。

文化七年（一八一〇）に始まった江戸湾警備は、房総往還の桜井（木更津市）から佐貫《さぬき》（富津市）までの約十二キロメートルに新しい経路を生み出した。それまでの経路は内箕輪《うちみのわ》・浜子《はまご》を経由する山沿いの道であったが、新たに大堀・富津・岩瀬（いずれも富津市）を経由する海沿いの道が使われるようになった。また、それまで継立てをしていなかった富津・竹ヶ岡・金谷（いずれも富津市）に継立てが義務付けられた（『千葉県歴史の道調査報告書』一六「房総往還Ⅱ」）。

江戸湾警備に伴って房総往還の交通量が増大し、助郷村の負担も急激に増大した。天保十四年には五井村（市原市）

とその助郷村との間で大通行時の負担方法が取り決められた。人足七十人までは五井村と定《じょう》助郷村が負担し、七十一人から百人までは加《か》助郷村も負担し、百一人以上必要な時は大《おお》助郷十八ヵ村がこれに加わることになった。五井村（図22参照）の助郷制度はこうして格段に強化された（『市原市史　中巻』）。

（三）利根川と江戸川を結ぶ鮮魚の道

慶安年間（一六四八～五二）に飯沼村飯貝根《いがいね》（図16参照）に漁場が開かれると、銚子で水揚げされた鮮魚は船で江戸に運ばれた。しかし、利根川の航行には浅瀬という障害があったので、天和元年頃から鮮魚は木下河岸で馬に積み替えられ、木下街道を宿継ぎして行徳河岸に送られた（『鎌ケ谷市史　中巻』）。

利根川と江戸川の間の距離は、上流に行くほど短くなるが、両河川とも上流に行くほど浅瀬が多くなる。寛政三年（一七九一）七月に行われた水深調査では野木崎《のぎさき》（茨城県守谷市）で一尺一寸～一尺三寸、境河岸（茨城県境町）で八寸～九寸に過ぎなかった。そこで、利根川を上ってきた船は木下《きおろし》（印西市）や布佐（我孫子市）などで荷物を陸揚げし、江戸川の河岸まで馬の背で運んだ。また、鬼怒川を下ってきた船は三ツ堀（野田市）や布施（柏市）などで荷物を陸揚げし、江戸川の河岸まで馬の背で運んだ。その経路は大まかに分類して四通りあった（図19参照）（『千葉県歴史の道調査報告書』六「木下街道・なま道」）。

第一経路　木下河岸（印西市）　～行徳河岸（市川市）　木下街道（九里）
第二経路　布佐河岸（我孫子市）～松戸河岸（松戸市）　鮮魚街道（七里半）
第三経路　布施河岸（柏市）　～加村河岸（流山市）　名称不明（四里）
第四経路　三ツ堀河岸（野田市）～今上河岸（野田市）　名称不明（二里半）

利根川と江戸川を短絡する形でこれらの道を使うと、船で関宿まで遡ってから下った場合よりも行程が大幅に短縮できた。たとえば、第一経路（木下街道）は直線で約三十六キロメートル、荷物を積んだ馬の足で丸一日の距離にあ

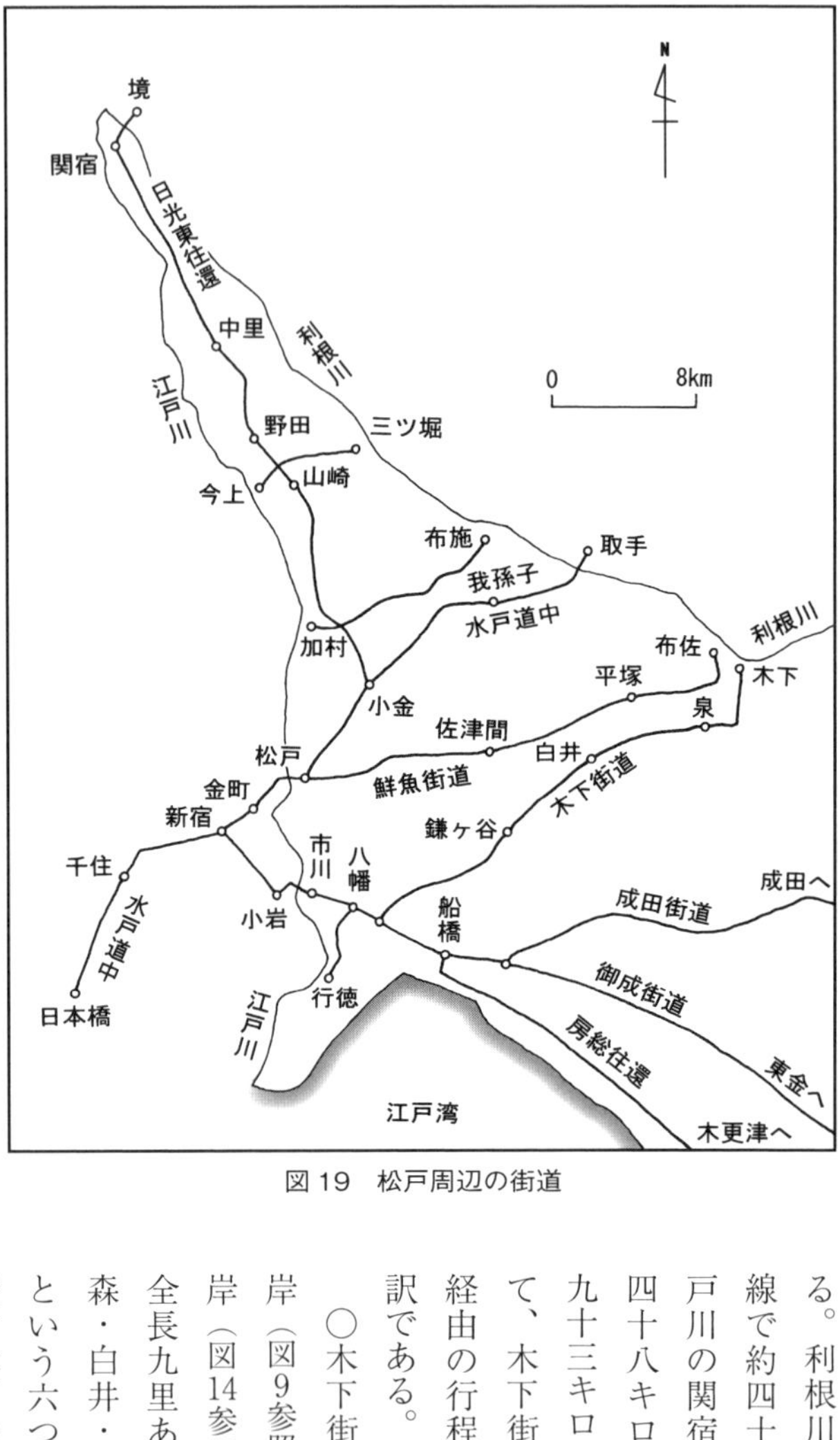

図19　松戸周辺の街道

る。利根川の関宿─木下間は直線で約四十五キロメートル、江戸川の関宿─行徳間は直線で約四十八キロメートル、合わせて九十三キロメートルである。従って、木下街道経由の行程は関宿経由の行程の四割に短縮される訳である。

○木下街道は利根川の木下河岸（図9参照）と江戸川の行徳河岸（図14参照）を結ぶ道である。全長九里あまりの間に木下・大森・白井・鎌ケ谷・八幡・行徳という六つの宿駅があった。竹袋村木下の対岸布川村（利根町）は初期の水戸道中の経路に当たり、木下─布川間に天地ノ渡しという渡船場があった。寛永八年に木下街道が開かれた時、鎌ケ谷（鎌ケ谷市）は小金牧（第一章三参照）の中にあったので、葛飾郡古作《こさく》村（船橋市）などから移住した人たちが継立てを行った。また、大森（印西市）は村の西部から街道沿いに移住した人たちが継立てに従事した。行徳河岸と江戸小網町との間で運航された行徳船については前述した（第二章一参照）（『鎌ケ谷市史　中巻』）。

○鮮魚《なま》街道は利根川の布佐（図9参照）と江戸川の松戸河岸（図17参照）を結ぶ鮮魚輸送用の道である。江戸時代初期には鮮魚を積んで利根川を遡った生船が手賀沼に入り、平塚村（白井市）の舟戸で荷揚げして松戸河岸に送られていた。ところが、寛文十一年（一六七一）に手賀沼の六軒川に樋門が設置されたため、手賀沼に船が乗り入れられなくなった。これに替わる輸送路として開かれたのが鮮魚街道である（図19参照）。布佐は正規の河岸ではなかったが、鮮魚に限って荷揚げすることが認められた。その経路は布佐〜大森〜平塚〜富塚〜金ヶ作〜松戸であった。

鮮魚街道に継場はなく、荷物は付通し（馬を替えずに通過する）で運ばれた。木下街道が継送りであるのに対し、鮮魚街道は付通しであったので、本来は脇道であった鮮魚街道による輸送の方が盛んになった。享保十二年には手賀沼の新田開発が進んだため、布佐から平塚に通ずる近道ができた（第一章五参照）。この頃には松戸河岸に二軒の鮮魚荷宿が生まれ、河岸として発展する原動力となった。宝暦十三年頃には松戸町が松戸宿となった（『松戸市史　中巻近世編』）。

○布施河岸（図18参照）は鬼怒川が利根川に合流する地点の下流に位置するため、鬼怒川を下ってきた船の荷物を陸揚げし、江戸川沿いの加村河岸や流山河岸まで駄送する陸付けが盛んであった。布施村は渡船三艘を所有し、利根川対岸の戸頭（取手市）との間で七里ノ渡を運営していた。河岸の近くには東海寺（布施弁天）があり、その門前町でもあった。寛政年間（一七八九〜一八〇一）には四軒の荷宿が二組に分かれ、毎月前半と後半の荷物請払いを担当していた。天保十四年における布施村の家数は百九十三軒であるが、馬数は百八十八疋に上り、村内および近隣の村に多数の駄賃稼ぎ層を抱えていた（『柏市史　近世編』）。

○鬼怒川筋の荷物は鬼怒川合流点に近い瀬戸・三ツ堀・木野崎（いずれも野田市）などで陸揚げし、江戸川沿いの今川・加村・流山（いずれも流山市）まで馬で運んだ。それまで鬼怒川筋の荷物を陸揚げして境河岸（図7参照）まで運んでいた鬼怒川右岸の河岸は、これに反発して訴訟を起こした。享保九年に出された幕府評定所の裁定では、遠方の荷物については布施だけが陸揚げを認められ、瀬戸・三ツ堀・木野崎は近在の荷物に限って陸揚げが認められた。鬼怒川の河岸と境河岸の関係については後述する（『千葉県歴史の道調査報告書』六「木下街道・なま道」）。

銚子で水揚げされ、鮮魚として江戸に運ばれた魚はタイ・スズキ・ヒラメ・カツオ・マグロ・サバなどであった。そうした鮮魚は水揚げされた第一日目の夕方に船で銚子を発って利根川を十八里ほど遡り、二日目の早朝に木下河岸（もしくは布佐河岸）で陸揚げされて陸路を運ばれ、夕方に江戸川の行徳河岸（もしくは松戸河岸）で再び船に積まれて、三日目の早朝に日本橋で開かれる朝市に間に合わせた。これを鮮魚の三日売りといった。魚は笹の葉などに包んで籠や箱に詰め、十籠（箱）ほどを一駄にして輸送した。日本橋の本小田原町・本船町・本船横町・安針町には多くの魚問屋が店を構えたので魚問屋四組と呼ばれた。江戸の魚問屋は生産地の魚商などに資金を貸し与えるなどして、出荷体制の安定と漁獲物の確保を図った（『利根川木下河岸と鮮魚街道』）。

利根運河は明治二十年（一八八七）の着工であるから、本書の範囲を越えている。敢えて取り上げるのは、利根川と江戸川の位置関係（図19参照）が自然に運河を発想させるものだからである。利根川筋の船戸村（柏市）と江戸川筋の深井新田（流山市）の間八千五百メートルを結んだ利根運河は明治二十三年に竣工した。明治二十六年には汽船も航行するようになり、利根川・江戸川水運に革命を起こした（『柏市史　近代編』）。

（四）外房と内房を結ぶ干鰯の道

外房から船を仕立てて江戸に海産物を送るのは大量の場合に限られ、少量の場合は内房の湊に陸送されて船で江戸に運ばれた。外房の村々が海産物を出荷する場合の宛先は内房の廻船問屋（運送宿）であり、到着した海産物は廻船問屋が責任をもって江戸に送る慣わしであった。これらの廻船問屋は江戸から送られてくる日用品などを外房に届ける中継地でもあった。廻船問屋としては寒川に五軒、五田保《ごたっぽ》に一軒、泉水に一軒、曽我野に六軒、浜野に五軒、村田に一軒（いずれも千葉市）が存在した（図20参照）。曽我野の廻船問屋小河原清左衛門家については前述した（第二章二参照）。なお、泉水村は明治七年に今井村に編入され、今井村は明治二十二年に曽我野村などと合併して蘇我野村となり、蘇我野村は明治二十三年に蘇我町と改称された。五田保は明治期の村名にもなく、現在はバス停留所の名前として残るのみである。

なお、図20中の村々のうち浜野村・村田村・北生実《おゆみ》村・南生実村・有吉村は明治二十二年に合併して生実浜野村となり、大正十四年（一九二五）に生浜《おいはま》村と改称し、昭和三年（一九二八）に生浜町となった。生浜町は昭和三十年に千葉市に編入された。千葉市の発足とその後に編入した町村については前述した（第一章五参照）。

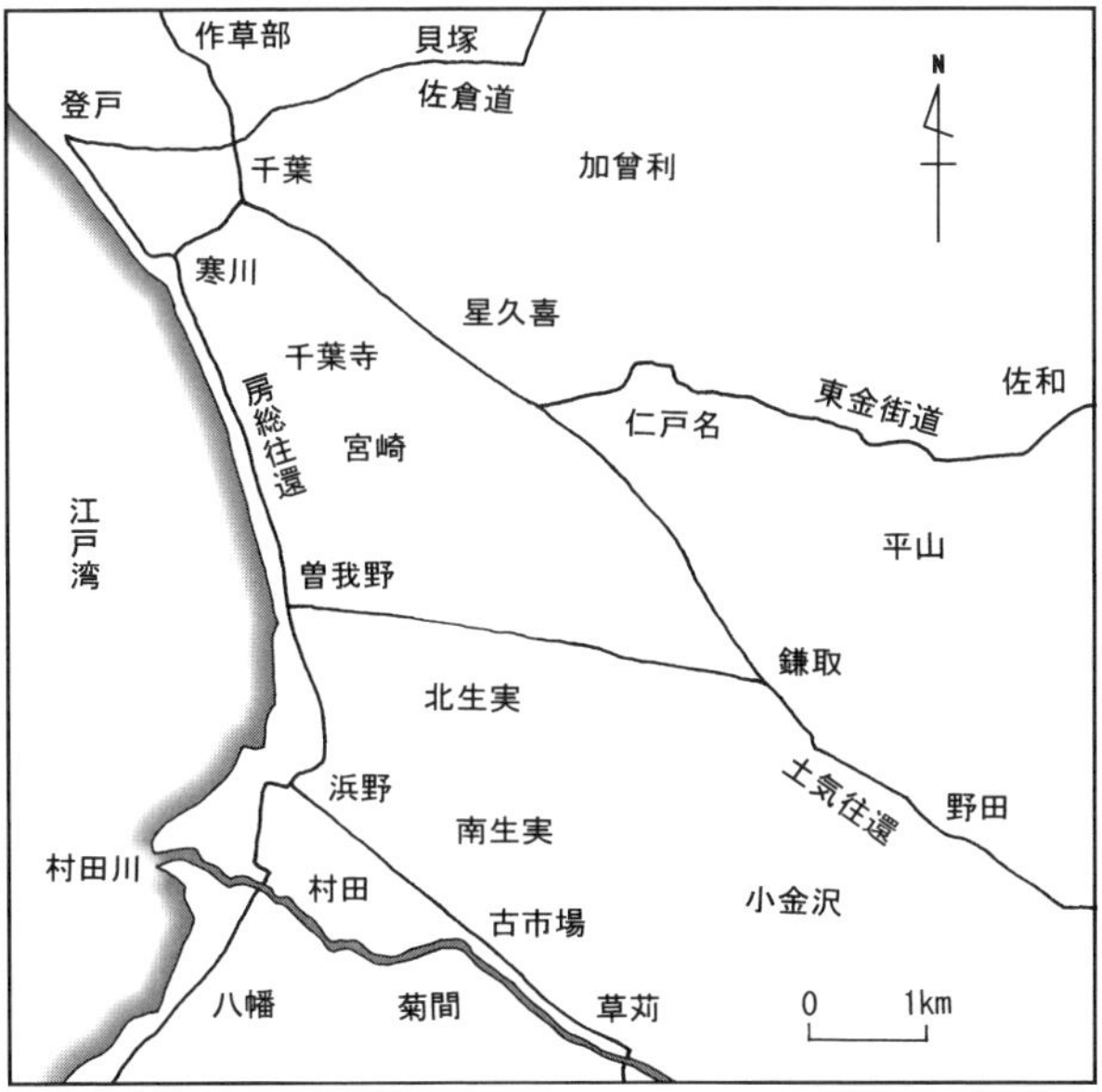

図20　千葉周辺の街道

陸送が長い場合は途中に中継宿が設けられた。中継宿は荷を運んできた馬士から荷を受け取って馬札（受取書）を発行し、荷主に代わって駄賃銭を立替払いする。この荷を中継宿が用意した馬士に渡して記帳し、荷主に口銭を請求する。また、馬を替えずに付通す場合（付通し）は、荷を改めた上で切手を発行し、荷主に庭銭を請求する。口銭と庭銭が中継宿の収入になるのであるが、駄賃銭を立て替えるだけの資金力が必要であった（『日本近世の地域と流通』）。

印旛郡岩富町（佐倉市）は九十九里浜と寒川（千葉市）を結ぶ交通路の要衝であった。岩富が町を名乗っていたのは、中世末期に千葉氏支族の城下町（玉縄城）であったからである。九十九里浜から成東・森（山武市）・用草《もちぐさ》（八街市）を経て岩富に至り、更に坂戸（佐倉市）に出て佐倉道を寒川に向かった。また、岩富から神門《ごうど》村・佐倉新町を経て印旛沼の柏木河岸（酒々井町）に通じる道もあった。岩富町の豪農喜兵衛は天明年間（一七八一～八九）から在郷商人として活躍していた。喜兵衛は佐倉町の商人から融資を受け、武射郡蓮沼村（山武市）など九十九里浜の村々から干鰯・魚油を仕入れ、寒川湊の廻送業者や印旛沼の柏木河岸に出荷した。喜兵衛はまた武射郡内十数ヵ村と蔵米取引を行っていた。蔵米取引とは年貢米を担保にして金子を融通することである。これに旗本領の村が含まれているのは、旗本の多くが幕末に財政困難に陥っていたからであろう（篠丸頼彦「下総の在郷商人」『房総地方史の研究』）。

○東金街道は寒川または登戸から松ヶ丘・宮田・和泉・中野を経て東金に至る道である（図20参照）。また、寒川または登戸から松ヶ丘・鎌取・野田（誉田）・中野を経て東金に至る道もあった。両者の間では継立や付通しを巡る訴訟が絶えなかった。継立を行う村に口銭を支払って付通しが認められた場合も多かった（『千葉県歴史の道調査報告書』九「東金街道」）。

○土気往還は曽我野（千葉市蘇我）から鎌取・野田（誉田）・土気を経て大網（大網白里市）に至る道である（図20参照）。九十九里浜南部の海産物は大網もしくは本納を経由して、曽我野・寒川・登戸のうちのいずれかの湊に送られた。享保三年には本納村（茂原市）が土気の継場で荷継をせずに通過しようとして訴訟となった。宝暦十二年（一七六二）には村田村（千葉市）が大網に塩を運んだ帰りの馬に荷を積んでいたので、土気の継場でとがめられた。これらの訴訟では、土気で荷継ぎをすることが公認された。文政四年（一八二一）の付通しをめぐる訴訟では、土気に口銭を支払うことで付通しが認められた（『千葉県歴史の道調査報告書』九「土気往還」）。

　千葉郡野田村（千葉市誉田）（図20参照）は寛永八年に開発された新田であったが、生実藩（千葉市）森田家が将軍通行に備える目的で、補助金を与えて継場とした。多くの継場の問屋は世襲であるが、野田の問屋は名主・組頭の間の交代制であり、公用通行だけを取り扱った。その後、商人荷物の通行が増加したため、十八世紀後半には五～六軒の荷宿が営業するようになった。野田の荷宿は九十九里浜から送られてくる浜荷物と、江戸方面から送られて来る下り荷物を自分の庭に降ろさせ、野田で仕立てた馬に付替えて次の継場に送り出した（『日本近世の地域と流通』）。

○伊南房州通往還は浜野・八幡（図20参照）から茂原・一宮方面に至る道で、茂原道とも東浜往還とも呼ばれた。伊南とは平安末期に夷隅郡南部に存在した荘園の名前である。夷隅・大原周辺が伊南であり、大多喜・勝浦周辺が伊北であった。この地域から多くの武家奉公人が出たことについては前述したが（第二章五参照）、彼らもこの道を通って江戸に出たのであろう。浜野（千葉市）―茂原間の荷物は潤井戸（市原市）で継立て、八幡（市原市）―茂原間の荷物は六地蔵（長柄町）で継立てた。ただ、潤井戸や六地蔵に口銭を支払えば、馬を替えずに付通しで荷物を運ぶことも認められていた。伊南房州通往還の勝浦から館山までは坂や断崖の多い道で、磯や砂浜の波打ち際を通る区間も多い。そのため、風波が激しい時は通行不能になった。高さ二十メートルの断崖が四キロメートルにわたって続く「おせんころがし」（勝浦市）はその代表的な区間である（『千葉県歴史の道調査報告書』「伊南房州通往還Ⅰ・Ⅱ」）。

（五）　代参講と庶民の旅

遠隔地にある寺社・霊地を個人で参拝することは困難であったから、村単位で資金を積み立て、代表者を参拝に送り出すことが行われた。これが代参講《だいさんこう》である。目的地によって大山《おおやま》講・富士講・伊勢講・御岳講・善光寺講・出羽三山《でわさんざん》講などがあった。代参講が広く行われるようになった背景には、道路や宿場の整備が進んだこと、霊場側の受入体制・勧誘制度が整ったことなどがある。また、「一生に一度は遠隔地までの旅をしたい」という願望も庶民の間に根強くなっていた。出羽三山講の場合は、参拝を終えた人を行人《ぎょうにん》と呼び、村人から尊敬される存在であった。

相模国の大山（伊勢原市）には不動尊を祀った大山寺があり、古くから信仰の対象であった。夷隅郡では日蓮宗が盛んであったが、作田村（いすみ市）はその例外に当たり、真言宗の家が多かった。作田村では文化八年から大山参詣のための路用金を積み立て、十一年後の文政五年に最初の参詣者を大山に送り出した。二回目はその八年後、三回目は更に八年後であったが、四回目は六年後となり、五回目以降は二ないし三年毎に参詣が行われるようになった。三回目は天保九年六月二十五日から七月五日までの十日間、参詣者十人の路用金は二十一両二分であった。その後の参詣の時期・日程もこれに近いものであった。三回目の路用金は参詣者一人当たり二両あまり。これは江戸で一年間奉公した場合の賃金と同程度であった（第二章五参照）（『夷隅町史　通史編』）。

日本最高峰の富士山は修験者（山伏）の修行の場であり、六つの登山口に設けられた浅間《せんげん》神社は信仰の対象であった。関東地方の登拝者はだいたい吉田口（富士吉田市）を利用した。ここには登拝者を宿泊させ、富士登山の案内をする御師《おし》が軒を連ねていた。御師は登山の季節が終わると、担当の村々を廻ってお札を配り、登拝を勧誘した。両者の関係は長年にわたって固定されており、村人が富士講で富士登山をする場合の宿舎は担当の御師の家と決まっていた（『鎌ケ谷市史　中巻』）。

出羽国（山形県）の羽黒山・月山・湯殿山を総称して出羽三山といった。羽黒山には三山の神を合祀した出羽三山神社があり、これを参拝すれば三山を巡拝したと同じご利益があるとされる。羽黒山以外の月山・湯殿山は女人禁制であった。出羽三山の信仰圏は全国に及んでおり、東北地方は霞場《かすみば》、関東地方は檀那場《だんなば》、それ以外は遠国《おんごく》と呼ばれていた。出羽三山への登山口は八方七口と呼ばれるだけあった。そのひとつ、羽黒山の麓にある手向《とうげ》村（鶴岡市羽黒町）には三百を越える宿坊があった。宿坊ごとに檀那場が決まっており、宿坊を経営する修験者は登拝のない冬季に担当の檀那場を巡回し、お札を配って祈祷し、登拝の勧誘を行った。千葉郡谷津村（習志野市）の宿坊は養清坊であり、久々田村・鷺沼村・藤崎村・大久保新田（いずれも習志野市）の宿坊は庚申坊であった。信者は決められた宿坊に宿泊し、翌日に修験者の案内で登拝した。宿坊は登拝者の氏名と期日を「御祈祷帳」に記録した。それによると、千葉郡久々田村・鷺沼村・藤崎村・大久保新田・実籾村・谷津村（いずれも習志野市）の六ヵ村からの登拝者は明和八年から文政三年までの六十年間に五十二組、四百四十二人に上った。一年当たりの平均では〇・八組、七・四人となる（『習志野市史　第一巻通史編』）。

二　東廻り・西廻りの海運

全国各地の産物が集まる大坂（大阪）は「天下の台所」といわれた。江戸が城下町として成長するに従い、大坂と江戸を結ぶ南海路が整備されて、各地の産物が江戸に送られるようになった。豊臣秀吉が朝鮮出兵の際に持ち帰った木綿もそのひとつである。近畿地方で綿の栽培が広がる一方、各地に木綿が出荷された。それまで筵《むしろ》が使われていた帆船の帆に木綿が使われるようになると、船の安定性が増し、遠距離の航海が可能になった。江戸時代初期における米の輸送は少量に留まっていたが、寛永十二年（一六三五）に参勤交代制が敷かれると、米を江戸に送って売り捌き、江戸藩邸の維持費用に当てる必要が生じた。諸藩はいずれも年貢米を江戸まで輸送することに力を注いだ。太平洋側の奥州諸藩は石巻から霞ヶ浦南端の潮来《いたこ》（潮来市）を目的地とする定期航路を開き、潮来からは利根川・江戸川を利用して米を江戸に廻送した。これが東廻海運である（『東廻海運史の研究』）。

一方、日本海側に目を転ずると、早くから北陸地方と蝦夷地を往復していたのは、松前藩から交易場所を請負っていた近江（滋賀県）の商人であった。彼らは北陸地方の船と船乗りを雇い、蝦夷地の産物を敦賀または小浜に荷揚げし、琵琶湖を経由して大坂に運んだ。これが次に述べる西廻海運と結びついて発展したのが北前船である（『北前船の時代』）。

加賀藩（金沢市）前田氏が寛永十六年に年貢米を大坂に輸送した経路は、日本海を下関まで南下し、瀬戸内海を経て大坂に至るものであった。幕府は万治二年（一六五九）に出羽国（山形県）にあった幕府領の年貢米を江戸まで輸送する仕事を江戸商人に請負わせた。この商人は酒田港（酒田市）から下関経由で大坂に至り、更に南海路を経由して江戸に到着した。これが西廻海運の始まりであるが、多くの損失を出した。帆船が逆風に遭遇した時は風待ち、潮の逆流に遭遇した時は潮待ちが必要であったから、そのための避難港が用意されていた。北前船は買い上げた荷物を自分で輸送する買積船であるのに対し、東廻海運や西廻海運は他人の荷物を輸送する賃積船であった（『近世海運史の研究』）。

（一）　菱垣廻船・樽廻船

幕府は元和二年（一六一六）に諸国廻船入津《にゅうしん》御改奉行を任命し、伊豆国下田（下田市）に船番所を設けた。元和五年、和泉国堺（堺市）の商人が二百五十石積の船に木綿・酒・酢・醤油などを積んで江戸に輸送した。これが菱垣《ひがき》廻船の起源とされる。その後、寛永元年に一軒、寛永四年に四軒が加わって大坂─江戸間の定期航路は次第に発展した。幕府は寛永十三年に「廻船之作法に付御制札」を発布する。元禄七年（一六九四）、江戸に十組荷主仲間、大坂に二十四組荷主仲間が結成され、貨物輸送を仲間専属の菱垣廻船問屋に一任した。菱垣廻船問屋は荷主仲間の貨物だけを船積みし、幕府が定めた制札のほか、荷主仲間との間に交わした「菱垣廻船規約」を遵守することによって荷主の信用を獲得した。

菱垣廻船の荷主仲間の中で酒問屋は他の荷主と利害が衝突することが多かった。酒樽は船底に積まれるため、海難の際に海に捨てられることが少ないにも拘らず、他の荷物と均等に損害を負担していたからである。そこで、酒問屋たちは享保十五年（一七三〇）に菱垣廻船の荷主仲間から独立して樽《たる》廻船を組織した。樽廻船は西宮周辺から江戸に送る酒樽の輸送に当り、割安運賃と快速性を武器にして菱垣廻船と競い合った。

（二）　銚子の河口と潮来の蔵屋敷

銚子周辺は江戸時代には銚子口と呼ばれていた。広大な入江であった香取海（第一章五参照）の入口が狭いという形状が、細い注ぎ口を持つ酒器「銚子」に似ていたからだという（図16参照）。しかし、「銚子」という名称が実際に町名に使われたのは明治二十二年のことである（第二章三参照）。それはさて置き、飯沼村（旧本銚子町）・荒生《あらおい》村（旧銚子町）・荒野《こうや》村（同）・今宮村（同）の四ヵ村に広がる銚子湊が利根川を遡った位置に開かれたのは、利根川河口が太平洋の速い潮流にさらされているからである。多くの湊が川の河口にあり、船がその沖合に停泊できたのとは大きな違いであった（『東廻海運史の研究』）。

帆船の航行には風向きと海流が大きな影響を与える。銚子付近における風は、夏季には南西風、冬季には北西風が卓越するので、冬季に銚子に入港する船には危険が伴った。一方、海流については、夏季には黒潮（日本海流）が金華山沖まで北上しているが、冬季には親潮（千島海流）が鹿島灘まで南下して黒潮と接して潮境をつくる。この潮境が船にとっては最大の難所であった（『茨城県史　近世編』）。

風向きと海流の影響に加え、利根川河口には一ノ島・二ノ島・三ノ島という岩礁があった（図16参照）。暗礁・暗洲も多かったので、河口で難破する船が後を絶たなかった。銚子台地北端に設けられた千人塚（海難漁民慰霊塔）がそれを雄弁に物語っている。現地に掲示されている「千人塚説明書」によると、慶長十九年（一六一四）十月に銚子沖に出漁していた漁船が暴風雨で難破したので、その遭難者がこの千人塚に埋葬されたという。説明は現在の銚子港にも及ぶ。昭和四十六年の銚子漁港整備計画に基づいて新しい銚子漁港は河口の外に設けられ、漁船は運河方式の新航路を通って利根川に出入りする。これらの施設はいずれも長大な防波堤で護られている。

銚子湊には、湊に入る船に潮の干満を知らせる施設があった。千人塚の近くに吹流しを掲げる竿が立てられ、満潮時には吹流しを掲げ、干潮時にはこれを降ろした。この吹流しは汐時《しおどき》袋と呼ばれ、仙台藩が番人の給料を負担した。また、湊には引船を請負う仲間がいて、水先案内をして引船賃をとった（『河岸に生きる人びと』）。

慶長十一年、幕府は銚子半島を横断する「名洗掘割」の開削工事を陸奥国秋田藩・米沢藩・南部盛岡藩の三藩に命じた。

この掘割は利根川南岸の荒野（旧銚子町）から房総半島南岸の名洗《なあらい》（旧高神村）に至る二キロメートル余の水路であった（図16参照）。しかし、名洗の近くで岩盤にぶつかったために、工事は中止された。さらに慶長十四年、幕府は「銚子湊築出」の工事を陸奥国秋田藩・米沢藩・相馬中村藩の三藩に命じた。この工事は完了したものと見られるが、残された史料が簡略な記述にとどまっているため、工事内容は判然としない。この工事の後に銚子湊の利用が進展した形跡は見られないので、湊の工事というよりも、利根川河口の出入りを安全にするための防波堤のようなものであった可能性が高い。

那珂《なか》川河口の那珂湊（ひたちなか市）は水戸藩の外港であると同時に、奥州諸藩の米輸送路でもあった。この輸送路は水戸藩に通行税収入をもたらしたので、水戸藩も米輸送路の整備に力を注いだ。江戸時代初期には、那珂湊に持ち込まれた米は銚子まで駄送されていた。この駄送距離を短縮する経路が開かれたのは寛永十四年であった。船に積まれて那珂湊を出た米は涸沼《ひぬま》川（大洗町）と涸沼を経て海老沢（茨城町）で荷揚げされ、海老沢―小川間約十六キロメートルを駄送された（図21参照）。小川（小川町）で再び船に積まれて霞ヶ浦・常陸利根川を経て潮来（潮来市）に入り、米は一旦潮来の蔵で保管された（図8参照）。その後は利根川を上る船に積まれて江戸に向かうのである。潮来は水戸藩領であった（第一章五参照）。水戸藩は他領の米の移入を禁止していたので、海老沢と小川に津役所を置いて荷物を監視するとともに通行税を徴収した。

慶安四年（一六五一）には磐城平藩（いわき市）内藤氏の家臣が水戸藩の許可を得て、新しい経路を開いた。涸沼の海老沢（茨城町）で荷揚げした荷物を下吉影《しもよしかげ》（小川町）まで陸送し、そこで五十俵積みの川舟に積んで巴川《ともえ》を串挽《くしひき》（鉾田町）まで下った。串挽からは北浦・浪逆浦《なさかうら》を経て潮来に入った。この経路を使用するようになった仙台藩は潮来に蔵屋敷を開設し、南部盛岡藩・会津藩・津軽藩もこれに続いた。これ以降、この巴川経由の経路が主流となり、小川を経由する荷物は急激に減少した（『茨城県史　近世編』）。

利根川・渡良瀬川の水が旧常陸川（後の利根川）に流れるようになったのは承応三年（一六五四）のことである（第一章四参照）。仙台藩などが潮来に蔵屋敷を開設したのはその直前であった。幕府が奥羽諸藩に「名洗掘割」や「銚子湊築出」の工事を命じてから、奥羽諸藩が潮来に蔵屋敷を開設し、利根川と江戸川が接続されるまでの一連の経緯を見ると、銚子周辺で行われた工事の目的が、奥州諸藩の船を潮来まで乗り入れさせることにあった可能性が高い。

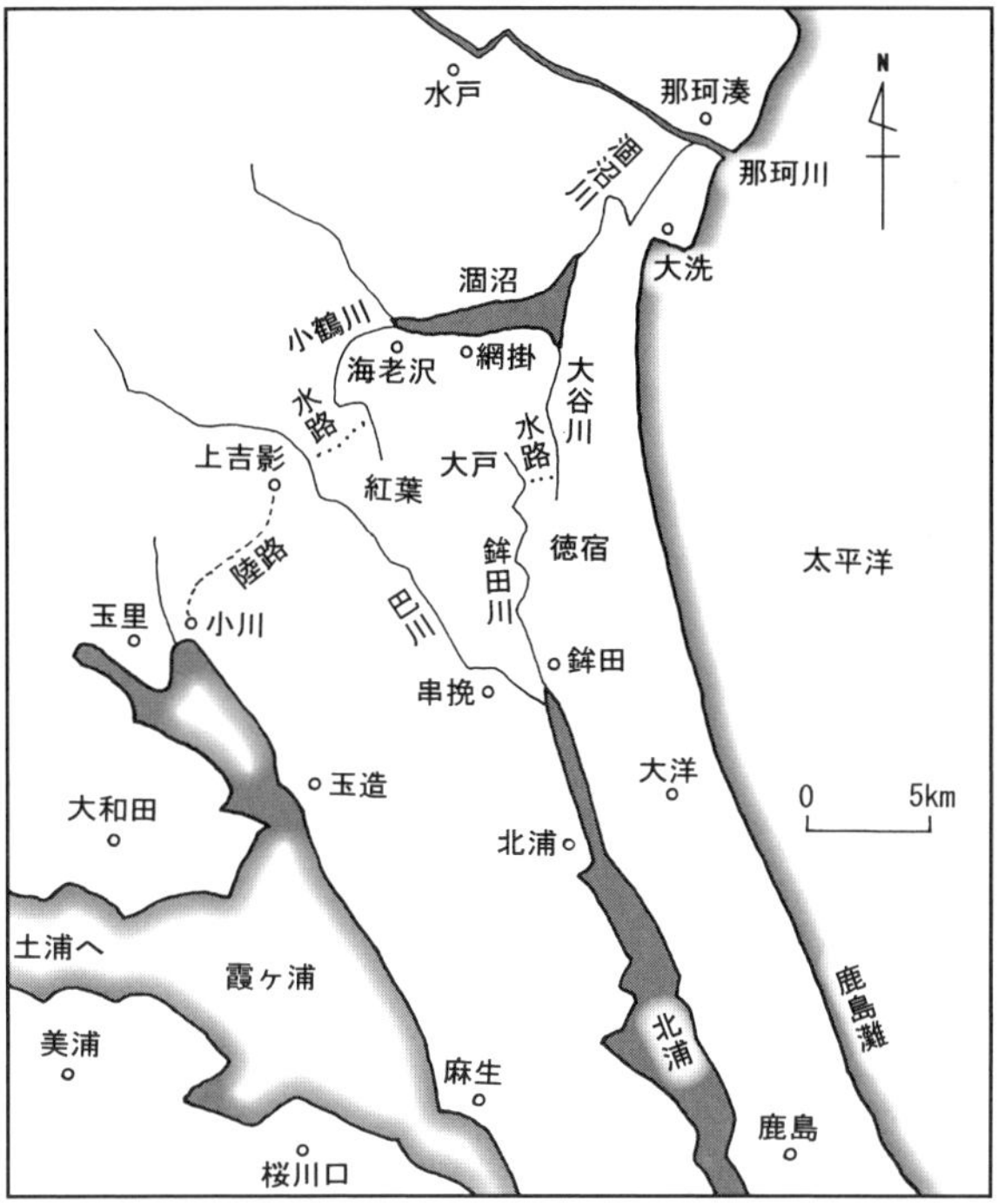

図21　那珂湊—霞ヶ浦間の経路

（三）江戸直行航路の開設

寛文十年（一六七〇）、幕府は陸奥国信夫《しのぶ》郡（福島県）にあった幕府領の年貢米を江戸に廻送する仕事を伊勢国（三重県）出身の商人河村瑞賢《ずいけん》に命じた。寛文十一年、瑞賢の船は阿武隈川河口の荒浜（宮城県亘理町）で米を積み込み、平潟（北茨城市）・那珂湊・銚子・小湊（鴨川市）に寄港した。しかし、直接江戸湾には入らず、房総半島を廻った後は一旦相模国三崎（三浦市）に入り、西南風が吹くのを待って江戸湾に入った。瑞賢はまた、主要な湊に立務場を設けて積荷を検査すること、難破した場合に救助船を出すこと、海水で濡れた米はその地で売却して荷主に返却すること、などを規則として制定した。この輸送は船と荷物を損傷することなく完全に成功した。これが東廻海運である。この方式は幕府の年貢米輸送だけでなく、奥州諸藩の年貢米を輸送する際にも使われたので、銚子と小湊には諸藩の廻船が寄港するようになった。

その翌年の寛文十二年、河村瑞賢は出羽国最上郡（山形県）にあった幕府領の年貢米を酒田から江戸に廻送する仕事を命じられた。今回の経路は酒田から下関経由で大坂に至り、更に南海路を経由して江戸に至るもので、前述した十三年前（万治二年）の米輸送と同じ長大な経路であった。瑞賢は前年の輸送と同様の原則を採用したが、それに加えて、志摩国菅島（鳥羽市）の中腹で毎夜かがり火を焚いて航行の目印とするなど、万全の準備をした。そして、今回も船と荷物を損傷することなく輸送を成功させた。西廻海運はこれをもって確立したものといえる（『河村瑞賢』）。

元禄三年、幕府は江戸向けに年貢米を積み出している湊を調査し、江戸までの距離と運賃（廻米運賃）を定めた。房総では次の十五の湊・浦・河岸が挙げられた（『千葉県歴史の道調査報告書』一八「海上・河川交通」）。

検見川湊（千葉市）、登戸浦（同）、曽我野浦（同）、八幡浦（市原市）、五所浦（同）、
木更津湊（木更津市）、湊（富津市）、金谷湊（同）、保田湊（鋸南町）、勝山（同）、
正木浦（館山市）、八幡浦（同）、白子湊（南房総市千倉町）、磯村湊（鴨川市）、余瀬湊（同）

元和二年に伊豆国下田（下田市）に船番所（下田奉行所）が設けられたことは前述した。江戸に向かう船はすべて下田湊に入り、船番所の船改めを受けることになっていた。これは大坂―江戸間を結ぶ船が優勢であった時代の制度であったが、東廻海運にとって下田に入ることは遠回りであった。そこで、幕府は享保五年に船番所を下田から西浦賀（横須賀市）に移し、江戸湾に入る船はすべて浦賀番所（浦賀奉行所）で船改めを受けるように規則を改めた。ところが、鮮魚を輸送する押送船にとってはわずかな時間でも惜しい。そこで、江戸の魚問屋が押送船の番所改めの免除を願い出た結果、魚問屋が番所改を請負った形でこれが認められた。鮮魚の出荷先はそれまでは比較的自由であった

が、これ以降は江戸に通う押送船は必ず魚問屋に登録しなければならなくなった（『近世日本漁村史の研究』）。

当時の船は天気予報もないまま動力のない帆船で航行していたから、天候が急変した時に緊急避難するのは極めて困難であった。また、出入口に暗礁や浅瀬がある湊も多く、施設も不十分であった。こうした条件下の航海であるから、海難事故が頻発するのは当然である。そのため、湊を持つ村はもちろん、すべての海付の村々に海難事故に関する義務が課されていた。その内容は、周辺の村々に船の難破を知らせること、遭難者を救助すること、積荷・船・船具を回収することなどである。九十九里浜の場合、飯沼村（銚子市）から剃金《そりがね》村（白子町）までの約五十ヵ村に廻状（浦触《うらぶれ》）を回す順番が定められていた。各村はこれに対応して救助船を出したり、積荷・船・船具の回収に当たったりした。回収した積荷・船・船具を私物化することは禁じられていた。濡れた米は現地で落札され、その一割が村に支給されると定められていた（『九十九里町誌　各論編上巻』）。

（四）外房の湊

外房の十六湊――『千葉県歴史の道調査報告書』に挙げられている外房の湊は次の十六湊である。このうち東廻海運の寄港地に指定されているのは、銚子湊と小湊湊である。

銚子湊（銚子市）、外川湊（同）、飯岡湊（旭市）、片貝湊（九十九里町）、長者湊（いすみ市）、大原湊（同）、御宿湊（御宿町）、勝浦湊（勝浦市）、興津湊（同）、小湊湊（鴨川市）、前原湊（同）、磯村湊（同）、和田浦湊（南房総市）、白子湊（同）、乙浜湊（同）、白浜湊（同）

それぞれの湊に関する説明は、特に明記したもの以外は『千葉県歴史の道調査報告書』一八「海上・河川交通」に基づいている。

○銚子湊（銚子市）は飯沼村（旧本銚子町）・新生村（旧銚子町）・荒野村（同）・今宮村（同）の四ヵ村に広がっており（図

16参照）、湊であると同時に利根川の河岸として機能した。荒野村には御穀宿（廻米問屋）六軒のほか、藩所属の蔵として仙台藩二棟、米沢藩一棟、磐城平藩三棟、笠間藩一棟が置かれていた。蔵を持たない藩は御穀宿の蔵を借り上げて使った。御穀宿は米蔵を持ち、奥州諸藩の廻米を川船に積み替えた。また、廻船問屋は蝦夷地や奥州方面から入荷する鮭・昆布・干鰯など、米以外の荷物を取り扱った（『河岸に生きる人びと』）。

○外川《とがわ》湊（銚子市）は紀州の猟師崎山次郎右衛門が開いた湊である。この湊については漁業の項で述べた（第二章二参照）。

○飯岡湊（旭市）は九十九里浜の北端に位置し（図15参照）、海産物を海路・陸路で江戸方面に送る集散地であった。飯岡の繁栄については前述した（第二章二参照）。

○片貝湊（九十九里町）は九十九里浜の中央に位置し（図15参照）、作田川の河口にあった。地引網で捕れたイワシは干鰯に加工され、河口の河岸から伝馬船（艀下船）を経由して五大力船に積み込まれた。江戸深川の干鰯問屋に着くまでに松部（勝浦市）・柏崎（館山市）・東浦賀（横須賀市）でそれぞれ一泊したので、三泊四日の行程であった。

○長者《ちょうじゃ》湊（いすみ市）は太東《たいとう》崎の南側で太平洋に注ぐ夷隅川の河口にある（図22参照）。浜では地引網が行われた。太東岬から八幡岬（勝浦市）までは砂浜と磯海岸が交互に分布している。

○大原湊（いすみ市）は塩田川の河口にあった。太東崎と八幡岬に挟まれたこの地域は遠浅の海が続いていたから、地引網漁が盛んであった。大原湊からは大多喜藩領と旗本知行所の年貢米が積み出された。

○御宿湊（御宿町）は大多喜藩の年貢米の積出湊であった。湊東方の岩和田村（御宿町）にメキシコ船が漂着したことは後述する。

○勝浦湊（勝浦市）は戦国時代に築かれた勝浦城のある八幡岬の付根にあり、大船の入港に適していた。勝浦には他国の渡海船も多く寄航し、多くの商人がいた。勝浦から西方は磯海岸が連続する。

○興津湊（勝浦市）は西に弁天岬、東に天道岬という天然の防波堤に囲まれていた。暗礁のない良港であったから、東廻海運の避難港のひとつになっていた。仙台藩が興津陣屋、米沢藩が廻船役所を置き、盛岡藩・弘前藩も年貢米の輸送に利用していた。

○小湊湊（鴨川市）は大船の入港にも十分な幅・奥行・深さがあり、東廻海運の寄港地に指定されていた（図22参照）。小湊には仙台藩・米沢藩・盛岡藩・弘前藩・中村藩・一関藩・福島藩・角館藩が陣屋・船宿・米蔵などを置き、年貢米や諸物資の輸送を行っていた。日蓮宗誕生寺の門前町でもあった。

○前原湊（鴨川市）は加茂川の河口にあり、横渚《よこすか》村（鴨川市）に属する荒地であったが、寛永年間に紀州から来た漁民が住み着くようになって湊が開かれた。元禄十六年の元禄地震の際は河岸が崩れ、加茂川が隆起して船の出入りができなくなったため、漁民は天津や浜荻（いずれも鴨川市）に移住して前原湊は衰微した。

○磯村湊（鴨川市）は長狭郡内の年貢米の積出湊であった。しかし、土地が波浪に浸食されるため、貝渚《かいすか》村（図5参照）に移住する者が多くなって次第に衰微した。磯村にあった十ほどの小字は海中に没した。

○和田浦湊（南房総市和田町）は朝夷郡（後の安房郡）内の年貢米と干鰯・干しアワビの積出湊であった。岩槻藩は湊の東側の高台に遠見番所を設け、異国船を監視した。

○白子湊（南房総市千倉町）は砂浜に挟まれた岩礁地帯にあった（図23参照）。元禄三年頃は年貢米の積出湊であったが、文化四年（一八〇七）頃には館山湊まで三里の道を馬で運ばれるように変わった。白河藩が湊の背後の高台に遠見番所を設けることについては後述する。

○乙浜湊（南房総市白浜町）は冬の北西風を避けるのに好適な位置にあり、奥州諸藩の廻米船が多数寄港した。茶屋が数軒と仙台藩の御穀宿があった。

○白浜湊（南房総市白浜町）は野島（後の野島崎）の東側にあり、大型の船は野島の西側に停泊して伝馬船が湊と船の間を往復した。元禄十六年の元禄地震の際に地盤が約六メートル隆起したため、島であった野島が陸続きになった。野島崎という地名はこの地震後に付けられたものである（図23参照）。

元禄十六年十一月二十三日（西暦一七〇三年十二月三十一日）に相模地方と房総地方を襲った地震は元禄地震と呼ばれる。震源は野島崎の南方二十キロメートル余の相模湾にあり、近年の推定によるマグニチュードは八・二である。東海道では川崎から小田原までの被害が大きく、房総では南方ほど地震被害が大きかった。震度六の激震に見舞われた房総南部では地盤が最大六メートルほど隆起した。地震後に襲った津波の高さは九十九里浜で四メートル、御宿で八メートル、小湊で六メートル、千倉で五メートルであった。相模地方と房総地方を合わせた被害は、倒壊・流出家屋が二千八百棟以上、死者が一万人以上に上った。ただし、被害の数字は資料によって異なっている（『千葉県の自然誌　本編二』、『鴨川市史　通史編』）。

寛文十二年（一六七二）に作成された絵図によると、那古観音（館山市）の下には海が広がっていた。ところが、元禄地震の際に地盤が隆起したため、海岸線は五百メートルほど沖に後退し、現在に至っている（『千葉県の歴史　通史編近世二』）。

元禄地震に伴って発生した津波は九十九里浜平野に大きな被害をもたらした。平野全域の耕地と用水路が砂に埋もれ、多くの家屋が押し流され、数千人が溺死した。『成東町史　通史編』によると、この時に建立された津波塚は十八基に上る。それに刻まれた犠牲者数を見ると、本須賀百人塚（山武市成東町）九十六人、牛込供養碑（白子町）五十七人、古所供養碑（白子町）二百七十余人、一ツ松供養碑（長生村）八百四十五人、鷲山寺供養碑（茂原市）二千百五十人余などとなっている（図15参照）（『成東町史　通史編』）。

（五）　内房の湊

内房の海岸はほとんどが砂浜であったから、大型船は湊の沖合に停泊し、艀船《はしけ》を使って荷物の積み下ろしをした。

また、船を岸辺に近づけるために、浅瀬を掘り上げて水路（澪《みお》）を作るという作業が行われた。海付村を領地に持つ領主は、自領の海付村を年貢積出湊に指定するのが普通であった。海付村がない領地であっても、領主が年貢積出湊を指定することが多かった。こうした湊は年貢米の他に、地域で生産された海産物や林産物など、商人荷物を積み出す湊でもあった。上総国望陀郡・周准郡（後の君津郡）の年貢積出湊十四ヵ村を調査してその一戸当たりの持高（米生産高）を見ると、船数が多いほど持高が低いという傾向が見られる。これは荷物の運搬・積下ろしなど、農業以外で賃稼ぎをする者が多いためであろう。天明の飢饉の際は米価が高騰したため、賃稼ぎ層の多い町で打毀《うちこわ》しが多発した。上総でも天明七年五月に木更津村で三十軒、富津村で十七軒が打毀しに遭った。これは賃稼ぎ層が米価高騰の影響を受けやすいことの現われである（筑紫敏夫「江戸湾沿岸の湊と小商品生産」『資料の広場　第二十三号』）。

『千葉県歴史の道調査報告書』に挙げられている内房の湊は次の十七湊である。

館山湊（館山市）、船形湊（同）、勝山湊（鋸南町）、
金谷湊（富津市）、上総湊（同）、富津湊（同）、
木更津湊・吾妻湊（木更津）、姉崎湊・青柳湊（市原市）、
五井湊（同）、八幡湊（同）、浜野湊（千葉市）、曽我野湊（同）、
寒川《さむがわ》湊（同）、登戸《のぶと》湊（同）、船橋湊（船橋市）

それぞれの湊に関する説明は、特に明記したもの以外は『千葉県歴史の道調査報告書』一八「海上・河川交通」に基づいている。

○館山湊（館山市）は洲崎《すのさき》と大房岬《たいぶさ》の間に湾入した館山湾（鏡ケ浦）の中央に位置する。柏崎（館山市）とその沖六百メートルにある高ノ島との間に石積みの土手が築かれ、そこに船が係留された。仙台藩は廻船役所を置いて役人を常駐させ、南部藩は代々御用達を務める商人を持っていた。

○船形湊（館山市）は大房岬の付け根に位置し、館山湾の北端にあった。船を新造した時には船型を那古《なご》観音に奉納する慣例があった。船形湊から江戸までは押送船で一昼夜を要した。

○勝山湊（鋸南町）は六百メートルほど沖にある浮島が自然の防波堤になっていた。鮮魚は七挺櫓の押送船で、八時間ないし九時間かけて江戸に送られた。勝山湊の捕鯨漁については第二章二で述べた。

○金谷湊（富津市）は金谷川の河口にあった。金谷から江戸に向かう船の積荷は鮮魚・炭・薪などの他、鋸山から切り出された房州石などであった。鋸山は上総・安房の国境であった。

○上総湊（富津市）は湊川（図22参照）の河口にあった。湊川上流の鬼泪《きなだ》山で生産された炭・薪などが川舟で運ばれてきて江戸に送られた（第二章四参照）。

○富津湊（富津市）は早い時期から進んだ漁法によって漁業を行ってきたことから漁獲物も多く、漁船・押送船などが多く停泊していた。

○木更津湊と吾妻湊（いずれも木更津市）は一つの湾のなかにあった。湊の南半分が木更津村に属し、北半分が吾妻村に属していた。小櫃川（図22参照）上流域の産物（米・炭・薪など）を積んで下ってきた川舟は久津間《くづま》河岸から木更津河岸に廻り込み、ここで木更津船に積み替えられて江戸に送られた（第二章四参照）。天保十年（一八三九）頃から は小櫃川河口の久津間村の名主が河口近くに荷揚場を造成し、下ってきた川舟荷物の江戸運送を始めた。木更津河岸はこれを差し止めるべく奉行所に訴え出たが、天保十二年に出された株仲間解散令を理由に久津間村の主張が認められた。

○姉崎湊と青柳湊（いずれも市原市）は二キロメートルあまりしか離れていない。沖に停泊した五大力船との間は艀船で連絡した。米穀類を積出した船の帰り荷は、酒・荒物などであった。

○五井湊（市原市）は養老川（図22参照）の河口にあった。川舟で運ばれてきた物資（年貢米・木材・薪炭など）は五大力船に積み替えられて江戸に向かった（第二章四参照）。
○八幡湊（市原市）は伊南房州通往還の起点に当たり、次の浜野湊とともに茂原・大多喜方面への伝馬継立場であった（図20参照）。八幡には穀物商・衣料商・雑貨商・薪炭商など合わせて八十軒ほどが軒を連ねていた。
○浜野湊（千葉市）は塩田川（浜野川）の河岸でもあり、茂原・大多喜方面への伝馬継立場でもあった。生実《おゆみ》藩は河口に米蔵を建て、川舟を使って年貢米を積み出した。茂原・一宮方面から干鰯・〆粕・年貢米などが馬で運ばれてきて、街道には米問屋・酒屋・旅籠などが立ち並んでいた。
○曽我野湊（千葉市蘇我）は東金街道や土気往還（大網街道）と結びついた湊であった（図20参照）。街道には穀物商・肥料問屋・廻船問屋などが立ち並び、九十九里浜から干鰯・〆粕・年貢米などが馬で運ばれてきた。これらの物資は五大力船に積まれて江戸に送られた。
○寒川湊（千葉市）は都川の河口にあり、船は潮の干満を利用して出入りした。ここは佐倉藩の御用湊であり、佐倉藩はここに四棟ほどの米蔵を建て、四十艘余の五大力船を置いて年貢米の積出湊とした。
○登戸湊（千葉市）は江戸時代初期には幕府領であったが、寛文四年からは佐倉藩領になり、旅客や商人荷物を運ぶことが許された。成東・蓮沼方面の年貢米は登戸湊から江戸に積み出された。また、江戸から佐倉藩に送られる物資は登戸湊に荷揚げされた（図20参照）。
○船橋湊（船橋市）は海老川の河口にあり、房総往還の起点に当たる。海老川東岸の五日市村では元禄十五年頃、六軒の海運業者が並んでいた。また、海老川西岸の九日市村では嘉永五年（一八五二）頃、漁船二百九十七艘、鮮魚輸送船が二十七艘あった。
　木更津の旧家（旧名主宅）に「木更津船の由緒」を書いた文書が伝わっている。元禄六年の訴訟事件の際に木更津村周辺の名主三人が奉行所に提出したもので、由緒を次のように説明している。大坂の陣に木更津村から動員された水主《かこ》二十四人のうち半数が死去した。そこで幕府代官に遺族の救済を願い出たところ、木更津付近にある幕府領二万石の城米を運送して賃銭を得ること、江戸船町（江戸橋南詰）に船発着所と荷揚場（木更津河岸）を設けること、安房・上総二国と江戸の間で旅客を乗船させることが認められた。当初の証文が元和二年の大火で焼失したので、「大久保石見守」に書き替えを願い出たが、それには及ばないとの意見であった（筑紫敏夫「大坂の陣四百年と木更津船由緒『房総の郷土史　第四十三号』）。

前述の「木更津船の由緒」には既に死亡しているはずの人物（大久保長安）が登場するなど、事実に反する記述が含まれており、全面的に信頼する訳にはいかない。しかし、江戸時代は由緒を大切にする社会であったので、この由緒が木更津船の特権を維持する根拠となったことは歴史的事実である。由緒を根拠にして特権を維持してきた例は、漁村間の漁場争論にはしばしば見られる。

元禄六年における木更津湊は北割・中割・南割の三つに区分されていた。享保年間（一七一六～三六）になると北割が北河岸、南割が南河岸となり、中割は魚河岸（漁船専用）となった。木更津湊に所属する五大力船は寛政六年（一七九四）に二十六艘であるが、概ね二十四艘ないし二十九艘の間で推移した（筑紫敏夫「江戸湾の湊と流通」『利根川文化研究　第十八号』）。

小林一茶は房総内全域に広がる俳友を訪ね歩き、その旅程を日記に記録した。一茶は江戸川水運・利根川水運・木更津船の常連客であった。一茶は信濃国水内郡柏原村（長野県信濃町）の出身であるが、江戸に在住すること三十六年に及び、俳句を職業とする業俳《ぎょうはい》として、ほぼ毎年房総の各地に俳諧行脚を続けた。一茶と交友のあった房総の俳人は百人余に上る。一茶の有力な後援者である馬橋（松戸市）の大川立砂《りゅうさ》は油商人、流山の秋元双樹《そうじゅ》は味醂醸造元であったが、二人とも俳号を持つ俳人であった（第二章三参照）。利根川沿いでは布川（利根町）・佐原・小南（東庄町）・銚子などにも後援者がいた。一茶は房総の名所・旧跡のほとんどを訪ね歩き、各地で俳句を詠み、地元の俳人と交流を重ねた。日記によると馬橋は五十九回、木更津は陸路で五回、海路で七回、合計十二回も訪問している。一茶が俳人として房総に足を踏み入れた最初は寛政三年、最後は文化十四年であった。文化十四年という年は一茶が江戸を引き払い、郷里柏原に引きこもった年である（『小林一茶と房総の俳人たち』）。

周准郡富津村（富津市）の名主である織本嘉右衛門永祥《ながよし》（俳号は砂明）とその妻園《その》（俳号は花嬌《かきょう》）はともに一茶の俳友であった。花嬌の生家も隣の西川村で名主を務めていた。この周辺の村々の名主たちは領主である旗本小笠原氏に対して共同歩調をとることが多かったので、花嬌もその縁で砂明に嫁いだのであろう。織本家は漁業で富を蓄積し、酒造業・金融業を兼ねる豪商であった。寛政六年に砂明が四十六歳で没した時、花嬌は四十歳前後、一茶は三十一歳であった。織本家と一茶の交友はその後も続き、花嬌は文化七年に死去したが、一茶はその年と翌年に織本家を訪ね、翌々年には花嬌の三回忌に招かれた。一茶を招いたのは花嬌の娘婿の織本嘉右衛門道明（別の資料では道定、俳号は子盛）である。子盛は望陀郡奈良輪村の名主岸本家の出であったが、織本家を嗣いで富津村名主となった（図22参照）。江戸湾警備の台場・陣屋が富津に移される際の子盛の働きについては後述する（筑紫敏夫「房総俳壇の名花・織本花嬌」『千葉史学　第二〇号』）。

三　利根川・江戸川の水運

江戸から西に向かう街道では箱根・丹沢・秩父などの山に関所が設けられたが、東に向かう街道には山がない。そこで、元和二年（一六一六）に関東の河川十六ヵ所に定船場が指定され、これ以外の場所で旅行者を渡すことが禁止された。十六ヵ所のうち房総に関係するのは利根川を渡る関宿―境間（日光東往還）、布施―戸頭《とがしら》間（水戸道中の脇道）、木下―布川間（水戸方面）、神崎《こうざき》―橋向間（土浦方面）、小見川―息栖《いきす》間（鹿島方面）、および江戸川を渡る金町―松戸間（水戸道中）、小岩—市川間（成田街道）の七ヵ所である。この定船場が人改めを行う関所の役割を担った。

関宿（野田市）に設けられた関所（図7参照）は当初通行人を検査する目的であったが、江戸川が開削された寛永十八年頃に関所が移転され、通船も検査対象に加えられた。通船を検査する関所としては他に深川番所（江東区）があったが、小名木川が開削された寛文元年（一六六一）に深川から小名木川沿いの地に移転され（図14参照）、中川番所（江東区）として小名木川を通る船の積荷を検査した（渡辺和敏「関東における関所の位置と役割」『幕藩制社会の展開と関東』）。

利根川河口に開けた銚子（銚子市）は漁業・醤油醸造業・廻漕業で繁栄し、幕末には房総で最大の町場となっていた（第二章二参照）。銚子に集まった物資は高瀬船に積み込まれて利根川を遡るのであるが、利根川は浅瀬と季節風の問題を抱えていた。夏は水量が豊富な上、南東風に助けられるので帆走が容易で、銚子から江戸まで四日ないし五日の航行であった。しかし、冬は水量が少ないために浅瀬が障害になる上、上流側から北西風が吹き付けるので、遡上が困難になった。そこで、利根川の河岸と江戸川の河岸を結ぶ陸運が発達した（第三章一参照）。

利根川は水量や浅瀬の問題があるので、近年では三つの区間に分けて呼ばれることが多い。その境界は小貝川が合流する布川（茨城県利根町）と、渡良瀬川が合流する栗橋（埼玉県栗橋町）である。銚子河口から布川までが下利根川、布川から栗橋までが中利根川、栗橋から上流側が上利根川である。この傾向は江戸時代から現れていたはずであるが、三区間の境界を明記した文献は発見できなかった。

利根川や江戸川の水運で活躍したのは高瀬船《たかせ》である。これは底の平らな河川向きの木造船で、五百俵積みの小型から千俵積みの大型（まれに千二百俵積み）まであった。船子は四人ないし六人で、セイジと呼ばれる船室を持ち、帆を揚げて帆走した。ひらた舟は高瀬船より小振りで、船体の反りが小さく押さえられていた。

河川舟運の拠点となる停船地とその集落を河岸といった。大きな河岸には河岸問屋があり、船頭・水主《かこ》・馬士・船大工などが住んでいた。河岸問屋の役割は荷物輸送に従事する船頭や馬士に荷物を配分することであった（『千葉県

の歴史　通史編近世二』)。

利根川下流域に集まる陸奥・常陸方面からの物資については前節で述べた。しかし、利根川上流域や鬼怒川上流域からも多くの物資が持ち込まれた。そこで、利根川・江戸川の水運を見る前に、利根川上流域や鬼怒川上流域から持ち込まれる物資と輸送経路を見ておこう。

(二)　利根川上流域の集荷圏

利根川上流域の荷物と倉賀野河岸

利根川最上流の河岸は支流烏川に設けられた倉賀野《くらがの》河岸(高崎市)であり、中山道・三国街道などの陸上交通路との接続点であった。倉賀野には米宿が十一軒もあり、信州の七藩、上州の三藩などと年貢米輸送の契約を結んでいた。高崎藩(高崎市)安藤家は藩所有の高瀬船二艘で年貢米を運んでいた。江戸方面に向かう荷物(下り荷)は米・大豆・麻・紙・煙草・板など、江戸方面から持ち込まれる荷物(上り荷)は塩・茶・小間物・糠・干鰯《ほしか》・綿・太物(布)などであった。倉賀野から江戸への出船日は一と六の日(月に六回)と決まっていて、江戸までは二日半ないし三日かかった。江戸からの戻りは曳舟によったので、日数・運賃とも下りより余分にかかった(『新編高崎市史　通史編三近世』)。

鬼怒川上流域の荷物と境河岸

鬼怒川最上流の阿久津《あくつ》河岸(栃木県氏家《うじいえ》町)とその下流にある板戸河岸(宇都宮市)には会津藩御用蔵があり、江戸時代初期から会津藩の荷物を積み出してきた。黒羽藩(大田原市)や烏山藩(烏山町)の年貢米も板戸河岸から江戸に積み出された。鬼怒川にはその後多くの河岸が新設され、鬼怒川通り七河岸と呼ばれた(『栃木県史　通史編四近世一』)。

江戸に向かう船は鬼怒川を野木崎(守谷市)まで下り、利根川を境河岸(茨城県境町)まで遡ってから江戸川を下るのであるが、この経路をとると久保田河岸から江戸まで四日ないし七日ほどかかった。そこで、急ぎの荷物は久保田河岸（結城市《ゆうき》）もしくは山王河岸（同）で陸揚げし、境河岸まで駄送した後に再び船に積んで江戸川を下った。この経路をとると久保田河岸から江戸までの行程が二日に短縮された（『栃木県史　通史編四近世一』）。

猿島《さしま》郡境（茨城県境町）は利根川対岸の関宿（野田市）とともに関宿城の城下町であり、利根川の河岸であると同時に日光東往還の宿駅でもあった。宿駅としての本陣を務める青木家と、脇本陣を務める小松原家は、ともに境の名主であり河岸問屋でもあった。境河岸は対岸の関宿河岸と荷物や旅客の輸送を分け合う関係にあった（図7参照）。しかし、境河岸に中積替は認められていなかったので、艀《はしけ》輸送は関宿河岸だけのものであった。

（二）　利根川の河岸

『千葉県歴史の道調査報告書』に挙げられている利根川の河岸は、下流から順に次の三十二河岸である。

飯沼（銚子市）、松岸（同）、高田（同）、野尻（同）、小船木（同）、

東今泉（東庄《とうのしょう》町）、石出（同）、新宿（同）、笹川（同）、

阿玉川（香取市）、小見（同）、小見川（同）、

津宮《つのみや》（同）、佐原（同）、高谷《こうや》（神崎町）、江口（同）、神崎（同）、松子（成田市）、

源太（同）、滑川（同）、新川（同）、安西（同）、矢口（栄町）、安食（同）、

木下（印西市）、布佐（我孫子市）、小堀《おほり》（茨城県取手市）、布施（我孫子市）、

船戸（柏市）、三ツ堀（野田市）、桐ヶ作（同）、関宿（同）

それぞれの河岸に関する説明は、特に明記したもの以外は『千葉県歴史の道調査報告書』「江戸川・利根川水運Ⅰ・Ⅱ」に基づいている。

○飯沼河岸（旧本銚子町）は利根川河口から二キロメートルあまり上流に位置し、四十九艘の高瀬船があった。高崎藩の陣屋が置かれ、隣の荒野村（旧銚子町）には仙台藩・米沢藩・磐城平藩・笠間藩の米蔵があった。

○松岸河岸（旧海上村《うなかみ》）は利根川支流境川と銚子街道が交差する付近にあり（図16参照）、人と荷物の往来が盛んであった。松並木の道の脇に遊郭があった。

○高田河岸（旧船木村）には二軒の問屋があり、三十八艘の高瀬船が置かれていた。九十九里浜から出荷された海産物（干鰯・〆粕・魚油など）や農産物（米・麦・大豆・菜種など）が積み込まれ、帰り荷の空き樽・莚・赤穂塩・日用雑貨などが荷揚げされた。

○野尻河岸（旧椎柴村《しいしば》）には七軒の問屋があり、四十一艘の高瀬船があった。問屋のうちの二軒が九十九里浜北部からの年貢米輸送を独占していた。

○小船木《おふなき》河岸（旧椎柴村）の名は御船木とも書かれ、古代には船用の木材を納めたとされる。近接の高田河岸・野尻河岸と合わせて三河岸と呼ばれ、椿新田（干潟八万石）の年貢米輸送を請け負った（第一章五参照）。ここまでが現在の銚子市に相当するが、括弧内には銚子市となる前の町村名を記載した。

○東今泉河岸（東庄町）は利根川堤防と荷物集積場との間を江間《えま》（水路）で結び、艀を出して高瀬船に積み替えていた。利根川対岸の太田新田（茨城県波崎《はさき》町）との間に渡船があった。

○石出河岸（東庄町）は利根川堤防と荷物集積場との間を江間（水路）で結び、艀を出して高瀬船に積み替えていた。東大社《とうだいしゃ》（東庄町）の参道入口に当たり、鹿島方面の砂丘が見える景勝地でもあった。

○新宿河岸（東庄町）は利根川堤防と荷物集積場との間を江間（水路）で結び、艀を出して高瀬船に積み替えていた。この辺りの利根川の水位は鹿島灘の潮の干満に応じて変動した。

○笹川河岸（東庄町）は利根川支流桁沼《けたぬま》川の河口にあり、川と銚子街道が交差する付近まで船が遡った。椿新田（干潟八万石）に近いため（六キロメートルほど）、椿新田の年貢米を積出す河岸のひとつになった。人や荷物の往来が盛んであり、博打も盛んであった。講談『天保水滸伝』はこの地の親分笹川繁蔵と飯岡助五郎の対立を描いたものである。その題材となった笹川事件（大利根河原の決闘）については後述する。
○阿玉川河岸（旧小見川町）は利根川支流玉川の河口にあり、廻漕問屋があった。利根川対岸の息栖村真崎（鹿島郡神栖町）との間に渡船があり、息栖神社への道筋に当たっていた。息栖神社は香取神宮・鹿島神宮と合わせた三社詣で庶民の人気を集めていた。
○小見河岸（旧山田町）は利根川支流黒部川を四キロメートルほど遡った小見（同）にあった。黒部川は激しく蛇行していたが、小型の高瀬船が運行し、炭・薪や年貢米を積み出した。
○小見川河岸（旧小見川町）は利根川支流黒部川を一キロメートルほど遡った両岸にあった。小見川藩の城下町小見川は銚子街道と黒部川が交差する地域に発展した。小見川藩には四十九艘の船があった。なお、黒部川の現在の河口（東庄町）は当初の河口から八キロメートル下流に付け替えられたものである。
○津宮《つのみや》河岸（旧佐原市）は船で香取神宮に参詣する際の入口に当り、鳥居と常夜灯があった。また、利根川対岸の津宮新田（第一章五参照）との間に渡船が通った（図8参照）。
○佐原河岸（旧佐原市）は利根川支流小野川の河口から千八百メートルほど上流にあった。両岸にそれぞれ七十ヵ所余の船着場が設けられ、船着場と高瀬船との間に板を渡して荷物の積み下ろしをした。佐原は醤油醸造業や廻漕業で発展し、房総内で第三位の家数を持つ町場であった（第二章三参照）。
○高谷《こうや》河岸（神崎町）と次の江口河岸は蛇行する利根川の入江（改修以前）に位置した（図8参照）。ここからは領主藤堂家の年貢米を積み出した。
○江口河岸（神崎町）は領主藤堂家の年貢米のほか、南方の台地上の村々から出荷される炭・薪・竹・木材などを積み出した。近代の利根川改修によって、高谷河岸跡・江口河岸跡は現在の堤防から五百メートルほど内側の水田地帯に当たる。

○神崎《こうざき》河岸（神崎町）は下総台地が北に突き出した位置にあった（図4参照）。神崎と利根川対岸の橋向《はしむこう》（茨城県稲敷市）との間に渡船があり、土浦街道に接続していた。神崎本宿には多くの米問屋・造り酒屋・醤油醸造店があり、台地上の村々から出荷される米・麦・炭・薪などが河岸から積み出された。
○松子《まつこ》河岸（旧大栄町）は利根川支流大須賀川を十キロメートルほど遡った位置にあった。大須賀川は九十九曲がりと呼ばれるほど激しく蛇行していたが、川舟を使って米の搬出や日用品の搬入が行われていた。この付近は太平洋に注ぐ栗山川との分水嶺に当たる。栗山川の水運については後述する。
○源太河岸（旧下総町）は境川河口の猿山（同）にあった（図12参照）。対岸の金江津（茨城県河内町）との間に渡船があり、成田から水戸方面に向かう主要な交通路であった。源太河岸の東方五百メートルの銚子街道沿いに高岡藩陣屋（成田市高岡）があった。
○滑川河岸（旧下総町）は利根川支流根木名《ねこな》川の河口に位置し、根木名川水運と利根川水運との中継地であった。根木名川は根木名村（富里市）付近を源流として寺台村（成田市）を流れ下り、長沼（同）を経て利根川に流れ込む。長沼（第一章五参照）は砂の堆積が進んで船の通行ができなくなったため、明暦三年（一六五七）頃に新川が開削された（図12参照）。その河口に設けられたのが次の新川河岸である。
○新川河岸（旧下総町）は砂の堆積が進んだ長沼を開削して開設された河岸である。根木名川を下ってきたひらた舟の荷物を利根川の高瀬船に積み替える中継地の役割を担った。三里塚など成田周辺の米・炭・薪・竹材などが寺台河岸（成田市）でひらた舟に積み込まれ、新川河岸あるいは次に述べる安西河岸で利根川の高瀬船に積み替えられた。
○安西《あんさい》河岸（成田市）は利根川支流十日川の河口の安西新田（第一章五参照）にあった（図12参照）。十日川は根木名川が長沼に入ってから分派したもので、根木名川を通う川舟との間で積み替えが行われた。
○矢口《やこう》河岸（栄町）は利根川対岸の田川（茨城県河内町）との間に渡船があり、常陸と下総を結ぶ街道になっていた（図

10参照）。

○安食《あじき》河岸（栄町）は印旛沼と利根川を結ぶ長門《ながと》川の右岸にあった（図10参照）。安食に上陸した成田参詣客のために旅籠屋や茶屋があり、年貢米の積出湊として九艘の高瀬船を備えていた。

○木下《きおろし》河岸は竹袋村木下（印西市）にあり、対岸の布川（茨城県利根町）との間に天地ノ渡しがあった。木下河岸は木下街道（第三章一参照）の起点に当たり、銚子方面からきた鮮魚を荷揚げし、陸路九里を駄送して行徳河岸に送った（図19参照）。また、銚子街道の起点でもあり、木下茶船（当初は四艘）が就航した延宝七年（一六七九）以降は、香取神宮・鹿島神宮・息栖神社への三社詣や銚子磯巡りなどに向かう行楽客の中継地となった。木下は竹袋村の一字名に過ぎなかったが、村名よりも知られるようになった。

○布佐河岸（我孫子市）は鮮魚《なま》街道（松戸道）の起点に当たる（図19参照）。銚子方面からきた鮮魚（鯛・平目など）を荷揚げし、陸路（七里半）で松戸河岸に送った。この駄送を受け持ったのは周辺村々の農民であり、馬百二十頭あまりを用意して農間期に稼いだ。布佐河岸は手賀沼の水路（六軒川・弁天堀）を船だまりとしていたので、寛文十一年に水路が閉鎖されて樋門が設置されると、布佐河岸は衰えた。布佐河岸に代わって発展したのが木下河岸である。布佐村には船大工がいて、代々高瀬船を建造していた。高瀬船の寿命は十五年とされており、下総に分領を持つ駿河田中藩（船戸陣屋）も布佐村で高瀬船を建造していた。その大きさは米五百俵積みほどであった。

○小堀《おほり》河岸（取手市）は水深が深くて風の影響が少ないために、多くの艀下船が待機していた。艀下輸送については後述する。利根川が右に大きく蛇行していた部分の左岸に開けた河岸であったが、近代の河川改修（直線化）によって利根川右岸に取り残された（『取手市史　通史編Ⅱ』）。

○布施河岸（我孫子市）は水戸道中の新道の経路に当たり、対岸の戸頭村との間に七里ノ渡しがあった（図18参照）。下利根川や鬼怒川から送られてきた荷物を布施河岸で荷揚げし、松戸納屋河岸や流山加村河岸に駄送した（図19参照）。

河岸には駄賃稼ぎの農民が馬を引いて集まった。布施弁天（東海寺）の参詣客も多く、餅団子・水菓子・酒・草履・草鞋・小物などを売る店があった。

○船戸河岸（柏市）に関しては資料が得られなかった。船戸には駿河田中藩の陣屋があった。ここは明治期に蒸気船の寄港場になった。なお、明治二十三年に竣工した利根運河の東側河口は船戸河岸近くに設けられた。

○三ツ堀河岸（野田市）は鬼怒川が利根川に合流する地点にあり、対岸の野木崎（茨城県守谷市）との間に我慢《がまん》ノ渡しがあった。銚子・佐原方面から下利根川を上ってきた荷物、宇都宮・下館方面から鬼怒川を下ってきた荷物の一部はここで荷揚げされ、江戸川の今上河岸まで馬で運ばれた（図19参照）。

○桐ヶ作河岸（旧関宿町）は境河岸（茨城県猿島郡境町）の一つ下流の河岸に当たる。利根川を上ってきた船はここで停泊して宿泊することが多かった。利根川が開削された時、桐ヶ作村の耕地が対岸に残されたため、対岸の桐ヶ作（境町）との間に渡船があった。

○関宿河岸（旧関宿町）には上流（上利根川・渡良瀬川方面）と下流（鬼怒川・下利根川方面）からきたすべての船が集まり、関宿関所の改めを受けた（図7参照）。また、江戸川を上ってきた船は関宿を通過してから、上流と下流に分かれた。この河岸については「江戸川の河岸」の項で述べる。

常陸国芝宿村（潮来市上戸）の文吉は香取郡須賀山村（東庄町笹川）の三郎右衛門の家を借りて賭博場を経営していた。ここに出入りする笹川出身の繁蔵は江戸に出て力士を目指した大男であったが、一年で廃業して笹川に戻ってきた。繁蔵が文吉の媒酌で三郎右衛門の娘を娶り、賭博場の経営を任されたのは天保十二年（一八四一）頃であった。こうして笹川繁蔵は笹川一帯の親分になった。しかし、繁蔵の縄張りが広がると、飯岡一帯を縄張りとする飯岡助五郎（第二章二参照）と対立するようになった。

天保十五年七月、「飯岡の村内を繁蔵ほか数人が長脇差を帯びて押し歩くので召捕りを願いたい」との願いが匝瑳郡太田村（旭市）の寄場役人に提出された。寄場役人がこれを関東取締出役《しゅつやく》に上申し、八月三日に繁蔵の召捕状が出され、その実行は道案内人を務める飯岡助五郎に命じられた。ところが、これを察知した笹川繁蔵が八月五日に助五郎の自宅を襲撃した。助五郎は一旦逃げ出した上で改めて手勢二十二人を集め、松岸河岸から船で笹川河岸に向かった。飯岡勢の来襲を予期した笹川勢は手勢二十人ほどを配置に付けていた。飯岡勢は八月六日未明に繁蔵宅を襲ったが、死者三人を出して敗退した。繁蔵は逃亡して行方不明になったが、弘化四年（一八四七）に笹川に戻ったところを飯岡勢三人に闇討ちされて落命した。繁蔵を捕縛して名誉を回復することを目指していた飯岡助五郎はこれを公にできなかった。これが大利根河原の決闘である（『飯岡町史　付篇』）。

竹袋村（印西市）が木下—布川（利根町）間で運営していた天地ノ渡しは元和二年に定船場として公認された。これが契機となって木下は河岸場として発展する。寛文年間（一六六一〜七三）には問屋ができ、ここから乗合船が発着するようになった。木下河岸は延宝六年に茶船四艘を建造し、元禄元年（一六八八）には小船十四艘を建造した。茶船の定員は八人、小船の定員は四人である。この他に水郷（第一章五参照）の村々から木下河岸に集まってくる小船（旅船）があり、その数は寛政三年（一七九一）には百十六ヵ村千四百艘に上った。多くの船は炊事道具を積み込み、夫婦で船中に寝起きしながら船稼ぎを行った。これらの船は木下茶船と呼ばれた。その行き先は香取神社・鹿島神宮・息栖神社の三社を巡る三社詣や、銚子の磯巡りなどであり、木下を出てから戻るまでに二〜三泊の日程であった（『河岸に生きる人びと』）。

小貝川が合流する布川（茨城県利根町）から関宿（野田市）までの中利根川は水量が少ないために浅瀬が続く難所であった。その上、天明三年七月に発生した浅間山大噴火が利根川流域に大量の火山灰を降らせた。その火山灰が継続的に利根川に流入して河床を上昇させたため、水深は一層浅くなった。浅瀬の問題については第三章一（利根川と江戸川を結ぶ鮮魚の道）でも述べたが、この浅瀬の障害を克服するために艀船が活躍した（『近世利根川水運史の研究』）。

下利根川を遡ってきた船（元船《もと》）は小堀河岸（取手市）で三～四艘の艀船を雇い、元船の積荷を積み替えて元船の喫水《きっすい》を浅くした。艀船は元船と一緒に航行し、関宿河岸または松戸河岸（松戸市）で積荷を元船に戻した。これを中積替といい、小堀・関宿・松戸の三河岸だけに許された特権であった。小堀河岸（図18参照）には七軒の河岸問屋があり、船持ち二十数軒が約七十艘の艀船を持っていた。小堀の河岸問屋は荷主の依頼を受けて艀船を手配し、関宿河岸または松戸河岸で積荷が元船に戻された時に、荷主に代わって艀船に口銭《こうせん》を支払うという仕組みであった。この区間の航行には数日から二十日ほどを要した（『取手市史　通史編Ⅱ』）。

（三）　印旛沼の河岸

印旛沼の開発については前述した（第一章五参照）。印旛沼は長門川を経由して利根川とつながっていたから（図10参照）、利根川を通う船は印旛沼に入った。『千葉県歴史の道調査報告書』に挙げられている印旛沼の河岸は七河岸であるが、鹿島川水運に分類されている田町河岸を加えて、八河岸を紹介する（図11参照）。酒々井《しすい》河岸（酒々井町）、大佐倉河岸（佐倉市）、北須賀河岸（成田市）、田町河岸（佐倉市）、船戸河岸（同）、岩戸河岸（印西市）、神崎河岸（八千代市）、平戸河岸（同）それぞれの河岸に関する説明は、特に明記したもの以外は『千葉県歴史の道調査報告書』八「江戸川・利根川水運Ⅱ」に基づいている。

○酒々井河岸（酒々井町）は佐倉藩の藩庁がまだ本佐倉（酒々井町）にあった慶長年間（一五九六～一六一五）に水路を掘って開設された。しかし、元和三年に佐倉藩主土井利勝が佐倉（佐倉市）に城を移したため、酒々井河岸は利用されなくなった。これに代わって利用されたのは、酒々井河岸の北方一キロメートルほどのところにある柏木河岸（酒々井町）である。柏木河岸は佐倉藩領の村々が年貢米を積み出すのに使用された。

○大佐倉河岸（佐倉市）は本佐倉城の近くにあり、佐倉藩主交代の際には御用荷物を積み下ろしする河岸であった。

廻漕業を営む荷宿が二・三軒あり、干鰯・大豆などを取り扱っていた。

○北須賀河岸（成田市）は印旛沼の中で利根川に最も近い位置にあった。佐倉藩の年貢米積出湊であり、直近の北須賀米蔵と合わせて年貢米の積み出しに使用された。しかし、文政四年（一八二一）の藩政改革で江戸への年貢米輸送が寒川湊に統合されたため、北須賀米蔵は廃止され、河岸も利用されなくなった。北須賀河岸の西方五百メートルには水神ノ渡し（甚兵衛渡し）があったが、これについては後述する。

○田町河岸（佐倉市）は印旛沼に注ぐ鹿島川にある（図11参照）。鹿島川は千葉郡土気《とけ》村（千葉市）付近を源流とし、北方に流れて印旛沼に注ぐ。田町河岸は鹿島川の河口から約一キロメートル上流、佐倉城のある鹿島台の直下に設けられた。佐倉藩が文政四年の藩政改革で北須賀河岸からの年貢米輸送を中止してから設けられたもので、印旛沼周辺の年貢米は田町河岸で荷揚げし、佐倉城内の椎木蔵に納められた。

○船戸河岸（佐倉市）は成田街道の宿場である臼井《うすい》（佐倉市）にあった。印旛沼対岸の師戸《もろと》（印西市）との間に渡船があり、ここは幕府や佐倉藩の役人が頻繁に通行する交通の要衝であった。

○岩戸河岸（印西市）は印旛沼の北岸にあり、周辺の佐倉藩領からの年貢米積出湊であった。この河岸からは年貢米のほか木材などが利根川筋に積み出され、利根川筋からは干鰯・石材などが移入された。

○神崎河岸（八千代市）は印旛沼の西方から沼に流入する神崎川の河口にあった。河岸のある佐山（八千代市）と対岸の船尾（印西市）との間に橋が架けられており、この河岸は周辺の佐倉藩領から年貢米を積み出す役割を果たした。

○平戸河岸（八千代市）は南方から印旛沼に流入する平戸川（後の新川）の河口にあった。平戸川の西岸に当たる平戸村には河岸に適した場所がないため、橋を架けて東岸の神野《かの》村に平戸河岸が設けられた。この河岸は周辺の村々で収穫される甘藷の積出湊であった。

広大な印旛沼には舟運ばかりでなく、両岸を結ぶ渡し場（渡船場）があった。土浮《つちうき》村（佐倉市）―瀬戸村（印西市）

を結ぶ渡し、および臼井田町（佐倉市）—師戸村（印西市）を結ぶ渡しは公的な渡し場であり、佐倉藩が費用を負担していた（図11参照）。地元では沼のことを川と呼んでおり、その川幅は土浮の渡し場で六百八十間（千二百メートル）、臼井の渡し場で四百間（七百二十メートル）であった。公用以外の渡し場を一覧にした資料は見当たらないので、明治期の資料で代用する（『佐倉市史　巻二』）。

明治時代初期に運用されていた渡し場（渡船場）は江戸時代にも運用されていたものであろう。明治十三年に行われた千葉県の調査では九ヵ所の渡し場があった。両岸の地名と川幅は次の通りである（『佐倉市史　巻三』）。

保品—吉田（二〇〇間）、岩戸—先崎（不明）、臼井—師戸（六八〇間）、
土浮—鎌苅（八五〇間）、土浮—瀬戸（六〇〇間）、萩山—山田（不明）、
中川—平賀（不明）、下方—山田（不明）、北須賀—吉高《よしたか》（一五〇〇間）

佐倉領十五万石の城主となる堀田正盛《まさもり》は十三歳にして徳川家光の小姓となり、元和九年に家光が三代将軍に就いた時から側近として仕えてきた。寛永十九年（一六四二）に佐倉藩主となり、慶安四年（一六五一）に家光が死去するとこれに従って殉死した。正盛の跡目は嫡子堀田正信が継いだ。正信は清に滅ぼされた明が万治元年（一六五八）に幕府に援助を求めてきた時、援軍を送ることを主張したが退けられた。万治三年、無断で佐倉に帰った正信は狂気を理由に改易（領地没収）となった。堀田正盛・正信の時代を前期堀田氏という。後期堀田氏については後述する（『佐倉市史　巻二』）。

堀田正盛が城主となった頃から佐倉領の年貢が上がったため、村々の名主たちは領主に年貢の減免を訴え出た。名主たちはまず地元代官に訴えたが聞き入れられず、次に佐倉藩江戸屋敷に訴えたが追い返された。承応三年（一六五四）になって老中に駕籠訴《かごそ》をしたが、願いは聞き届けられなかった。そこで、印旛郡公津《こうづ》村（成田市）の名主惣五郎など名主六人が印旛郡・千葉郡・相馬郡・山辺郡の名主二百人余を代表して直訴状を認《したた》め、四代将軍家綱の行列に差し出

した。直訴状は月番老中から藩主堀田正信に下げ渡され、堀田氏の家中で処置が決定された。惣五郎夫婦は磔刑《たっけい》、子供は死罪、ほかの名主五人は追放の刑に処せられた（『佐倉市史　巻一』）。

惣五郎の姓は木内、死後に贈られた呼び名（諡号《しごう》）が宗吾である。惣五郎が住んでいた印旛郡公津村（成田市）の年貢率を見てみよう。堀田正盛が佐倉藩に入った寛永十九年の年貢は五一％であったが、翌年に六一・五％に上げられた。慶安三年には六六・五％になっており、その翌年から堀田正信の時代となった。年貢率は四公六民すなわち四割が標準であったから（第一章一参照）、この二人が藩主であった時代の年貢率は確かに高かった。そして、この年貢率は幕府領となった万治三年に引き下げられた。なお、公津村は特別大きな村であったが、惣五郎が処刑される前年の承応二年に台方村・下方村・大袋村・江弁須《えべす》村・飯仲村の五ヵ村に分けられていた。

農民を代表して直訴を決行した末に処刑された佐倉惣五郎については僅かな史料しか残されていない。しかし、その行動は多くの農民の共感を呼んで、義民の代表的存在となった。義民とは正義のために身を投げ出した人物のことである。惣五郎（宗吾）の墓所と宗吾供養堂（法事小屋）を建てたのは鳴鐘山東勝寺（成田市）であるが、その時期は分からない。東勝寺は明治二十年に墓所と宗吾供養堂を境内に移し、五人の名主の霊を祀る五霊堂も建立して宗吾霊堂を名乗るようになった（『佐倉惣五郎と宗吾信仰』）。

前述した北須賀—吉高《よしたか》間の渡しは、印旛沼東岸の北須賀村（成田市）と西岸の吉高村（印西市）を結んでいた。『明治前期関東平野地誌図集成』には「水神ノ渡し」という名前で記載されている。渡船が廃止された現在は渡船場跡でしかないが、最近の地図では「甚兵衛《じんべえ》渡し」という名前になっている。藩の禁制を破って夜間に佐倉惣五郎を対岸に渡した甚兵衛という渡し守に因んだ名前であるが、史料の裏付けがある訳ではない。惣五郎伝説の創始とされる「地蔵堂通夜《つや》物語」は宝暦年間（一七五一～一七六四）に成立したものであるが、渡し守の話はない。渡し守の話が出てくるのは嘉永四年初演の歌舞伎「東山桜荘子《さくらそうし》」の流れを汲むものに限られる。この流れを汲む歌舞伎は明治時代にも何度か上演されており、昭和三十五年からは「佐倉義民伝」という名前で頻繁に上演されるようになった。水神ノ渡しが「甚兵衛渡し」と呼ばれるようになったのは、こうした歌舞伎の影響を受けたものであろう（『佐倉惣五郎と宗吾信仰』、『鼎談佐倉義民伝の世界』）。

（四）江戸川の河岸

江戸川の流路のうち関宿（野田市）から金杉（埼玉県松伏町）までは下総台地を開削して作られた人工河川であるが、それより下流は蛇行するにまかせた昔からの川筋のままであった（図6参照）。享保十三年（一七二八）、江戸川の今上村（野田市）から加藤村（埼玉県吉川市）まで、西側に大きく湾曲していた流路が直線的に改修された。これによって江戸川東岸にまとまっていた深井新田と枚方新田は、江戸川東岸（流山市）と江戸川西岸（埼玉県吉川市）に分断された（『三郷市史　第六巻通史編Ⅰ』）。

享保十六年には江戸川の樋ノ口村から小向村まで、東側に大きく湾曲していた流路が直線化された。これによって江戸川西岸にあった樋ノ口村と小向村は江戸川東岸に移り、下総国（松戸市）に属するようになった（図17参照）。また、平潟河岸（松戸市）は江戸川本流から遠くなったため、船溜まりに利用されるようになった（『松戸市史　中巻近世編』）。

『千葉県歴史の道調査報告書』に挙げられている江戸川の河岸は上流から順に次の十七河岸である。

関宿（野田市）、東宝珠花（同）、岡田（同）、
尾崎（同）、岩名（同）、野田（同）、今上（同）、
深井（流山市）、平方（同）、上新宿（同）、加村（同）、流山（同）、
松戸（松戸市）、市川（市川市）、行徳（同）、一軒家（同）、当代島（浦安市）

それぞれの河岸に関する説明は、特に明記したもの以外は『千葉県歴史の道調査報告書』七「江戸川・利根川水運Ⅰ」に基づいている。

関宿河岸（旧関宿町）は内河岸・向河岸・行人河岸の総称であったが、細かく見るとさらに次のように分けられていた（図7参照）。

内河岸　紺屋河岸・内河岸・下内河岸・新河岸（いずれも旧関宿町江戸町）

向河岸　上向河岸（茨城県五霞町江川）、下向河岸（埼玉県幸手市西関宿）

行人河岸　行人河岸（旧関宿町元町）

船は江戸川西岸（埼玉県）に当たる向河岸に着き、ここに問屋や河岸蔵があった。東岸（千葉県）に当たる内河岸の住人は河川水運に従事し、行人河岸の住人は荷捌き・曳舟などに従事していた。利根川から流れ込む水の量を調整する目的で、江戸川の流頭には数千本の杭が打ち込まれて狭められていた。この棒出しについては前述した（第一章四参照）。棒出しのために川は急流となり、どの船も自力で上れないので、綱を付けて曳き上げた。

○東宝珠花《ひがしほうしゅばな》河岸（旧関宿町）は関所のある関宿河岸の一つ下流に当たる。江戸川を上ってきた船は混雑する関宿を避けてこの河岸の旅籠屋に投宿する船が多かった。江戸川対岸の西宝珠花（埼玉県葛飾郡庄和《しょうわ》町）との間に渡船があった。なお、宝珠花の名を持つ村が江戸川の東西にあるのは、江戸川の開削が関連しているものと推定されるが、それに触れた資料は見つからなかった。

○岡田河岸（旧関宿町）に関する資料は得られなかった。

○岩名河岸（野田市）と尾崎河岸（同）は明治期に入ってからの蒸気船の寄港場である。

○野田河岸（野田市）は上河岸（五衛門河岸）と下河岸（仁左衛門河岸）からなり、高瀬船など二百艘あまりが置かれていた。五十ないし六十艘の船が常時停泊し、醤油・大豆・炭・薪・木材・竹材などを積み出した。醤油の醸造については前述した（第二章三参照）。

○今上河岸（野田市）は上河岸・中河岸・下河岸からなっていた。利根川の三ツ堀河岸（野田市）で荷揚げされた荷物が陸路（二里半）で運ばれてきて、再び船に積まれた。今上地区が江戸川改修工事によって分断されたため、上河岸に観音渡し、中河岸に八幡渡し、下河岸に今上渡しが設けられ、対岸（吉川市）と結んだ。

○深井河岸（流山市）は深井新田付近にあり、利根川の船戸河岸（柏市）で荷揚げされた荷物が陸路（二里半）で運ばれてきて、再び船に積まれた。蛇行していた江戸川が享保年間に直線化され、深井新田が江戸川で分断されたため、両者を結ぶ深井新田渡しが開設された。なお、明治期に建設された利根運河の西側河口は深井河岸近くに設けられた。

○平方河岸（流山市）は枚方村新田付近にあり、利根川の船戸河岸（柏市）で荷揚げされた荷物が陸路（二里半）で運ばれてきて、再び船に積まれた。蛇行していた江戸川が享保年間に直線化され、枚方村新田が江戸川で分断されたため、両者を結ぶ平方ノ渡しが開設された。

○上新宿河岸（流山市）は上新宿新田付近にあり、台地で集めた薪を積み出した。上新宿河岸と対岸の間に六兵衛ノ渡しがあった。

○加村河岸（流山市）は加村の北端にあり、駿河国田中藩（藤枝市）の下総分領からの物資を積み出す河岸であった。下りの船に積んだ品は穀物・味醂・醤油・味噌・薪など、上りの船で到着した品は酒・空き樽などであった。また、布施河岸（我孫子市）で陸揚げされた鮮魚が陸路（四里）を運ばれてきて、再び船に積まれて江戸に送られた。

○流山河岸（流山市）は流山宿から上流側にかけて約一キロメートルの区間にあり、幕府領・旗本知行所からの物資を積み出す河岸であった。上流の今上から延びてきていた今上落悪水路が荷物の積み下ろしに使われた。

○松戸河岸（松戸市）とは総称であり、金町・松戸関所（図17参照）から北（上流）に向かって渡船場河岸・納屋河岸・平潟河岸の順で並んでいた。最も早く開かれたのは平潟河岸（平潟公園付近）であり、鮮魚街道（七里半）を運ばれてきた鮮魚を継ぎ立てる鮮魚宿もこの付近にあった。しかし、樋ノ口村付近で蛇行していた江戸川の流路が享保十六年に改修されたため、河岸の中心は納屋河岸に移り、平潟河岸は船溜りと歓楽地になった。納屋河岸跡は昭和期の河川改修で江戸川の河川敷になった。小堀河岸で艀船に積み替えられた荷物はここ松戸河岸で元船に戻された（利根川の項参照）。

○市川河岸（市川市）は周辺の宮久保村・若宮村・鬼越村（いずれも市川市）などの年貢米を積出した。三ヵ村の村明細帳にはこの事実が記載されている。

○行徳河岸（市川市）は行徳産の塩を江戸に運ぶために寛永九年に開設された。本行徳—日本橋小網町間で運行された行徳船については前述した（第二章一参照）。元禄三年に河岸はやや下流に移され、新河岸と呼ばれた。文化九年（一八一二）には日本橋の成田山講中が新河岸に常夜灯を建てた。木下河岸との間の鮮魚輸送については前述した（第三章一参照）。

○一軒家河岸（市川市）は明治期に入ってからの蒸気船の寄港場である。名前の由来は家が一軒だけであったからという。

○当代島河岸（浦安市）は浦安の最北部にあり、地元の浦で獲れた魚介類を一割船に積んで江戸に運んでいた。一割船は荷物の売値の一割を運賃としたから名付けられたという。帰り荷は江戸で仕入れた生活用品であった。各地から来た船が江戸で積荷を降ろした後、奥川筋船積問屋で帰り荷を貰って積んで帰ることについては第二章四で述べた。

四　中小河川の舟運

房総の北部には利根川・江戸川水運があったが、房総半島の内陸部には大量の物資を輸送する手段がなかった。そのため、今日では船が通うとは思われない程の小河川や上流部にまで川舟が通っていた。水量の不足を補うために臨時の堰を設けて一気に水を流す方法（堰留《せきど》め）や、綱を付けて船を引く方法（曳舟《ひきふね》）が使われた。

『千葉県歴史の道調査報告書』には次に示す九河川の水運が取り上げられている。

花見川（千葉市）、村田川（千葉市）、養老川（市原市）、
小櫃川（木更津市）、小糸川（富津市）、湊川（富津市）、
一宮川（一宮町）、栗山川（横芝光町）、鹿島川（佐倉市）

括弧内には河口の所在地を現在の市町村名で表記した。このうち別の項で取り上げているものは次の通りである。

花見川　「印旛沼の開発」（第一章五）
湊川　「湊川上流域の炭・薪」（第二章四）
鹿島川　「印旛沼の河岸」（第三章三）

一宮川と村田川は船の通う区間が短かったので省略する。それでは主要な四河川、養老川・小櫃川・小糸川・栗山川の水運を順次見ていこう。栗山川以外は西上総に位置している（図22参照）。それぞれの河川に関する記述は、特に明記したもの以外は『千葉県歴史の道調査報告書』一八「海上・河川交通」に基づいている。

（一）　養老川（高滝川）

養老川は夷隅郡の麻綿原《まめんばら》高原（大多喜町）を源流とし、延長約七十三キロメートルのうちの大部分は市原郡内を流れて五井湊（市原市）で江戸湾に注ぐ。大川・高滝川などの別名がある。最上流に当たる葛藤《くずふじ》河岸（大多喜町）を出る時は小船（八十俵積み）であるが、本郷河岸（図22参照）でやや大型の船（百五十俵積み）に荷を積み替えた。水田に水を引く夏季（四月〜八月）には運行を休み、上流に何ヵ所かある浅瀬では臨時の堰を設けて水をため（堰留め）、一気に流して船を通した。葛藤から五井までの下りは二日、上りは四日ないし五日かかった。主な積荷は米・大豆・炭・薪《まき》など、養老川上流域で生産された産品であった。炭・薪については前述した（第二章四参照）。

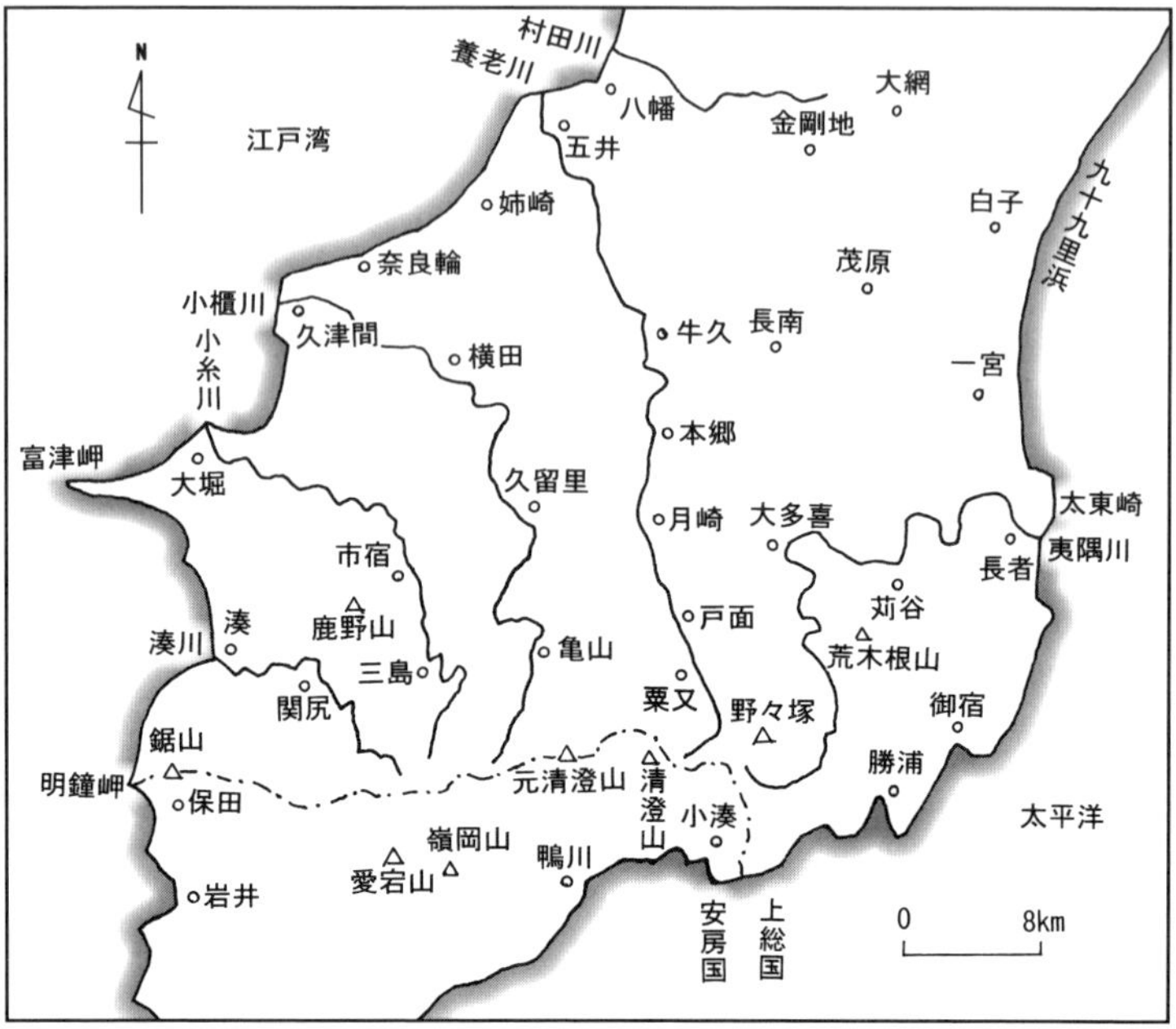

図22　西上総の河川

養老川の舟運が始まってからは次第に上流部まで川道の整備が進み、下流と同程度の川舟が上流まで通うようになった。貞享《じょうきょう》三年（一六八六）には、山請商人が本郷河岸で船次ぎをしなかったために、本郷村（市原市）が川舟七艘と薪荷物を差し押さえた。本郷村名主が作成した裁判資料「川舟運送出入」によると、養老川通船が成立するに至った経緯は次の通りである。

寛永十一年（一六三四）に江戸の商人（後の山請商人）が本郷村にやってきて、勝浦藩植村氏の領地である奥山の薪を買い付ける契約を結び、本郷村には養老川の川道改修を依頼した。川道は久留里藩土屋氏の領地であったので、本郷村はその許可を得て四里半の川道を切り開いた。本郷村より下流に通う舟（下郷舟）二十艘と、本郷村より上流に通う舟（中郷小出シ舟）十艘を用意し、本郷河岸で舟次ぎ（荷の積替え）をして奥山の薪荷物を運んできた。その後、山請商人が十艘の中郷小出シ舟を持ち込んだので、一艘について金四両の敷金を貰い受けた。本郷村の舟持は寛永十四年から下郷舟役金と中郷小出シ舟役金を領主（久留里藩土屋氏）に上納している。

しかし、本郷村が主張した本郷河岸の舟次ぎは認められずに終わった。

養老川にはその後、二つの舟持組合ができた。上組は本郷村から筒森村（大多喜町）までの舟持組合であり、下組は本郷村より下流の舟持組合である。舟持組合の職務は廻状の伝達、役金の徴収、川道の改修などであり、それぞれ年行事（代表者）を立てた。養老川を下る筏が船の通行に支障を与えることが多かったため、弘化二年（一八四五）に筏荷物の取扱いが定められた。筏渡世人が守るべき事項は①長さが二間よりも短い荷物は船積みとすること、②川舟の通行を優先すること、③舟持組合の年行事の指図に従うこと、④川普請の手伝金を差し出すことなどであり、十八人の筏渡世人が連印した（『市原市史　中巻』）。

（二）　小櫃川（久留里川）

小櫃《おびつ》川は清澄《きよすみ》山系（君津市）を源流とし、望陀《もうだ》郡内を流れて木更津湊近くの久津間《くづま》村（木更津市）で江戸湾に注ぐ。久留里（君津市）の城下を流れるので、別名を久留里川という。延長は約七十五キロメートルで、房総では利根川に次いで二番目に長い。最上流の河岸は久留里（図22参照）で、それより上流に当たる亀山などの荷は馬で久留里まで運ばれた。川舟は米なら六十俵ないし八十俵を積めた。久留里から木更津までの七里は一昼夜で下ったが、上りは三日ないし五日かかった。主な積荷は米・炭・薪など、小櫃川上流域で生産された産品であった。

寛保二年（一七四二）に入封した久留里藩（君津市）黒田氏は、小櫃川右岸の久留里市場に久留里河岸を設けた。久留里藩領では百姓持ちの船による運送が盛んで、久留里の舟持の中には薪・竹木の仲買人を兼ねる者も現れた。久留里藩の領地は小櫃川の東方を流れる養老川の流域にも広がっていたので、養老川筋の河岸も利用された。

寛延二年（一七四九）に小櫃川上流域（君津市亀山地区・松丘地区）に上総分領を与えられた川越藩松平氏は、小櫃川左岸の向郷《むかいごう》（君津市）に陣屋と大和田河岸を設けた。川越藩が前橋藩と改称されること、陣屋が上流に移設されることについては後述する。川越藩は農民が生産した炭・薪をすべて買い上げ、藩所有の船で運送した。買上げ価格は久留里藩の相場の半値で、運送賃も農民の要求よりも安かった。この商品統制は藩の利益を優先したもので、農民の稼ぎを犠牲にしていた（『君津市史　通史』）。

年貢外収入の増徴を策する幕府は明和二年（一七六五）に小櫃川および養老川の川船持に対して十分一運上《じゅうぶいちうんじょう》（積荷の一割の税）の上納を命じた。十分一運上については第二章四でも触れた。この流域（久留里藩領・川越藩）の川船持はそれぞれ領主に船役永（定額の税）を納めていたが、二つの河川とも幕府領を流れているというのが上納命令の根拠であった。船持と幕府代官の交渉は長く続いたが、明和九年に至り、十分一運上ではなく川船一艘につき年五百文の運上永を納めることで決着した（筑紫敏夫「近世後期における譜代小藩の動向」『徳川幕府と巨大都市江戸』）。

（三）　小糸川

小糸川は清澄山系（君津市）を源流とし、周准郡内を流れて人見村（君津市）・大堀村（富津市）で江戸湾に注ぐ。延長約五十六キロメートルはすべて周准郡内にあり、市宿（図22参照）まで船が通った。積荷は炭・薪・木材・海苔ひび（粗朶《そだ》）等である。海苔については前述した（第二章二参照）。川舟に乗り込むのは四人で、綱道《つなみち》がなかったので、船を引きながら川の中を歩いて上流に戻った。船の中で煮炊きをしながらの作業であった。寛永六年から大堀村に幕府役人が常駐し、十分一運上を取り立てた。

寛永十八年、小糸川上流の市場村（君津市市宿）周辺二十ヵ村は旗本曽根氏の知行所となった。曽根氏は小糸川舟運の整備に力を注ぎ、市場村に仲野河岸、西猪原に間並河岸、市宿に清水河岸を設けた。仲野河岸には会所を設け、領主荷物・百姓荷物のすべてをここに集めさせたので、問屋・舟持・馬借などが会所に集まって取引が盛んになった。積荷の主な物は年貢米・炭・薪・杉丸太・唐竹などで、醬油・酢・葉大豆・煎茶・小豆・胡麻・山芋・ウド・シダ・ユズリハなどもあった（『君津市史　通史』）。

（四）栗山川

栗山川は香取郡桜田村（成田市）付近を源流とし、上総・下総の国境付近を南流して匝瑳郡木戸村（横芝光町）で太平洋に注ぐ（図15参照）。延長約三十八キロメートルのうち、香取郡岩部村（香取市）浅黄橋より下流に四つの積荷場があった。上流から積み出されたのは米・炭・薪など、下流から送られたのは干鰯《ほしか》・大豆粕などであった。桜田村周辺は利根川の支流大須賀川との分水嶺に当たり、大須賀川の松子河岸（第三章三参照）までは数キロメートルほどしか離れていない。

栗山川流域の農民にとって栗山川は船が通う水路である以前に、農業用水源であった。最上流から中流の多古までの十三ヵ村は川付組合を結成し、毎年春に川普請、夏に川苅りを実施した。川付組合の規定は寛政四年（一七九二）に制定され、天保十五年（一八四四）に改定されたものであった。岩部村の米穀商は浅黄橋のたもとで四十～五十俵の米を船に積み込み、二日かけて川を下って横芝（横芝光町）の米問屋に運んだ。帰り荷は干鰯や油粕などで、やはり二日かけて川を上った。船には食糧と炊事道具を積んでいた。農民の中には岩部周辺の炭・薪を船に積んで川を下り、木戸（同）の浜に運ぶ者もいた（『栗源町史』）。

栗山川は多古より下流では低湿地帯の中を流れる。この地区でも上流からは米・麦・炭・薪を積んで下り、下流からは塩・干鰯を積んで帰った。栗山川を挟んで向かい合う牛尾（多古町）―新井（横芝光町）間には新井ノ渡しがあった。多古の豪農五十嵐家は酒の出荷にも船を使った（『多古町史　上巻』）。

両総農業用水は昭和十八年に着工されたものであるから、本書の範囲を越えている。敢えて取り上げるのは、利根川に近いという栗山川流域の特質が現れているからである。昭和十五年の旱魃を経験した九十九里沿岸の町村は、農業用水の水源を利根川に求めた。下総国佐原（香取市）で揚水した利根川の水を導水路で伊地山（香取市）に送って栗山川に流し込み、上総国寺方（横芝光町）で栗山川から取水して東金・茂原地方の農業用水に利用した。この間の栗山川十六キロメートルが両総農業用水の導水路を兼ねているのである。両総農業用水という名称はもちろん、下総と上総を結ぶ用水だからである（『佐原市史』）。

日本は島国であるから、これまで述べてきた中で外国と関係があった事項は、朝鮮から木綿が入ってきたこと、中国に干しアワビが輸出されたことくらいであった。しかし、外国船が日本近海に出没し始めるようになると、太平洋に突き出した房総はその対応に追われることになった。次章では江戸湾警備が房総に与えた影響について、時代を追って見てゆくことにしよう。

第四章　江戸湾警備と房総の動揺

ヨーロッパ諸国は天文学・航海術・造船業の進歩を背景にアジアに進出し始めた。天文十九年（一五五〇）にポルトガル船が肥前国平戸（長崎県平戸市）に来航し、平戸の領主松浦氏に鉄砲の用法・製法を伝えた。松浦氏は鉄砲を導入することによって領内の統一を進め、平戸は外国貿易の中心地として繁栄した。

慶長五年（一六〇〇）に豊後国臼杵湾《うすき》（大分県臼杵市）に漂着したオランダ商船リーフデ号にはイギリス人航海士ウィリアム・アダムスが乗船していた。アダムスは大坂城で徳川家康に接見してその信頼を獲得し、相模国三浦郡逸見《へみ》村（横須賀市）に領地を与えられて三浦按針《あんじん》と名乗った。按針は家康の要請を受けて伊豆国伊東（伊東市）に造船ドックを設け、慶長九年に八十トンの帆船を建造し、慶長十二年には百二十トンの大型船（安針丸）を建造した（『長崎県史対外交渉編』）。

慶長三年十一月の時点では、まだ五大老のひとりに過ぎなかった徳川家康が、関東唯一の貿易港として浦賀（横須賀市）を開港するという決断を下した。当時の世界最強国スペインの商船を浦賀に誘致し、大型帆船造船技術と金銀精錬技術を導入するためである。幸運にも、その後家康の前に現れたウィリアム・アダムスは造船業者の下で十二年間働いた経験を持ち、スペイン語にも堪能であった。家康は三浦按針を外交顧問としてスペインと交渉する一方、帆船の建造に着手させた。三浦按針の作業を助けたのが船奉行を務める向井忠勝（将監）である。船奉行は幕府のすべての船を預かり、海と川から江戸の警備に当たる役職であった（『徳川家康のスペイン外交』）。

慶長七年に設立されたオランダ東インド会社は、慶長十五年にインドネシアのジャカルタに商館と倉庫を建てた。

ジャカルタは七年後にオランダ最初の植民地となり、バタビアと改称された。オランダは先行していたスペインとポルトガルを次第に駆逐し、モルッカ諸島（インドネシア）の香辛料貿易を手中に収めた。当時のヨーロッパにはまだジャガイモ・トウモロコシ・トマトなどの野菜が伝来しておらず、食味に変化を付けるために、また肉を貯蔵するために大量の香辛料を必要とした（『オランダ東インド会社』）。

慶長十四年にオランダが平戸に商館を開き、慶長十八年にはイギリスも平戸に商館を開いた。ポルトガルが独占していた日本貿易にオランダとイギリスが加わり、激しい競争が始まった。カトリック教徒のポルトガル人は布教に熱心であったが、プロテスタント教徒のオランダ人・イギリス人は布教よりも通商に力を注いだ（『長崎県史　藩政編』）。

平戸のオランダ人は平戸藩主や長崎代官と親密な関係を結び、江戸に滞在して閣老の家に出入りすることもあった。長崎時代の出島は彼らにとって牢獄同然になるのであるが、平戸時代の彼らには完全な自由があった。幕府の大目付が平戸オランダ商館にあった石造りの建物の取り壊しを命じた時、この命令を直ちに実行したオランダ側の姿勢は、その後オランダだけが日本との交易を許される要因になった（『平戸オランダ商館日記』）。

慶長十四年九月、メキシコのフィリピン総督ドン・ロドリゴを乗せた船が上総国夷隅郡岩和田村（御宿町）の岩礁に乗り上げて座礁した。乗員三百七十三人のうち五十六人は溺死したが、三百十七人が住民に助けられて上陸した。ロドリゴの一行は大多喜城で藩主本多忠朝《ただとも》に会い、江戸城で二代将軍徳川秀忠に謁見し、駿府で徳川家康に会い、家康が用意してくれる船（安針丸）の完成を待った。彼らが浦賀を出航したのは慶長十五年六月であった（『大多喜町史』）。

幕府は寛永十三年（一六三六）に長崎に出島を築き、ポルトガル人を出島に移した。しかし、ポルトガル人は寛永十六年に国外追放・来航禁止となり、寛永十八年に平戸のオランダ商館が長崎出島に移された。これが徳川幕府の鎖国政策の始まりであった。鎖国令というと幕府が全国の大名に宛てた文書のように聞こえるが、これに相当する文書は実際には幕府年寄（後の老中）が長崎奉行に出した下知《げち》状であった。長崎奉行は関係する大名に必要な事項だけを伝達していたのである（『鎖国と海禁の時代』、『平戸オランダ商館日記』）。

それ以来、オランダと中国（清国）のみが日本との通商を許されてきた。徳川幕府が通信（国交）を行うのは琉球と朝鮮の二ヵ国のみ、通商を行うのはオランダと中国の二ヵ国のみであった。オランダ船がバタビア経由で長崎に入港するのは、南からの季節風が吹き始める毎年六月頃、バタビアに帰るのは北からの季節風が吹き始める九月頃であった。毎年、オランダは西洋の情勢をまとめた風説書《ふうせつがき》を提出し、中国は東洋の情勢をまとめた唐船《からぶね》風説書を提出した。幕府にとって外国の情勢を把握する手段はこの二つの風説書だけであった（『天保の改革』）。

一　江戸湾警備に動員された藩と農民

鎖国を続ける日本に開国を迫ってきたのは、使節が来航した順にロシア、イギリス、アメリカである。幕府はそれまで国内統治を優先し、江戸湾周辺には有力大名を配置せず、諸大名が大船を建造することを禁止してきた。この国内の軍事的安定を優先する政策は、国を挙げて外国に対抗する体制を築く際の足かせとなった。

幕府が江戸湾の警備に着手するのは文化七年（一八一〇）のことで、最初に江戸湾警備を命じられたのは房総側が白河藩松平氏（福島県白河市）、相模側が会津藩松平氏（福島県会津若松市）であった。その後も房総側と相模側にそれぞれ有力大名が当てられた。房総側の江戸湾警備を担当した大名は次の通りである（『千葉県の歴史　通史編近世一』）。

任命年月	藩名	藩主	石高
文化七年（一八一〇）二月	陸奥国白河藩	松平定信	十一万石
文政六年（一八二三）三月	幕府代官（次の二藩が非常時援兵体制をとる）		
	下総国佐倉藩	堀田正愛《まさちか》	十一万石

天保十三年（一八四二）八月　上総国久留里藩　黒田直侯《なおよし》　三万石
弘化四年（一八四七）二月　武蔵国忍《おし》藩　松平忠国《ただくに》　十万石
陸奥国会津藩　松平容敬《かたたか》　二十三万石（上総担当）
武蔵国忍藩　松平忠国　十万石（安房担当）
嘉永六年（一八五三）十一月　筑後国柳河藩　立花鑑寛《あきとも》　十二万石（上総担当）
備前国岡山藩　池田慶政《よしまさ》　三十一万五千石（安房担当）
安政五年（一八五八）六月　陸奥国二本松藩　丹羽長富《ながとみ》　十万一千石
慶応三年（一八六七）三月　上野国前橋藩　松平直克《なおかつ》　十七万石

幕府代官として江戸湾警備を担当した人物は、文政六年から森覚蔵、天保十一年から羽倉外記《げき》、天保十三年から同年末までは篠田藤四郎である（『富津市史　通史』）。

それでは、それぞれの時期における外国勢の脅威、各藩の警備体制、房総への影響を順次見ていくことにする。

（一）　ロシアの脅威（寛政四年〜）

シベリア開発に力を注いでいた帝政ロシアは、本国よりも近い距離にある日本で食糧や日用品などを調達するため、オホーツク海を南下してしばしば蝦夷地（千島・樺太・北海道）に姿を見せるようになった。ロシアは正徳元年（一七一一）に千島列島の測量調査を行い、元文三年（一七三八）には陸奥国田代島（石巻市）、元文四年には安房国天津《あまつ》村（鴨川市）、伊豆国下田（下田市）などで測量調査を実施した。

元文四年五月、一隻の異国船が天津村に漂着した。乗組員のうち八人が上陸して猟師から樽二つ分の水をもらい、返礼に銀貨を渡した。猟師は名主に報告するとともに、銀貨を名主に渡した。この銀貨は幕府の手に渡り、長崎で鑑定された結果、ロシアの通貨であることが判明した。異国船はロシアの船だったのである（『大原町史　通史編』）。

安永九年（一七八〇）五月二日、台風で遭難した清国の商船が安房国朝夷郡南朝夷村（南房総市千倉町）に漂着した。南朝夷村は岩槻藩領であったので、江戸にいた岩槻藩郡《こおり》奉行は五月六日に江戸を発って上総国潤井戸《うるいど》（市原市）で一泊し、七日は岩槻藩勝浦陣屋（勝浦市）で一泊して、八日の昼ごろに南朝夷村に着いた。清国船の乗員と積荷は艀《はしけ》船で勝浦に移され、六月三十日に幕府が用意した船で長崎に送られた（『岩槻市史　通史編』）。

寛政四年（一七九二）九月、ロシアの陸軍中尉ラックスマンが根室（根室市）に来航し、日本人漂流民三人の返還を口実として日本との通商を求めた。ラックスマンは根室で越冬した後、箱館（函館市）で歓待を受け、松前（松前町）で幕吏と会見した。幕吏はラックスマンが提出した書簡を突き返し、「わが国は未知の外国とは交際しないので再び来航するなかれ」と通告した。

老中首座にあった陸奥国白河藩主松平定信は、江戸湾の警備が手薄であることに気付き、寛政五年正月に房総側と相模側にそれぞれ調査団を派遣して海防計画を立案させた。調査団が提出した海防計画は江戸湾沿岸に有力な譜代大名を配置し、房総側の洲崎《すのさき》（館山市）・百首《ひゃくしゅ》（富津市竹岡）、相模側の安房崎（三浦市城ヶ島）・走水《はしりみず》（横須賀市）などに台場を築くというものであった。しかし、その年七月に定信が老中を罷免されたため、この計画は実現しなかった（『神奈川県史　通史編三近世二』）。

文化元年九月、ロシア使節レザノフが長崎に来航し、通商を求める国書を長崎奉行に提出して半年間滞在したが、幕府から通商を拒否された。不満を抱いて帰国したレザノフは将校フォストフに武力で日本を侵略せよとの訓令を与えた。フォストフは文化三年九月に樺太九春古丹《くしゅんこたん》の松前藩会所を襲撃し、文化四年四月には択捉《えとろふ》島の内保《ないほ》と紗那《しゃな》の松前藩会所を襲撃した。これが択捉事件である。紗那には南部藩・津軽藩の藩兵がいたが、略奪を阻止できなかった。そこで、幕府は南部藩・津軽藩・秋田藩・庄内藩に箱館への出兵を命ずる一方、江戸湾の警備に着手した（『高島秋帆』、『函館市史　通説編第一巻』）。

フォストフの襲撃を受けた文化四年四月、択捉島には箱館奉行が派遣した測量隊がいた。常陸国筑波郡上平柳村（伊奈町）出身の間宮林蔵である（図18参照）。林蔵は小貝川の岡堰（取手市）を訪れた幕府普請役に数学的才能を見出され、江戸に出て測量学を修めた。寛政十一年に蝦夷地に渡り、蝦夷地御用掛として東蝦夷地と南千島の測量に従事する中で、寛政十二年に箱館で伊能忠敬に会い、師弟関係を結んだ。文化三年から択捉島の紗那に入り、測量に従事していたのであった。伊能忠敬の『大日本沿海與地全図』の内、蝦夷地の部分は間宮林蔵の実測資料によるとされる。林蔵は文化六年に樺太を探検して間宮海峡を発見する（『間宮林蔵』）。

文化四年十一月、幕府鉄炮方《てっぽうがた》井上左太夫に伊豆・相模・安房・上総四ヵ国の巡視が命じられた。翌五年四月には井上に加えて浦賀奉行岩本正倫《まさとも》・代官大貫次右衛門《じうえもん》に下田・浦賀の巡視が命じられ、江戸湾警備計画が作成された。岩本正倫については幕府直轄牧の項で述べた（第一章三参照）（『東京百年史　第一巻』）。

文化五年八月、オランダ国旗を掲げた軍艦が長崎に入港し、オランダ商館員二人を捕えて本船に連行した。その翌朝、軍艦はイギリス国旗を掲げ、オランダ商館員の釈放と引き換えに水と食糧を要求した。平時はわずかの兵で守備している長崎奉行はやむなく食糧供給を許したので、軍艦フェートン号は水と食糧を受け取り、オランダ商館員二人を釈放して出航した。フェートン号が出航した夜、長崎奉行松平康英《やすひで》は謝罪状を残して切腹した。これがフェートン号事件である（『高島秋帆』）。

オランダ東インド会社はジャワの複数の王国と数次にわたって戦闘を繰り返した後、明和八年（一七七一）にジャワを完全に支配下に収めた。ところが、寛政六年にオランダ本国で革命が起こり、オランダ東インド会社はその翌年に解散したので、殖民地政策は会社から国家に引き継がれた。フェートン号事件はイギリスがオランダ側の隙を突いて起こしたものであった（『オランダ東インド会社』）。

白河藩による警備（文化七年～文政六年）

文化七年二月、白河藩主松平定信に江戸湾房総側の警備、会津藩主松平容衆《かたひろ》に相模側の警備が命じられた。人足や船を徴発しやすくするため、それぞれの領地の一部が任地近くに移された。これ以降、江戸湾警備を担当する譜代大名には分領が与えられることが慣例となった（『東京百年史　第一巻』）。

房総側の警備を命ぜられた白河藩は安房国安房郡洲崎（館山市）に勝崎《かつざき》台場、波左間《はさま》村（同）に松ヶ岡陣屋を築き、上総国天羽郡百首城跡の城山（富津市竹岡）に平夷山《へいいざん》台場、その山裾に竹ヶ岡陣屋を築いた。富津（富津市）は竹ヶ岡の出張所に位置付けられた。さらに、安房国朝夷郡白子《しらこ》村（南房総市千倉町）に遠見《とおみ》番所を置いて梅ヶ岡陣屋と称した。これらは文化八年十月に完成し、白河藩は幕府に願い出て百首村を竹ヶ岡村と改称した（『千葉縣君津郡誌　上巻』、『鋸南町史　通史編（改訂版）』）。

富津村は天正十八年（一五九〇）以来、旗本小笠原氏の知行所であったが、文化八年に白河藩松平家の領地となった。それ以降、富津村の領主は江戸湾警備の担当藩が代わるたびに変わることになった。富津村の名主織本家が江戸湾警備に果たした役割については後述する（『千葉県の歴史　通史編近世一』）。

白河藩は越後国から鋳物師《いもじ》を呼び寄せ、洲崎・竹ヶ岡という二つの台場に数十門の大筒《おおづつ》を備えた。大筒とは和式の大砲のことで、西洋式の大砲が導入されるのは天保十二年以降のことである（後述）。白河藩には陸奥国の領地三万石に替えて、上総国周准《すす》郡・天羽《あまは》郡、安房国平《へい》郡・朝夷《あさい》郡に領地三万石が与えられた。松平定信は文化九年四月に隠居し、長男である定永《さだなが》に家督を譲った（『白河市史　第二巻近世』）。

安房・上総で江戸湾警備の任務に就いたことは白河藩の財政を圧迫した。そこで、白河藩松平氏は文政元年（一八一八）頃から佐倉藩堀田氏と入れ替わる移封を密かに幕府に働きかけた。第四代佐倉藩主堀田正愛は文政四年（一八二一）四月にこれを察知し、猛烈な移封阻止運動を展開した。「幕府の命があれば喜んで海防の任に当たる」との上書も提出した結果、同年十月に移封は中止となった。しかし、この上書は後に佐倉藩が房総沿岸警備を割り当てられる引き金になった（針谷武志「佐倉藩と房総の海防」『近世房総地域史研究』）。

文化八年（一八一一）五月、間宮海峡を測量していたロシアの海軍少佐ゴロヴニンが、食糧を求めて国後島《くなしり》に上陸した。ゴロヴニンが幕府役人に捕らえられたため、ロシア側はこれに対抗して国後島付近を航行していた高田屋嘉兵衛《かへえ》を捕らえた。嘉兵衛がゴロヴニンの釈放に尽力したため、ゴロヴニンは文化十年九月に釈放され、ロシア側は四年前のレザノフおよびフォストフの暴行事件を陳謝した。一時険悪となっていた日露関係はこうして好転した（『東京百年史　第一巻』）。

（二）　イギリスの脅威（文政五年〜）

イギリス東インド会社は慶長五年（一六〇〇）に東洋貿易の特許状を与えられたが、政府の支援はなく、航海毎に出資を募る組合に過ぎなかった。その後インド貿易に参入してきた会社と合併して宝永五年（一七〇八）に新会社となり、政府の支援を受け、非キリスト教国に宣戦を布告して講和を結ぶ権利を与えられた。新しいイギリス東インド会社はインドに設けた商館を要塞化し、軍事力を保有した。宝暦七年（一七五七）にカルカッタ（現コルカタ）北方のプラッシーの戦でベンガル軍を撃破した後は、ベンガル知事の任命権を握るまでになった。こうして、イギリス東インド会社は単なる商社から植民地統治機関に変わり、やがて全インドの支配者となった（『イギリス東インド会社』）。

文政四年九月、幕府は洲崎台場の大筒を富津に移すよう白河藩に命じた。白河藩は文政五年四月までに洲崎台場の大筒類を富津に移して富津台場とし、波左間陣屋の建築材を富津に移して富津陣屋とした。この移転作業の際、物資輸送・人足手配・宿舎提供に尽力した富津村名主の織本嘉右衛門には、同年十月に白河藩から褒美が与えられた。この時の織本家の当主は小林一茶と交友のあった織本花嬌（第三章一参照）の娘婿（俳号は子盛）であった（筑紫敏夫「近世後期の上総国富津陣屋について」『千葉史学　第四六号』）。

白河藩が江戸湾警備を始めた頃（文化七年）は安房崎（城ヶ島）と洲崎（館山市）を結ぶ線が第一防衛線、観音崎（横須賀市）と竹ヶ岡（富津市）を結ぶ線が第二防衛線であった。房総側で台場が設けられたのは洲崎と竹ヶ岡であり、富津は竹ヶ岡の出張所に過ぎなかった。しかし、富津に台場が移った後の江戸湾の警備は「異国船に対してはまず安房崎（城ヶ島）と洲崎を結ぶ線（乗止め線）で説得し、そこが突破された場合には観音崎と富津を結ぶ線（打沈め線）で阻止する」というように変わった（図23参照）（『新編埼玉県史　通史編四近世二』）。

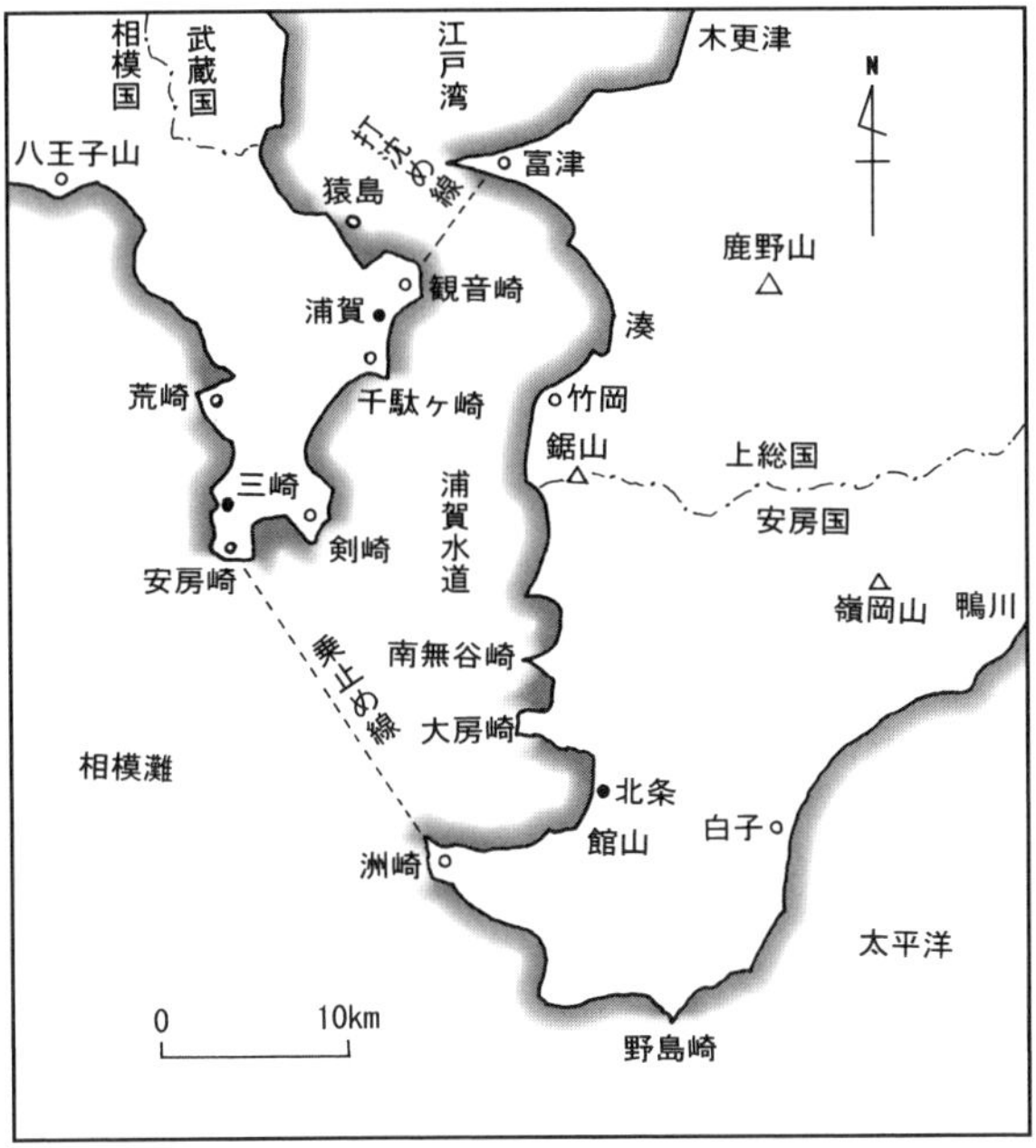

図23　江戸湾の警備

文政五年四月二十九日、洲崎沖を一隻の異国船が通過したので、浦賀奉行所が見届船を出してこれを乗り止め、浦賀沖に誘導した。川越藩の船八十艘あまりが異国船を取り囲み、白河藩の船二十艘あまりもこれに加わった。異国船はイギリスの捕鯨船サラセン号といい、薪・水・食糧の補給を求めて沿岸に近づいたのであった。浦賀奉行所が薪・水・米・野菜を与えたため、サラセン号は五月八日に浦賀を出航した（『神奈川県史　通史編三近世二』）。

代官・佐倉藩・久留里藩による警備（文政六年〜天保十三年）

文政六年三月、白河藩主松平定永が伊勢国桑名藩（三重県桑名市）に移封され、十二年間に及んだ白河藩の江戸湾警備は終了した。白河藩に代わって房総側の警備を引き継いだのは、安房・上総・下総の幕府領を治める代官森覚蔵であった。森は富津陣屋に十人、竹ヶ岡に十四人の手付・手代を配置し、天保十一年までこの任務に当たる（『富津市史　通史』）。

文政六年九月、佐倉藩主堀田正愛と久留里藩主黒田直侯に江戸湾警備の助役《すけやく》が命じられた。佐倉藩は文政六年十一月に金井右膳《うぜん》ら藩士数人を富津・竹ヶ岡に派遣して台場を見分させ、出陣時の編成を一番手九十人、二番手百五十人、三番手百九人と定めた。佐倉から富津までは二十里ほどあるので、海路で富津に向かうため千葉町猪鼻《いのはな》山に陣屋と居小屋（住居）を建てた。これらは文政八年九月に完成し、藩士八十人ほどがここに居住した。佐倉藩の外港となっていた寒川湊には押送船二十艘《そう》などが用意され、乗船人数も割り当てられた（『佐倉市史　巻二』）。

久留里藩主黒田直侯は助役を命じられた翌月、すなわち文政六年十月に養子である直静《なおちか》に家督を譲って隠居した。久留里藩は富津・竹ヶ岡に藩士を派遣して周辺の地理を調査させた。久留里には小櫃川水運（第三章四参照）があったが、これは木更津に出る際に使われるものであった。久留里から富津・竹ヶ岡までは七里ないし八里の険しい山道であり、藩士の移動や兵糧米の運送が困難である。そこで、幕府に領地替えを願い出たが、許されなかった。久留里藩は富津・竹ヶ岡の台場に出兵する人数として藩士五百人、馬四十疋を用意した（『君津市史　通史』）。

佐倉藩と久留里藩が警備の助役を担当していた間、江戸湾に異国船は現れなかった。しかし、文政七年五月に常陸国大津浜《おおつはま》（北茨城市）にイギリス捕鯨船の船員十二人が上陸し、水・食糧を求めるという事件が起こった（大津浜異人上陸事件）。また、文政七年七月には薩摩国トカラ列島宝島（鹿児島県十島村）にイギリス捕鯨船の船員が上陸し、牧場の牛を略奪するという事件が起こった。これらの事件を受け、幕府は文政八年二月に異国船打払令（無二念打払令）を発令し、外国船を厳しく排斥する方針を打ち出した。なお、大津浜異人上陸事件の翌年に水戸藩の儒学者会沢正志斎《せいしさい》が著した『新論』は攘夷思想を体系的に述べたもので、その後の攘夷論者に大きな影響を与えた（『茨城県史　近世編』）。

文政八年から弘化三年（一八四六）までの二十一年間に九十九里浜に接近した異国船は八回に上った。いずれも国籍は不明のままに終わったが、このうち弘化三年の異国船は三本柱の大型帆船であったので佐倉藩兵が出動した（『九十九里町誌　各論編上巻』）。

弘化三年六月、山辺郡作田《さくた》村（九十九里町）沖に大型帆船が現れたので、佐倉藩は藩兵を武射郡井之内《いのうち》村（山武市）に出動させた。駐屯は四日間に及んだが大事に至らず、引き揚げた。嘉永元年（一八四八）正月、佐倉藩は匝瑳《そうさ》郡木戸村（横芝光町）に領地を与えられ、栗山川河口に居小屋《いごや》を建てるよう命じられた（図15参照）。木戸居小屋は同年九月に完成し、藩士三十人ほどが詰めて海岸警備に当たった（『佐倉市史　巻二』）。

天保八年六月、浦賀沖に現れた国籍不明の帆船を浦賀奉行所が異国船打払令に従って砲撃した。砲弾は帆船には届かなかったが、帆船は武装していなかったためそのまま退去した。その一年後の天保九年六月、長崎に来航したオランダ船が「前年に砲撃を受けた外国帆船はイギリス商船モリソン号であり、漂流してマカオに保護されていた日本人七人を送還する目的であった」という情報を伝えた。これがモリソン号事件である。ただし、オランダの通報にあったイギリス商船とは、実際はアメリカ商船であった（『天保の改革』）。

モリソン号事件を受けて幕府は天保九年十二月に目付鳥居耀蔵《ようぞう》と韮山《にらやま》代官江川太郎左衛門（英龍《ひでたつ》）に江戸湾警備計画の立案を命じた。鳥居と江川は相模・房総地方を見分した後、天保十年四月に見分復命書を提出した。江川は「相模国・安房国・上総国に十万石以上の譜代大名三家を移封して海防に当たらせる」という意見書を提出した。また、鳥居は「五千石以上の幕臣を走水奉行に任命し、その指揮下で海岸警備に当たる」という意見書を提出した。この見分の際の行き違いがきっかけとなって、幕府に批判的な渡辺崋山・高野長英への弾圧が始まり、蛮社《ばんしゃ》の獄が起こった。江川の意見は天保の改革における上地令《あげち》（または上地令《じょうち》）に反映される（『水野忠邦』）。

堀田正盛・正信と続いた前期堀田氏は万治三年（一六六〇）に領地没収となった（第三章三参照）。その時、正盛の三男正俊《まさとし》は上野国安中藩二万石の城主となっていたがお咎めがなかった。正俊系の堀田氏はその後古河《こが》藩・山形藩を経て、延享三年（一七四六）に十万石で佐倉藩に入封した。前年に老中となっていた正俊系堀田氏五代目の堀田正亮《まさすけ》である（『佐倉市史　巻二』）。

後期堀田氏初代藩主となった堀田正亮は、大佐倉村（佐倉市）の将門山にあった惣五郎（宗吾）の塚を口ノ明神（口之宮神社）として再建した。第二代藩主正順《まさあり》は一万石の加増を受けて十一万石の大名になったが、惣五郎の神霊を深く信仰した。第三代藩主正時《まさとき》は惣五郎に「道閑居士」という法号を与え、東勝寺（佐倉市）に墓碑を建てた。文化八年に第四代藩主となって江戸湾警備を担当した堀田正愛も、惣五郎の一件のことは十分に承知していたであろう。なお、文政八年に第五代藩主に就いた正篤《まさひろ》（後の正睦《まさよし》）は天保の改革の際と、日米条約交渉の際の二回にわたって老中に就任する。

天保十一年六月、長崎に入港したオランダ船が例年通りの風説書とは別に、清国で発生したアヘン戦争に関する別段風説書を提出した。「大国清国がイギリス艦隊に大敗を喫し、イギリス艦隊はその後日本に向かうもよう」との情報は幕府に大きな衝撃を与えた。江戸湾の警備は十分ではなく、外国船によって江戸湾が封鎖されれば、江戸はたちまち物資不足に陥ることが懸念された。

遠江国浜松藩主水野忠邦は天保十年十二月に老中首座となり、天保十二年五月に始まった天保の改革を主導した。そこで取り上げられた項目は思想統制・物価統制・財政改革など多岐にわたるが、江戸湾警備に関連するものは西洋式砲術の導入、薪水《しんすい》給与令、警備体制の強化、印旛沼堀割普請、上地令の五項目である。印旛沼堀割普請については前述したので（第一章五参照）、他の項目について見てみよう。なお、佐倉藩主堀田正篤の老中在任は天保十二年三月から天保十四年閏九月までである。

天保十二年五月、長崎町年寄を務める高島秋帆《しゅうはん》が自ら開発した臼砲《きゅうほう》を武蔵国徳丸原（板橋区高島平）に運び、西洋式砲術を実演した。砲弾は八町（八百七十二メートル）先の目標に到達した。これに続いて騎兵の馬上銃射撃と銃隊員八十五人の陣形変換が披露され、すべてが円滑に終了した。幕府は高島流砲術の採用を決定し、幕臣下曽根金三郎と韮山代官江川太郎左衛門（英龍）にのみ伝授せよと指示した。しかし、この高島流砲術はすでに西国諸藩の間に広まっていた。

高島家の先祖は長崎出島の埋立費用を負担した二十五人の出島町人の一人であった。高島秋帆の父四郎《しろ》兵衛《べえ》はロシア使節レザノフが長崎に半年間滞在した際（前述）、彼らに食糧・物資を供給する役を務めた。フェートン号事件後は出島台場の受持ちとなり、荻野流砲術を学んで師範役の免許を得た。高島秋帆は父から荻野流砲術を学んで師範役となり、長崎町年寄と出島台場の受持ちを引き継いだ。この時、四郎兵衛は外国貿易を管理する長崎会所の調役《しらべやく》となった。秋帆は出島のオランダ商館に出入りしながら西洋式軍事学を学び、オランダから銃砲類を輸入して大砲などを製作した。高島流砲術が完成したのは天保六年であった。西国諸藩は藩士を派遣して高島流砲術の導入に努めた。それは熊本藩・佐賀藩・薩摩藩・岩国藩、それに三河国田原《たわら》藩であった（『高島秋帆』）。

三河国田原藩（愛知県田原市）は一万二千石の小藩であったが、遠州灘に面した渥美半島に立地しているだけに、海岸防備に対する認識が高かった。藩の年寄役渡辺崋山《かざん》は海岸掛を兼務して洋学の研究に力を注ぎ、蛮学《ばんがく》社中（略して蛮社《ばんしゃ》）の中心メンバーになった。崋山は天保十年に蛮社の獄で逮捕され、永蟄居の宣告を受けた末に自殺する（『渡辺崋山』一一九頁、『水野忠邦』）。

徳丸原で陣形変換を披露した銃隊員八十五人の中に一人の佐倉藩士がいた。藩の砲術指南役の次男で、江戸の佐倉藩邸で砲術師範を務める兼松繁蔵である。繁蔵は自ら藩士に砲術を教える一方、主な藩士を韮山代官江川太郎左衛門（英龍）の元に派遣した。藩主堀田正篤は江川に大砲の製作を依頼し、安政二年（一八五五）に兵制を西洋式に改めた（『佐倉市史　巻二』）。

天保十三年七月、幕府はそれまでの異国船打払令を撤回し、新たに薪水給与令を発布した。外国船が沖に現れた場合は停船を命じて渡来の目的を確認し、漂着した船に対しては必要な物資を供給して速やかに退去させ、停船命令に従わない船は打ち払うよう規定された（『天保の改革』）。

天保十四年六月に発令された上地令の目的は、江戸・大坂のそれぞれ十里四方を幕府領にして外国船に対する警備を固めることであった。これは内政よりも国防を優先する画期的な政策であったが、財政難にあえいでいた諸大名が反対し、大名に資金を用立てていた富豪たちも反対した。上地反対派は老中土井利位《としつら》（古河藩主）を味方に引き入れて勢力を拡大したため、水野の側近であった鳥居耀蔵も反対派に寝返った。上地令は天保十四年閏九月に撤回され、水野忠邦は老中首座を罷免された。水野の後任には備後国福山藩主阿部正弘が就いた。

忍藩による警備（天保十三年〜弘化四年）

天保十三年八月、武蔵国忍藩（行田市）藩主松平忠国に房総沿岸警備が命じられ、忍藩には上総国周准郡・天羽郡内に領地二万七千石が与えられた。それまでの代官森覚蔵に佐倉藩・久留里藩が助役する体制から、忍藩に房総沿岸警備を全面的に委任する体制に切り替えられたのである。

忍藩は安房郡北条（館山市）に陣屋を設置し、富津台場・平夷山台場（富津市竹ヶ岡）・白子遠見番所（南房総市千倉町）に合計三百人余を派遣した。武蔵国川口宿の鋳物師に大小の大砲合わせて十七挺を発注し、富津台場・平夷山台場にそれぞれ十六挺の大砲を備えた。天保十四年には安房国平郡大房岬《だいぶ》（南房総市富浦町）に台場を造営した。この年、忍藩に安房国平郡・安房郡・朝夷郡内に領地三万六千石が追加して与えられた（『新編埼玉県史　通史編四近世二』）。

アヘン戦争は一八四二年（天保十三年）八月の南京条約で終結し、イギリスはその後日本に向かうものと見られていた。しかし、清国の紛争がその後も続いたためその時期はなかなか到来せず、実現したのは十年後の一八五二年（嘉永五年）であった。そして、イギリスより先にアメリカが日本に開国を求めることになった。

弘化五年二月二十八日に改元があり、元号が嘉永と改められた。これは弘化三年二月に十五歳で践祚《せんそ》（即位）した孝明天皇の代始めに伴うものである。孝明天皇は慶応二年十二月二十五日（一八六七年一月三十日）に三十六歳で崩御するので、その在位は幕末と呼ばれる期間のほとんどを占める（『孝明天皇と一会桑』）。

（三）　アメリカの脅威（弘化二年～）

アメリカの海軍と捕鯨船の母港はいずれもニューイングランド（東海岸六州）にあった。捕鯨船が初めて太平洋に乗り出したのは一七九一年（寛政三年）で、ハワイ諸島が捕鯨基地となった。鯨油は照明油・潤滑油・仕上げ材などに、鯨骨は装身具・装飾品・洋傘などに使われるため、捕鯨業界は黄金時代を迎えていた。捕鯨船に蒸気船が採用されたため、太平洋で石炭を補給する寄港地が必要であった（『横浜市史　第二巻』）。

弘化二年二月、安房国白子遠見番所が沖合を洲崎方面に向かう異国船を発見した。この異国船はアメリカの捕鯨船マーカトル号といい、救助した日本船二艘分の漂流民合計二十二人を乗せていた。マーカトル号は二回にわたって房総沿岸に近づき、その都度漂流民二人を漁船に乗り移らせて、漂流民の返還と水・食糧の補給という来航の目的を役人に伝達させた。幕府はこの船を浦賀に入港させ、特例として漂流民を受け取り、水と食糧を与えて出航させた（『神奈川県史　通史編三近世二』）。

アメリカが日本に開港を求める理由はもうひとつあった。アヘン戦争の後、アメリカ綿製品の対中国輸出が急増して全体の二十％を越えるようになり、一八四四年（弘化元年）には米清修好通商条約が締結された。通商を拡大するためには太平洋横断航路が必要であり、汽船のための寄港地が必要であった。日本はその寄港地として絶好の位置にあった（『日本開国史』）。

弘化三年閏五月、アメリカ東インド艦隊の軍艦二隻が久里浜村（横須賀市）の沖に現れ、司令官ビットルが浦賀奉行に通商を求める文書を提出した。浦賀奉行は房総側の忍藩主と相模側の川越藩主に出陣を命じ、飯野藩主・勝山藩主・館山藩主には房総側の加勢、小田原藩主・金沢藩主には相模側の加勢を命じた。老中首座として幕府を率いる阿部は通商を拒絶した。幕府に通商を拒絶されたビットルは、それ以上開国を迫ることはせずに退去した。しかし、ビットルの弱腰な態度は帰国後にアメリカ国内で問題となり、次の使節、すなわちペリーの強硬な姿勢につながる。

ビットル艦隊来航の際、周准郡青木村（富津市）の名主重郎右衛門は多くの船を用意し、船頭を指図してよく働かせた。その功績によって重郎右衛門は飯野藩主保科正丕《まさもと》から苗字・帯刀を許された（『富津市史　通史』六二九頁）。

幕府はアメリカの軍艦がそれまでより巨大で砲門数が多いことに驚き、弘化三年八月、目付松平近昭らに江戸湾警備の強化策を検討させた。その結果、陸上と海上に分散していた従来の警備力を陸上中心に改め、相模側・房総側ともそれぞれ警備担当藩を二藩に増強することを決定した（『神奈川県史　通史編三近世二』）。

忍藩・会津藩による警備（弘化四年～嘉永六年）

弘化四年二月、房総側の江戸湾警備に会津藩主松平容敬が加わり、会津藩・忍藩の二藩による警備体制となった。二藩は南無谷《なむや》崎（図23参照）を境界として、境界の北側富津までを会津藩、境界の南側洲崎までを忍藩が担当した。忍藩は北条に陣屋を設け、新たに築造された大房岬台場で警備に当たった。

会津藩は弘化四年三月に家老・軍事奉行らを現地に派遣し、四月には富津陣屋・竹ヶ岡陣屋に詰める部隊を編成した。六月、会津藩に上総国周准郡・天羽郡および安房国平郡内に領地一万五千石が与えられた。七月に第一隊が若松を出発し、八月に忍藩との引継ぎを行った。

嘉永二年閏四月八日、イギリス軍艦マリナー号が三崎（三浦市）沖に現れたので、相模沿岸警備を担当する川越藩と彦根藩が合図の狼煙《のろし》を上げた。会津藩と忍藩は物見船を出し、台場では大砲に弾薬を装填して警備に当たった。浦賀奉行所が退去を説得した結果、この船は浦賀沖を離れたが、十二日になって今度は伊豆下田に入港した。船は韮山代官所と交渉を続けながら測量していたが、十七日に下田を出港した（『会津若松市史　歴史編六近世三』）。

嘉永二年十二月、幕府は海防強化令を発令し「対外的危機に際しては大名・旗本はもちろん百姓・町人に至るまで御国恩に報いるため御奉公に尽力せよ」と命じた。外に向けて戦時体制を強化するためには、幕府自ら幕藩的支配を変容させなければならなかった。そして、房総の農民は江戸湾警備のために助郷役・人夫役・御用金などに一層精を出すことになった（筑紫敏夫「ペリー来航前後における江戸湾警備と村方の動向」『幕藩制社会の展開と関東』）。

嘉永六年六月三日、アメリカ東インド艦隊の軍艦四隻が浦賀（図23参照）に来航した。四隻のうち二隻は蒸気船であった。司令長官ペリーは威嚇的で強硬な態度を取り、久里浜（横須賀市）に上陸してフィルモア大統領の親書を浦賀奉行に手渡した。そして、翌年春に再来航することを通告して六月十三日に出航した。

外国船来航の急報は浦賀奉行から老中首座阿部正弘に届いて幕閣に伝えられた。幕閣の一人勘定奉行川路聖謨《としあきら》は自らの判断で海防策の第一人者である佐久間象山（松代藩士）にこれを伝えた。象山は六月四日未明に江戸を発ち、六月五日夜に浦賀に着いた。象山が観察した結果は信濃国松代藩（長野市）の江戸家老に報告された。佐久間象山は老中に就いた藩主真田幸貫《ゆきつら》を支えて海防掛顧問を務めたが、京都で攘夷派に暗殺される。川路聖謨は日露和親条約（後述）の締結交渉などを担当したが、後に江戸城の無血開城を聞いて自殺する。なお、象山は信州では「ぞうざん」、江戸では「しょうざん」と呼ばれていたようで、読み方に関する論争は今でも決着していない（『評伝佐久間象山　上』）。

ペリー艦隊が停泊している間、会津藩は久里浜沖に船百五十艘を出して警備に当たった。忍藩は大房岬台場と北条陣屋に四百五十四人を詰めさせ、海上には船四十二艘、水主《かこ》など四百五十人以上を出動させた。この時、木更津・富津周辺では、貝淵浦（木更津市）を請西藩が、青木浦（富津市）を飯野藩が、八幡浦（富津市）を佐貫藩が警備した。

ペリー艦隊が退去して間もなく、江戸湾警備の再検討を命じられた若年寄本多忠徳《ただのり》と韮山代官江川太郎左衛門（英龍）は、品川沖に十二ヵ所の台場を築造することを進言した（図24参照）。嘉永六年八月、江川の指揮の元に品川台場の築造が始まった。第一・第二・第三台場は嘉永七年四月に完成し、第五・第六台場は十一月に完成したが、第四・

第七台場は途中で中止され、第八台場以下は着工されなかった（『品川区史　通史編上巻』）。

海上に台場を築くためには大量の石材（石垣）・土砂（中詰材）・丸太（杭）が必要であった。石材は相模・伊豆などから、土砂は御殿山（品川区）などから、木材は葛飾郡根戸《ねど》村（我孫子市・柏市）の幕府直轄林から運ばれた。十五万五千本余の丸太（杉・松）の伐採・搬出には村民が人足として動員され、根戸村（図18参照）から布施河岸までは馬・大八車で運ばれた。なお、旧根戸村は昭和二十九年（一九五四）の合併に際して東西に分裂し、二つの自治体に分かれて編入された（『我孫子市史　近世編』、『柏市史　近世編』）。

ペリーが退去した嘉永六年十月、幕府は江戸湾警備の改革を実施した。その要点は警備の重点を江戸内湾に移すこと、外様大名にも警備担当を命じることである。それまで警備を担当してきた譜代の二大名を内湾警備に回し、代わって外様の二大名に江戸湾警備を命じた。この改革は相模側・房総側とも同時に行われた。譜代大名には自藩領との村替えによって領地が与えられてきたが、外様大名には預所を与えることになった。預所は領地と同様に漁船・水主・人夫を調達できるが、年貢は幕府に納めなければならなかった（『神奈川県史　通史編三近世二』）。

嘉永六年十一月、前橋藩主松平直克《なおかつ》はそれまで担当してきた相模国沿岸警備の任を解かれ、品川第一台場の守衛を命じられた。前橋藩は嘉永七年七月に第一台場を引き継ぎ、幕府から西洋式大砲四十六門を預けられた。守衛の人数は三百四十五人と指定された。元治元年（一八六四）八月には第二台場と第五台場の守衛に配置替えとなり、第一台場は忍藩に引き渡した。この間の十一年間には実に四回の改元があった。嘉永七年十一月二十七日に安政となり、安政七年三月十八日に万延となり、万延二年二月十九日に文久となり、文久四年二月二十日に元治となった（『群馬県史　通史編四近世一』）。

柳河藩・岡山藩による警備（嘉永六年～安政五年）

嘉永六年十一月、筑後国柳河藩（福岡県柳川市）藩主立花鑑寛に上総沿岸の警備、備前国岡山藩（岡山市）藩主池田

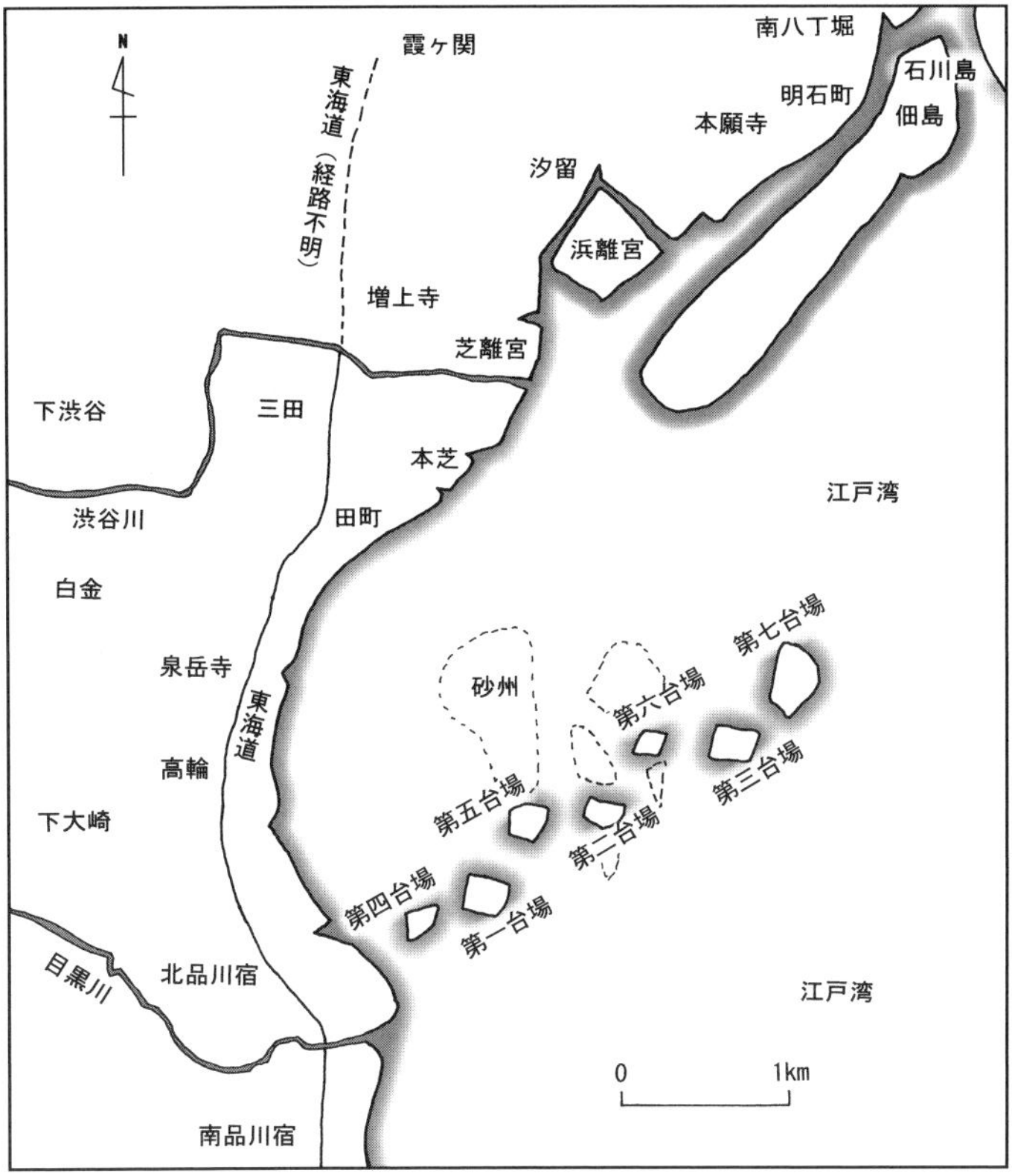

図24　品川台場の配置

慶政に安房沿岸の警備が命じられた。柳河藩は嘉永六年十二月に幕府から金一万両を借用し、大組二つ分の藩兵を上総国富津に派遣した。しかし、それ以上のことは分からない（『福岡県史　第三巻中冊』）。岡山藩は北条（館山市）に陣屋を置き、北条浜・洲崎・伊戸・布良（いずれも館山市）・大房岬（南房総市富浦町）・川下（同白浜町）・忽戸《こっと》（同千倉町）に台場を設けた。台場周辺の浦は異国船が来航した時に漁船と水主を提供するよう義務付けられた。出稼ぎの多い浦は、そうした場合に出稼ぎに出ている村民を帰村させることを決めた。なお、岡山県史・岡山市史に江戸湾警備に関する記述は見当たらない（『館山市史』）。

ペリーは翌年春の再来航を予告して去ったのであるが、それは幕府の予想より早かった。嘉永七年正月にペリーが再来航した時、柳河藩・岡山藩はまだ房総の台場を引き継いでおらず、これに対応したのは前任の忍藩・会津藩であった。両藩が実際に台場を引き継いだのは四月であり、日米和親条約は既に一ヵ月前に締結されていた（『富津市史　通史』）。

嘉永七年正月、ペリー艦隊が再度来航し、遭難した場合の乗組員の保護、薪水補給のための開港、交易のための開港を要求した。幕府は補給を目的とした下田・箱館（函館）の開港を受け入れ、交易を目的とした開港は拒否した。日米和親条約（神奈川条約）は三月三日に締結され、翌年（安政二年）三月に下田・箱館を開港することが決定した。ペリー艦隊はその後箱館に向かい、一ヵ月ほど停泊して乗組員が街を視察した。八月にはイギリスとの間に日英和親条約、九月にはオランダとの間に日蘭和親条約が締結された。その年十一月二十七日に改元があり、元号が安政に変わった（『函館市史　通説編第一巻』）。

アメリカが日本に艦隊を送ることを知ったロシアは嘉永五年（一八五二）に海軍中将プゥチャーチンを遣日大使に任命する一方、翌年にサハリン島を占領した。プゥチャーチン艦隊は嘉永六年七月に長崎に入港し、翌年正月まで通商問題と国境問題について幕府と交渉した。しかし、幕府が遅延策をとったため、この交渉はまとまらなかった（『日本開国史』）。

嘉永七年十月、ロシア使節プゥチャーチンがディアナ号で再来し、下田に停泊した。ところが、十一月四日に安政東海地震が起こり、大津波が発生してディアナ号は破損した。それを修理するために君沢郡《きみさわ》（田方郡）戸田村《へだ》に回航していたところ、暴風雨が起こってディアナ号は沈没した。幕府はその代替として新船の建造に着手した。日露和親条約の条文は日米和親条約と同一であったが、ロシアとの間には国境問題があった。これについては得撫島《うるっぷ》から北はロシアに属し、択捉島から南は日本に属するとして決着した。日露和親条約は十二月二十一日（一八五五年二月七日）に調印された。近年、二月七日が北方領土の日とされるのはこれにちなんでいる（『ペリー来航』）。

五百石以上の大型軍船は寛永十二年制定の武家諸法度によって建造が禁止されてきた。しかし、外国船が多数来航する事態に幕府だけで対処することは困難な情勢となった。そこで、幕府は嘉永六年に大船建造禁止令を廃止した。

また、蒸気軍艦をオランダに発注し（安政元年）、長崎海軍伝習所を開き（安政二年）、外国事情に通じた開明派官僚を育てた。いずれも開国に備えた施策であり、後世の歴史家は安政の改革として評価する。これを老中首座として主導したのは備後国福山藩（広島県福山市）藩主阿部正弘であった（『開国への布石―評伝・老中首座阿部正弘』）。

　長崎海軍伝習所は安政二年から安政六年までオランダ軍艦の艦長以下の乗組員を教師団として長崎に開設され、航海術・蒸気機関学・砲術・造船学・天体測量術・数学などを教えた。その卒業生には矢田堀景蔵・勝麟太郎（後の海舟）・榎本釜次郎（後の武揚《たけあき》）などがいた。矢田堀景蔵は安政四年に江戸築地に開設された軍艦操練所の教授方頭取を務め、荒井郁之助《いくのすけ》などを育てた。勝麟太郎は日米修好通商条約の批准書交換使節団の一員として、万延元年（一八六〇）に咸臨丸で渡米する。また、榎本武揚・荒井郁之助は榎本艦隊の幹部となって箱館戦争を戦う（『長崎海軍伝習所』）。

　ここで洋式砲術に関する師弟関係を整理しておこう。勝麟太郎は佐久間象山に学び、象山は江川太郎左衛門（英龍）に学び、江川は高島秋帆に学んだ。従って、この人たちはいずれも高島流の流れを汲むものであった（『評伝佐久間象山　上』）。

　安政二年十月、阿部正弘が老中首座を辞任し、下総国佐倉藩主堀田正篤《まさひろ》が老中首座に就いた。正篤は後期堀田氏（前述）の第五代藩主であるが、薩摩藩島津氏から十三代将軍家定に輿入れした篤姫《あつひめ》に配慮して安政三年十月に正睦と改名した。この頃の薩摩藩は藩主島津斉彬《なりあきら》が公武合体政策を推進し、外様大名でありながら一心に幕府を支えていた。それを補佐していたのが西郷吉之助（隆盛）であった。オランダ商館を長崎出島に移して以来、幕府はオランダを見下した態度を維持してきたが、堀田はその尊大な態度を改め、近代国家の先輩としてその長所を学ぶことに意を注いだ（『評伝堀田正睦』）。

　安政三年七月、アメリカ総領事ハリスが下田に着任した。ハリスは安政四年十月に登城して十三代将軍家定《いえさだ》に大統領親書を捧呈した（『ハリス』）。

日米修好通商条約交渉は安政四年十二月に行われた。老中首座堀田正睦は安政五年正月から四月まで京都に滞在して条約締結の勅許を求めたが、果たせなかった。四月二十四日に大老に就任した近江国彦根藩主井伊直弼《なおすけ》は勅許を得ることなく、六月十九日に条約を締結した。また、久しく懸案となっていた家定の継嗣《けいし》について、六月二十五日に紀州徳川家の慶福《よしとみ》に決定した。慶福は十一代将軍家斉《いえなり》の孫であるが、まだ十二歳であった。水戸藩主徳川斉昭《なりあき》の第七子で一橋家の養子となっていた一橋慶喜《よしのぶ》を推していた一橋派は南紀派に完敗した。将軍家定は安政五年七月五日に死去し、慶福が名を家茂《いえもち》と改めて十四代将軍となった。

日米修好通商条約に定められた開港期限は、神奈川（図25参照）・長崎が安政六年六月、新潟はその半年後、兵庫は三年半後であった。兵庫については後に五年の延期が決定する。幕府は安政五年九月までに蘭・露・英・仏の四ヵ国との間でも同じ内容で修好通商条約を締結した。これが安政の五ヵ国条約である（『評伝堀田正睦』）。

朝廷は幕府に大政を委任し、政治的な発言をしないことが伝統であった。しかし、孝明天皇は自分の代で鎖国という皇国の基本を変えることに不安を抱き、攘夷に拘った。そこで、長年にわたって関白を務めてきた鷹司政通《たかつかさまさみち》を辞任に追い込み、朝廷を攘夷派の公家で固めた。堀田正睦が京都に着いた時、朝廷はすでに通商条約拒絶の意思を固めていたのであった。その意思に反して通商条約を調印した井伊政権に対しては、その動きを封じるべく、水戸藩に内勅が伝達された。これが幕府をして安政の大獄に踏み切らせる原因になった（『孝明天皇と一会桑』）。

朝廷・幕府関係の基底にあるのは慶長二十年（一六一五）に発令された「禁中並公家諸法度」である。これは江戸幕府が朝廷に押し付けて発令したものと誤解されているが、近年の研究では朝廷内の秩序を規定するなど、朝廷の意向を含んで発令されたものと理解されている。そして、大政は朝廷になく幕府にあることを朝廷と幕府が認め合ったのである（田中暁龍「禁中並公家諸法度第一条についての一考察」『徳川幕府と巨大都市江戸』）。

安政五年四月に不時登城した徳川斉昭は井伊直弼の勅許なき条約締結を論難し、水戸藩尊攘派（尊王攘夷派）も「外国の威嚇を恐れて条約を結び、夷人に登城を許し、神州古来の武威を穢《けが》した」と批判した。井伊は水戸藩尊攘派を弾圧し（安政の大獄）、水戸藩尊攘派は安政七年（一八六〇）三月三日に井伊を襲撃して討ち取った（桜田門外の変）。井伊を支えてきた老中安藤信睦《のぶゆき》（磐城平藩主）は、井伊を批判して罷免された下総国関宿藩主久世広周《くぜひろちか》を老中に復職させ、久世は四月二十八日に老中首座となった。久世と安藤は朝廷との融和を目指して公武合体政策をとり、その一環として孝明天皇の異母妹、和宮親子《ちかこ》内親王を将軍家茂の御台所《みだいどころ》に迎えた。ともに十四歳であった家茂と和宮の婚儀は文久二年（一八六二）二月十一日に行われた。和宮の婚約者であった有栖川宮熾仁《たるひと》親王（二十七歳）は戊辰戦争の際に重要な地位に就く。この頃には二回の改元があり、安政七年三月十八日に万延となり、万延二年二月十九日に文久となった（『茨城県史　近世編』）。

二本松藩による警備（安政五年〜慶応三年）

安政五年六月、陸奥国二本松藩主丹羽長富《ながとみ》に上総国富津台場での江戸湾警備が命じられた。二本松藩（二本松市）は兵隊三百人、大砲隊五十人を富津に派遣し、さらに人足百人ほどを富津で雇った。藩には周准郡・天羽郡・望陀《もうだ》郡に三十一ヵ村、一万一千石の預地《あずかりち》が与えられた。年貢米三千二百五十石はすべて幕府に納め、小物成《こものなり》その他の雑税だけが藩の収入になった。この収入だけでは台場・陣屋の維持に不足であったから、藩は二本松の領民に八千六百両の御貸上金を賦課した。この善政に対して富津の領民は安政六年十一月に丹羽家の支配が永続するよう嘆願書を提出した（『二本松市史　第一巻』、『富津市史　通史』）。

安政六年五月、横浜・長崎・箱館の三港が開港した。神奈川（横浜市）は東海道の宿駅であったから、神奈川の名目で横浜に港を新設して開港したのである。野毛山近くに神奈川奉行所、波止場近くに運上所が設けられた（図25参照）。運上所の東側は外国人居住地に指定され、関内《かんない》と呼ばれた。これらを現在の位置関係でいうと、神奈川奉行所は横浜市立中央図書館（西区）付近、運上所は神奈川県庁（中区）付近に当たる。長崎はそれまでオランダ（蘭）に限って開港していたが、この時から米・英・蘭・露・仏の五ヵ国に対して開港となった。箱館（函館市）は米・英・蘭・露の四ヵ国との和親条約による補給目的の開港であったが、この時から五ヵ国との間で本格的な通商のための開港となった（『横浜市史　第二巻』）。

安政三年に着任したアメリカ駐日公使ハリスは在留外国人の間で大きな影響力を持ち、また幕府の絶大な信頼を獲得していた。しかし、母国アメリカでは一八六一年（文久元年）に南北戦争が始まり、大統領も民主党から共和党のリンカーンに変わった。民主党員のハリスにとって帰国は時間の問題となった。文久二年四月、ハリスは病気を理由に帰国し、後任としてプリュイン公使が着任した。それ以降、日本に駐在する外交団の中でアメリカの影響力は急速に低下した（『ハリス』）。

元治元年三月に着任したフランス駐日公使ロッシュは徳川幕府を支持する姿勢を鮮明にした。幕府はフランスの援助を受けて横須賀に製鉄所を建設し、横浜に陸軍伝習所を設け、軍事力を増強する政策をとった。この頃のアメリカは外交に力を入れる余裕がなく、イギリスは薩摩藩に肩入れしており、幕府を支える意思と力を持ち合わせていたのはフランスだけであった。この頃には二回の改元があり、文久四年二月二十日に元治となり、元治二年四月七日に慶応となった（『戊辰戦争論』）。

横須賀製鉄所の建設を推進したのは勘定奉行小栗忠順《ただまさ》であり、横浜陸軍伝習所の開設を推進したのはその時陸軍奉行に転じていた小栗である。そして、小栗忠順とロッシュ公使を仲介したのは書記官のカションである。カションは箱館駐在時代に箱館奉行所にいた栗本鋤雲《じょうん》と親交を結んだ。その栗本が横浜駐在目付として横浜に赴任したため、フランスと幕府との関係が急速に接近したのであった。幕府は慶応元年（一八六五）に陸軍教官団の派遣を要請したが、フランス教官団が実際に来日したのは慶応三年正月であった。この来日の遅れは戊辰戦争を戦う幕府にとって致命的な準備不足となった。この伝習生の中にいた大鳥圭介・荒井郁之助は後に幕府を脱走して箱館戦争を戦う。また、フランス教官団の一部は日本に残留して榎本軍に加わり、箱館戦争を戦う（『小栗上野介の生涯』、『栗本鋤雲』）。

安政の五ヵ国条約は日本政府（幕府）以外に武器を売ることを禁じていた。薩摩藩や長州藩にとってはこれが最大の問題であった。イギリス駐日公使オールコックは幕府が貿易の独占を止め、諸大名を貿易に参加させることが日本の政局を収拾する鍵であると説いていた。オールコックの後任として慶応元年に着任したパークス公使もこの方針を継承した。この方針は慶応二年五月の江戸協約（安政五ヶ国条約付属の改税約書）で実現した。江戸協約第九条が諸大名の対外貿易を合法化したからである（『戊辰戦争論』）。

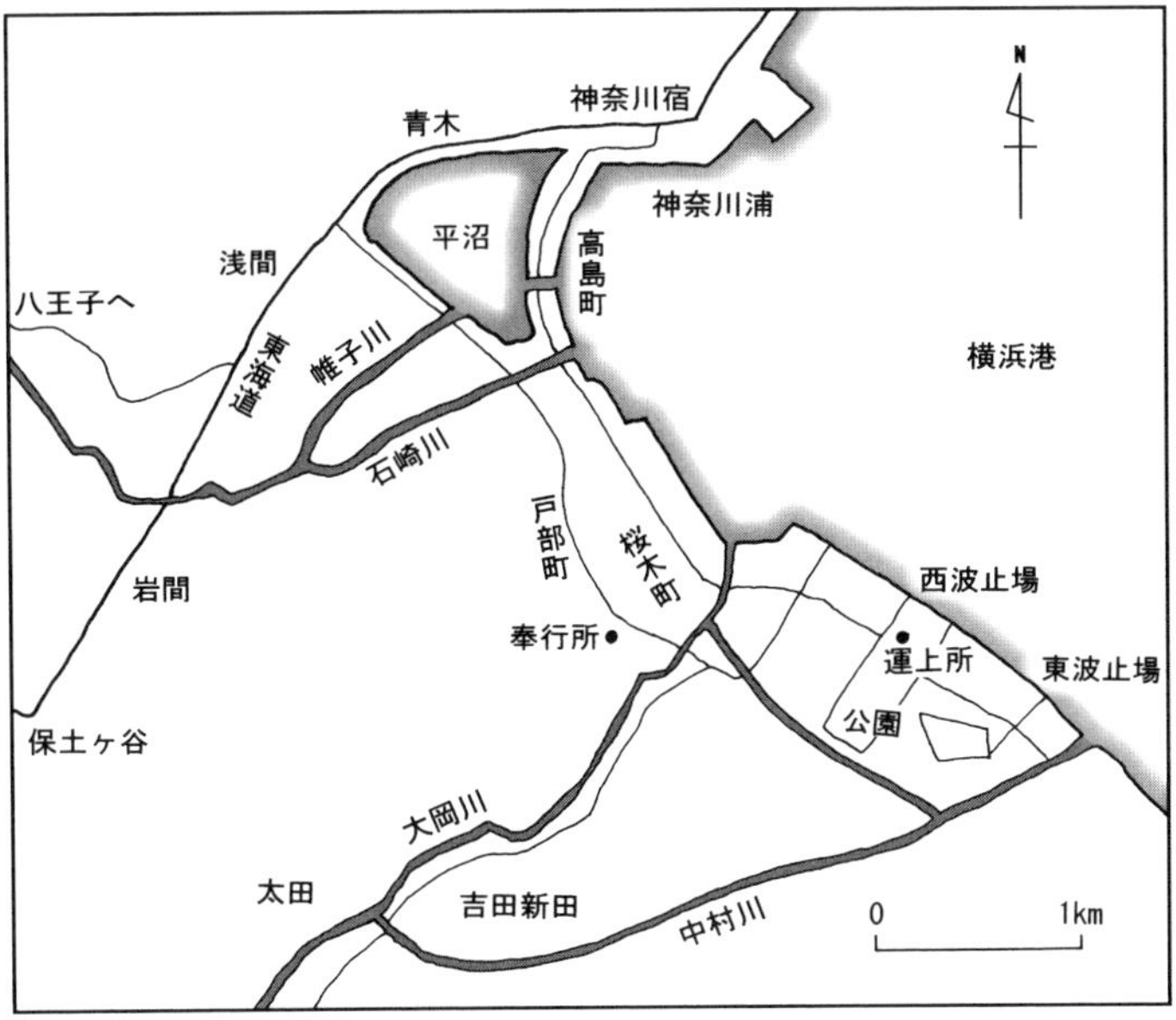

図25　開港当時の横浜港付近

（四）開港後の国内動揺（安政六年〜）

文久三年三月、十四代将軍徳川家茂が朝廷から攘夷の実行を迫られ、「攘夷期限を五月十日とする」と上奏した。長州藩はこれを大義名分にして五月十日から下関海峡を封鎖し、アメリカ商船・フランス軍艦・オランダ軍艦を順次砲撃した。これに対して、アメリカ軍艦・フランス軍艦は六月に長州藩の前田台場・壇ノ浦台場（いずれも下関市）を砲撃し、兵を上陸させて二つの台場を占拠した。この戦闘によって攘夷が不可能であることが明らかになった。長州藩はこの事件を境にしてイギリスに急接近する（『長州戦争』）。

駿河国田中藩（藤枝市）本多氏は下総国に分領を持っていたが、下屋敷は江戸湾に近い深川扇橋（江東区）にあった。外国の報復攻撃が江戸市中に及ぶことも予想される事態となったため、文久三年六月、田中藩は下総国葛飾郡加村（流山市）に陣屋を新設した。御殿一棟・土蔵二棟・長屋二十七棟などを建て、江戸下屋敷に住んでいた藩士全員をここに移した。加村陣屋は幕末まで存続し、明治期に誕生する葛飾県や印旛県の庁舎となる（『流山市史　通史編Ⅱ』）。

横浜・長崎・箱館の三港が開港した翌年、すなわち万延元年における横浜港の貿易品目を金額順に見ると、輸出品では生糸・油・銅・茶・種子・干魚・薬品・絹織物・昆布などが多く、輸入品では綿織物・毛織物・亜鉛などが多かった。しかし、輸入総額は輸出総額の一割にも満たなかった（『横浜市史　第二巻』）。

安政の開港を民衆がどう受けとめたかは定かでないが、武蔵国比企郡下古寺村（埼玉県小川町）の一農民は「日本は談判に負けて交易を始めた」との感想を書き残した。また、輸出に廻された物資が品薄になって価格が上がったため、国内の物価全体が上昇した。江戸市中における安政四年と慶応三年の物価を比較すると、米は四・三倍、綿は四・九倍、干鰯は四・六倍になり、民衆の生活を圧迫した。そのため、物価高騰の原因となっている外国人を憎む空気が武士層の間ばかりでなく庶民の間にも広がった（『新編埼玉県史　通史編四近世二』）。

こうした社会情勢の中で武士層がまず外国人襲撃事件を起こした。万延元年十二月、薩摩藩士伊牟田《いむだ》尚平がアメリカ公使館（麻布の善福寺）の通訳ヒュースケンを殺害した。伊牟田は再度本書に登場する。文久元年五月には水戸浪士十四人がイギリス公使館（高輪の東禅寺）を襲撃した。これが第一次東禅寺事件であるが、一年後には公使館警備を担当していた松本藩士が第二次東禅寺事件を起こした。

尊王攘夷派の浪士・志士たちが次に攻撃の対象にしたのは幕府代官所であった。文久三年八月、大和国五條（奈良県五條市）の代官所が襲撃された（天誅《てんちゅう》組の変）。同年十月には但馬《たじま》国生野《いくの》（兵庫県生野町）の代官所が襲撃された（生野の変）。これらの挙兵事件は幕府と周辺諸藩の兵で簡単に鎮圧されたが、代官所が襲撃を受けたことは幕府の権威が失墜しつつあることを天下に示した（『東京百年史　第一巻』）。

　こうした背景の中で民衆もまた世直し運動を起こした。文久三年十一月二十四日、匝瑳郡八日市場村（匝瑳市）の名主の家に真忠《しんちゅう》組の使者を名乗る者が現れ、「攘夷のための武具手当金五百両」を要求した。武射郡井之内村（山武市）で手習いの師匠をしていた楠音次郎であった。楠らは十二月十二日に山辺郡小関村（九十九里町）の大村屋旅館に本拠を置いた。それまでの交渉によって武具手当金は百両に減額され、十二月十三日に大村屋旅館に届けられた。真忠組は「攘夷のために同盟を結んだが、まず近郷に出没する悪党を討伐して民衆の苦しみを取り除く」という触書を近隣の村々に廻し、八日市場村と長柄郡茂原村（茂原市）の寺に支部（屯所）を置いた。これには片貝村（九十九里町）・井之内村・八日市場村からそれぞれ十人ほどの参加者があり、総勢は七十人余に上った。真忠組は周辺の豪農・豪商から資金を強奪する一方、貧窮民に現金を配布した。彼らの活動範囲は二十五ヵ村、千八百七十人余に上り、施した現金は四十四両ほどに上った（『八日市場市史　下巻』）。

　真忠組の活動を察知した関東取締出役《しゅつやく》（第一章一参照）は文久四年正月十三日に佐倉藩・一宮藩・多古藩・久留里藩の江戸留守居役を召集して真忠組討伐への出兵を命じ、東金（東金市）に分領を持つ福島藩（板倉氏）には討伐隊の指揮を命じた。出動の期日は正月十八日とされ、小関村には佐倉藩（堀田氏）と福島藩（板倉氏）、八日市場村には多古藩（松平氏）と佐倉藩（堀田氏）、茂原村には一宮藩（加納氏）が向かうことが決まった（図15参照）。ところが、小関村の真忠組が逃走の準備をしていることが分かり、福島藩兵は予定を一日早めて正月十六日夜半に東金を出発し、十七日早朝に小関村大村屋を包囲して大将楠音次郎など七人を討ち取った。一宮藩兵は茂原村から長柄郡剃金《そりがね》村（白子町）まで真忠組を追跡して副将三浦帯刀《たてわき》など五人を捕縛した。多古藩兵は八日市場村に出動したが、真忠組はすでに逃走していた。佐倉藩兵は福島藩との打ち合わせ通り十六日に佐倉を出発したので、戦闘に間に合わなかった。その後、関東取締出役によって真忠組浪士の探索が行われ、捕縛された隊員約二百五十人が東金町に集められた。幕府の取調べは東金町で行われ、三月十二日に三浦帯刀など十二人が処刑された。その他の隊員は江戸で裁判を受け、十一月二十一日に三人が死罪、一人が所払いとなった。また、これに関係した者百四十四人が遠島《えんとう》・追放などの刑を言い渡された（『東金市史　通史篇下七』）。

元治元年八月に第一次長州戦争が始まると、幕府から出陣を命じられた諸藩が大坂まで兵を進めたので、大坂は諸藩の兵で溢れた。この第一次長州戦争は開戦に至らなかったが、大坂市中で物価が上昇し、特に米の価格が高騰した（『長州戦争』）。

飯野藩主保科正益《まさあり》は慶応二年五月二十五日に若年寄に任じられ、六月に第二次長州戦争が始まると、七月二十四日に石州口（石見国《いわみ》）の幕府軍の指揮を命じられた。八月三日に幕府軍約二千人を率いて大坂を出発し、八月二十二日に出雲国松江に着いて長州軍と対峙した。九月十四日に芸州口（安芸国）への転戦を命じられたが、その途中で休戦を知らされ、十月十三日に大坂に帰った。幕府軍が各方面で敗れた末の休戦であったが、その間七月二十日に十四代将軍家茂が大坂で死去していた。幕府領であった天羽郡竹ヶ岡村組合の七ヵ村（竹ヶ岡村・金谷村・萩生村・海良村・売津村・相川村・梨沢村）には軍用金調達を目的にした上納金合計四百五十一両が課せられた。村々はその納付に苦しんだ（『富津市史　通史』）。

幕府は第一次・第二次長州戦争に当たって芸州口・石州口・周防大島口・小倉口・萩口の五方面に兵力を配置した（萩口は中止）。長州軍は自領を守る立場であったが、第二次長州戦争の石州口では長州軍が先制攻撃に出たことが注目される。長州軍は無抵抗の石見国津和野藩（津和野町）の藩領を通過し、六月十七日に益田（益田市）に攻め入り、七月十六日に浜田城下に入った。浜田を守っていた松江兵・鳥取兵・福山兵・紀州兵が次々に退却したので、浜田兵は浜田城を焼いて退去した。その後、長州軍は石見銀山のある幕府領大森（大田市）まで進出した。飯野藩主が松江に入ったのはそれに対応したものであったろう。

この頃の物価高騰は生糸を除くと外国貿易の影響は少なく、重大局面を迎えた政局に備えて領主が米を備蓄したことが影響している。大坂市中における米価は元治元年八月を基準にすると慶応元年六月に二倍、慶応二年四月には五倍となった。慶応二年四月に西宮で一揆が起こると、数日のうちに大坂周辺に波及し、五月には江戸でも一揆が発生した。一揆勢は「世直し」を唱え、地主・商人・高利貸などに押しかけて打毀しを行った（『戊辰戦争論』）。

慶応二年五月十七日、木更津村（木更津市）の小前百姓が穀物商を打毀し、首謀者は二十二日までに捕縛された。翌六月には八日市場で一揆勢が商家七軒を打毀し、商人四十七人から金四百両を受け取った。

前橋藩による警備（慶応三年〜明治元年）

延宝七年（一六七九）に領地没収となった久留里藩主土屋直樹《なおき》の領地二万石は翌年に上野国前橋藩酒井忠清《ただきよ》の加増地として与えられ、前橋藩上総分領が誕生した。酒井氏は寛延二年（一七四九）に播磨国姫路に転封され、松平朝矩《とものり》（越前松平家）が前橋に入封して本領・分領とも引き継いだ。上総分領を支配するための前橋藩陣屋は、最初は小櫃川沿いの望陀郡向郷村《むかいごう》（君津市久留里）にあったが、文政十年に向郷から更に五キロメートル上流の望陀郡大戸見村三本松（君津市大戸見）に移された。なお、上野国沼田藩主黒田直純《なおずみ》が久留里に移され、久留里藩が再び立藩されたのは寛保二年（一七四二）である（『前橋市史　第二巻』）。

前橋城を乗せた台地は利根川の浸食を受けて危険になり、前橋藩松平氏は明和四年（一七六七）に武蔵国川越藩に転封となった。松平氏が前橋城の築城を許されたのは文久三年、前橋城に戻ったのは慶応三年であった。この間のおよそ百年間、前橋藩は川越藩と呼ばれてきた（『君津市史　通史』）。

慶応三年三月、前橋藩主松平直克《なおかつ》に房総沿岸の警備が命じられた。前橋藩は前橋町在奉行であった白井宣左衛門を房総町在奉行に任命し、藩士三十人ほどを付けて富津陣屋に赴任させた。彼らは五月十九日に前橋を出発し、江戸小網町（中央区）から行徳（市川市）までは行徳船を利用した。前任の二本松藩から富津台場での警備を引き継いだのは五月二十六日であった。その際の服装は割羽織・野袴着用で、各自鉄砲を持った（『前橋市史　第二巻』）。

前橋藩が江戸湾房総側の警備についてから富津周辺に異国船の来航はなかった。しかし、江戸城明渡し後に富津陣屋で重大事件が起こる。それについては後述する。

（五）村々の負担と変容

江戸湾警備を命じられた譜代大名には領地、外様大名には預地が与えられた。いずれの場合でも警備担当藩が替わることは領主が替わることを意味したので、地元の村々にとっては負担であった。白子遠見番所の背後に当たる朝夷郡安馬谷村《あんばや》（南房総市丸山町）の場合は里見氏の改易の後、旗本大久保氏知行所の時代が長かった。しかし、白河藩の警備が始まった文化八年から明治元年（一八六八）までの五十七年間に白河藩・旗本水野氏・忍藩・会津藩というように領主が変わり、その交代の都度、一旦幕府領になったので、交代は都合九回に上った（『千葉県の歴史　通史編近世二』）。

江戸湾警備の担当藩が村々に求めた役割は具体的には次のようなものであった。①駆付け人足（非常時に陣屋に駆付けて物資輸送・炊き出しなどを行う）、②水主および役船（五大力船や押送船を提供して役人の移動や偵察を行う）、③陣屋や江戸への注進（異国船を発見した場合に報告する）、④接待または費用負担（幕府役人や領主の巡視の際に接待する）。警備担当藩は村役人の一部を陣屋詰家臣団の末端に組み込み、藩と領民との仲介に当たらせた。その役割は藩の触れを伝達するだけでなく、非常時に動員された農民を直接指揮することも含まれた。幕府から江戸湾警備の委任を受けた藩は、その一部を村役人に任せたのである。一方、ペリーが来航した嘉永年間以降、幕府は警備担当藩から出される領地・預地に関する要求をかなり受け入れるようになった。文久三年には関東農村で農兵制度が始まった。こうした現象はこれまでになかったことで、幕藩体制の根幹が崩れ始めたことを意味するであろう（筑紫敏夫「江戸湾沿岸警備と支配体制の変容」『歴史手帖　十一巻六号』）。

天羽郡竹ヶ岡村組合の七ヵ村はすべて相給支配（第一章一参照）であった。その給数の合計は十七に上ったので、年貢などの訴願は煩雑を極めた。しかし、文化七年に七ヵ村すべてが白河藩上総分領となったので、これ以降は七ヵ村が一つにまとまって訴願できるようになった。これとは逆の場合もあった。望陀郡高柳村（木更津市）は旗本三人の相給支配であったが、嘉永二年に会津藩上総分領となり、相給支配の弊害がなくなった。ところが、嘉永六年に会津藩が江戸湾警備を解かれることになり、再び相給支配に戻る恐れが出てきた。そこで、高柳村の名主たちは会津藩に支配継続願を提出した。このように御備場御用のために相給支配が整理され、広域的な支配が実現するという効果があった。また、御備場御用を担っている村々が「御備場付」という権威を獲得し、地域の中で新しい秩序を生み出すという傾向も見られた（筑紫敏夫「江戸湾防備政策の展開と民衆の論理」『関東近世史研究　第三〇号記念特集』）。

幕府は外国船の来航に危機感を抱き、それへの対応に力を注いできた。しかし、貿易を独占する幕府に不満を抱いた西南諸藩が倒幕路線で結束したため、徳川幕府は外国勢ではなく、西南諸藩に倒されることになった。次節では幕府の崩壊が房総三国に与えた影響を見てゆくことにしよう。

二　幕府崩壊と房総の騒乱

徳川慶喜《よしのぶ》は慶応二年（一八六六）八月二十日に徳川家当主となり、十二月五日に十五代将軍となった。そして、慶応三年十月十四日に朝廷に大政奉還《たいせいほうかん》を捧呈し、翌日に勅許された。初代徳川家康が征夷大将軍に就いたのは慶長八年（一六〇三）二月であったから、将軍の治世は二百六十四年で終わった。ところが、同じ十月十四日、朝廷から薩摩藩・長州藩に宛てて「賊臣慶喜を征伐せよ」との密勅が出ていた。慶喜を朝敵に貶《おとし》める筋書きは既にできていたのである。

慶応三年十二月九日、王政復古《おうせいふっこ》の大号令が発せられた。摂政・関白・将軍という三職が廃止され、新たに総裁・議定・参与を置いて政治を行うものとされた。有栖川宮熾仁《たるひと》親王が総裁に就き、徳川慶喜には辞官納地《じかんのうち》が命ぜられた。辞官とは官位（内大臣）を辞すること、納地とは領地を朝廷に返すことである。この命令は十二月十日に二条城の慶喜に伝えられた。多くの旗本・会津藩士・桑名藩士などが詰めていた二条城は興奮に包まれ、薩摩を罵倒する声に満ちた。不測の事態を心配した慶喜は十二日に二条城を出て、十四日に大坂城に入った。老中首座を務める備中松山藩（岡山県高梁市）藩主板倉勝静《かつきよ》は江戸に残留している老中宛に、ある限りの軍艦と兵士を大坂に送るよう要請した。勝静はかつての白河藩主松平定信の孫であった（『戊辰戦争論』）。

（二）　尊王攘夷派の攻撃

江戸では薩摩藩が幕府を挑発して開戦させようと図っていた。その工作を担ったのが益満《ますみつ》休之助と伊牟田《いむだ》尚平（通訳ヒュースケンの殺害者）で、その先兵として活動したのが相楽《さがら》総三である。相楽は下総国相馬郡椚木《くぬぎ》村（藤代町）の郷士の子であるが、江戸生まれであった。彼らは江戸三田（港区）の薩摩藩邸を拠点とし（図24参照）、関東各地に勤王の士を募った。これに呼応して集まった者の中に葛飾郡佐津間村（鎌ケ谷市）の渋谷総司と小金宿（松戸市）の竹内廉之助がいた（長谷川伸「相楽総三とその同志」『長谷川伸全集第七巻』）。

薩摩藩邸に集った浪士は五百人を越えた。彼らは幕府に協力している富豪の家を夜毎襲撃したので、幕府は庄内藩・上山藩・岩槻藩・鯖江藩の四藩に薩摩藩邸の浪士討取りを命じた。慶応三年十二月二十五日、四藩の攻撃で薩摩藩邸は炎上し、浪士は南品川の町に放火して逃亡した。浪士の大半は品川沖の薩摩藩蒸気船に収容され、大坂に向かった。相楽総三・渋谷総司・竹内廉之助もその中にいて、京都で次の活動に乗り出す（『品川区史　通史編上巻』）。

慶応三年十二月二十八日、幕府の援軍が大坂城に到着し、薩摩藩による江戸市中擾乱の話が伝わると、旗本・会津藩士・桑名藩士などは薩摩に対する憤激に沸いた。さらに、十二月三十日に大坂に着いた外国郵便船から薩摩藩邸焼討ちの報がもたらされると、大坂城内の憤激は上層部も抑え難いほどになった。慶喜は老中板倉勝静に薩摩討伐の上表《じょうひょう》を起草させ、大多喜藩主老中格の松平（大河内）正質《まさただ》を薩摩討伐軍の総督に任命した。幕府軍一万二千人あまりが薩摩討伐の上表を掲げ、京都に向けて進軍した。

慶応四年正月三日、幕府軍は鳥羽街道と伏見街道で薩摩兵・長州兵五千人余と衝突した。これが鳥羽伏見の戦である。兵力の上では幕府軍がはるかに優勢であったが、戦術に長けた薩摩兵・長州兵が幕府軍を圧倒した。その上、薩摩兵・長州兵はかねて用意の錦の御旗を掲げて進んだので官軍となった。正月五日、幕府軍が退却して淀城（京都市伏見区）に入ろうとした時、淀藩が城門を閉じてこれを拒否したため、幕府軍は総崩れとなった。戦意を失った幕府軍は大坂城に退き、正月七日には大坂も捨てて江戸への引き上げを決めた。正月七日、前将軍徳川慶喜に対する征討令が出され、十日には慶喜以下二十七人の官位が剥奪された。その中には薩摩討伐軍総督を務めた大多喜藩主松平正質の名もあった。この日は幕府直轄領を朝廷領すなわち新政府領とすることも布告された。

正月十五日、新政府は外国使節に向けて「大君《たいくん》（将軍）が締結した条約を御門《みかど》（天皇）の条約として実行する」と通知した。また、国内に向けては「和親条約を結び、国威を海外に発揚する」と布告した。それまでの攘夷の方針が一転して開国に切り変わったのは、薩摩・長州が主張してきた攘夷が倒幕のための方便であったからである（『東京百年史　第一巻』）。

薩摩藩邸焼討ち事件の後、相楽総三・渋谷総司・竹内廉之助らは慶応四年正月十五日に近江国愛知川《えちがわ》（滋賀県愛荘町）で赤報隊を結成し、新政府軍の了解を得た上で年貢半減を掲げて東山道（中山道の旧称）を進んだ。しかし、信州に入ったところで東山道軍から偽官軍の汚名を着せられた。金原忠蔵（竹内廉之助の変名）は二月十七日に追分宿（軽井沢町）で小諸藩などの襲撃を受け、翌日に沓掛《くつかけ》宿（同）で落命した。相楽総三と渋谷総司ら赤報隊の幹部八人は東山道軍に捕らえられ、三月三日に下諏訪宿（下諏訪町）で処刑された。新政府の資金提供者となった富豪たちが年貢半減に反対したため、新政府は年貢半減を取り下げざるを得なかった。赤報隊は新政府軍のご都合主義の犠牲になったのである（長谷川伸「相楽総三とその同志」『長谷川伸全集第七巻』）。

新政府に資金を提供した富豪の筆頭は三井であった。三井は十七世紀に伊勢国松坂（松阪市）から江戸に出て呉服店越後屋を開いて成功し、金融業にも手を広げた。横浜開港の際、幕府の勧めに従って横浜に最初に出店したのは三井であり、幕府から外国奉行所為替御用（関税収納業務）を引き受けたのは三井であった。しかし、立ち上がったばかりの新政府にいち早く資金を提供したのも三井であった。これは三井の政商としての重大な決断であった（『小栗上野介の生涯』）。

（二）　江戸開城と徳川家臣団の脱走

慶応四年二月九日、有栖川宮熾仁親王が東征大総督に任命され、先鋒軍が東海道・東山道・北陸道の三道に分かれて江戸に進撃した。熾仁親王は十四代将軍徳川家茂に嫁いだ和宮親子内親王の婚約者であった人である。前将軍徳川慶喜は二月十二日に江戸城を出て上野寛永寺で謹慎した。慶喜の側近を務めてきた一橋家の家臣たちは二月二十三日に浅草東本願寺に集まり、彰義隊《しょうぎ》を結成した。彼らは恭順に反対したため、幕府はこれが新政府に対抗する勢力と見られることを警戒し、江戸市中取締に当たらせた。彰義隊は次第に膨れ上がって千人を越えたため、四月三日に浅草東本願寺から上野寛永寺に移された（『東京百年史　第一巻』）。

下総国結城藩《ゆうき》（茨城県結城市）の第十代藩主水野勝知《かつとも》は江戸詰の家老水野甚四郎とともに熱心な佐幕派であったので、慶応四年三月、藩主自ら藩士を率いて上野寛永寺の彰義隊に加わろうとした。しかし、本国の家老小場兵馬《ひょうま》は新政府に恭順する方針であったので、当主勝知を退けて第八代藩主の子水野勝寛《かつひろ》を新藩主に擁立しようとした。同年四月、勝知は彰義隊の応援を得て、恭順派が守る自分の城を攻め、結城城を奪還した。水野勝寛らは婦女子を連れて武射郡成東村《なるとう》（山武市）の上総分領に避難した。その後、結城城は東山道軍に占領され、水野甚四郎は切腹し、小場兵馬も藩内を混乱させた責任を取って自刃した。この事件を理由に結城藩は新政府から一千石を減じられる処分を受けたが、それは上総分領七千七百石の内の一千石であった（『茨城県史　近世編』、『成東町史　通史編』）。

三月六日、東征大総督府は江戸総攻撃の期日を三月十五日と定めた。この期日に合わせて東海道先鋒軍は三月十一日に品川に着き、東山道先鋒軍は十三日に板橋に着いた。しかし、幕府側勝海舟（麟太郎）と新政府側西郷隆盛（吉之助）の交渉によって江戸城の無血開城が決まった。その期日は四月十一日であった。

江戸城明渡し当日の四月十一日、前将軍徳川慶喜は上野寛永寺を出てその日は松戸宿に泊まり、十五日に水戸に入った。しかし、明渡しに反対する幕臣たちは明渡しの前後に次々と江戸を脱走した（『戊辰戦争論』）。

陸軍伝習隊については前述した（第四章一参照）。その伝習第一大隊・伝習第二大隊など二千人余が国府台《こうのだい》（市川市）に集結し、歩兵奉行大鳥圭介を総督に担いだ。大鳥軍は「徳川家の霊廟のある日光と奥羽への入り口に当たる宇都宮を押さえる」という方針をとり、前・中・後の三軍に分かれて今市（今市市）に向かった。彼らは宇都宮周辺で新政府軍と数次に渡る戦闘を繰り広げる（『われ徒死せず―明治を生きた大鳥圭介』）。

撒兵《さっぺい》隊は二度の長州戦争に出陣した後、鳥羽伏見の戦では大坂城で待機していて参戦しなかった部隊である。その五大隊二千人余が撒兵頭の福田八郎右衛門（道直）を頭首にして船で寒川（千葉市）付近に上陸するなど、いくつかの経路で木更津に向かった。木更津は木更津船の由緒で知られる通り、徳川びいきの土地柄である。撒兵隊は「上総を拠点として房総の佐幕兵力を結集し、官軍の背後を衝く」という方針であった。撒兵隊の木更津周辺における活動については後述する。

遊撃《ゆうげき》隊は京都で将軍の警護に当たっていた百人あまりの部隊である。その半隊五十人余が鳥羽伏見で戦った後、上野寛永寺で前将軍の警護に当たっていた。そのうち三十六人が伊庭《いば》八郎と人見勝太郎を隊長格として脱走し、やはり木更津に向かった。遊撃隊は「箱根関所を占領して大坂と江戸の連絡を断つ」という方針であった。遊撃隊の方針に

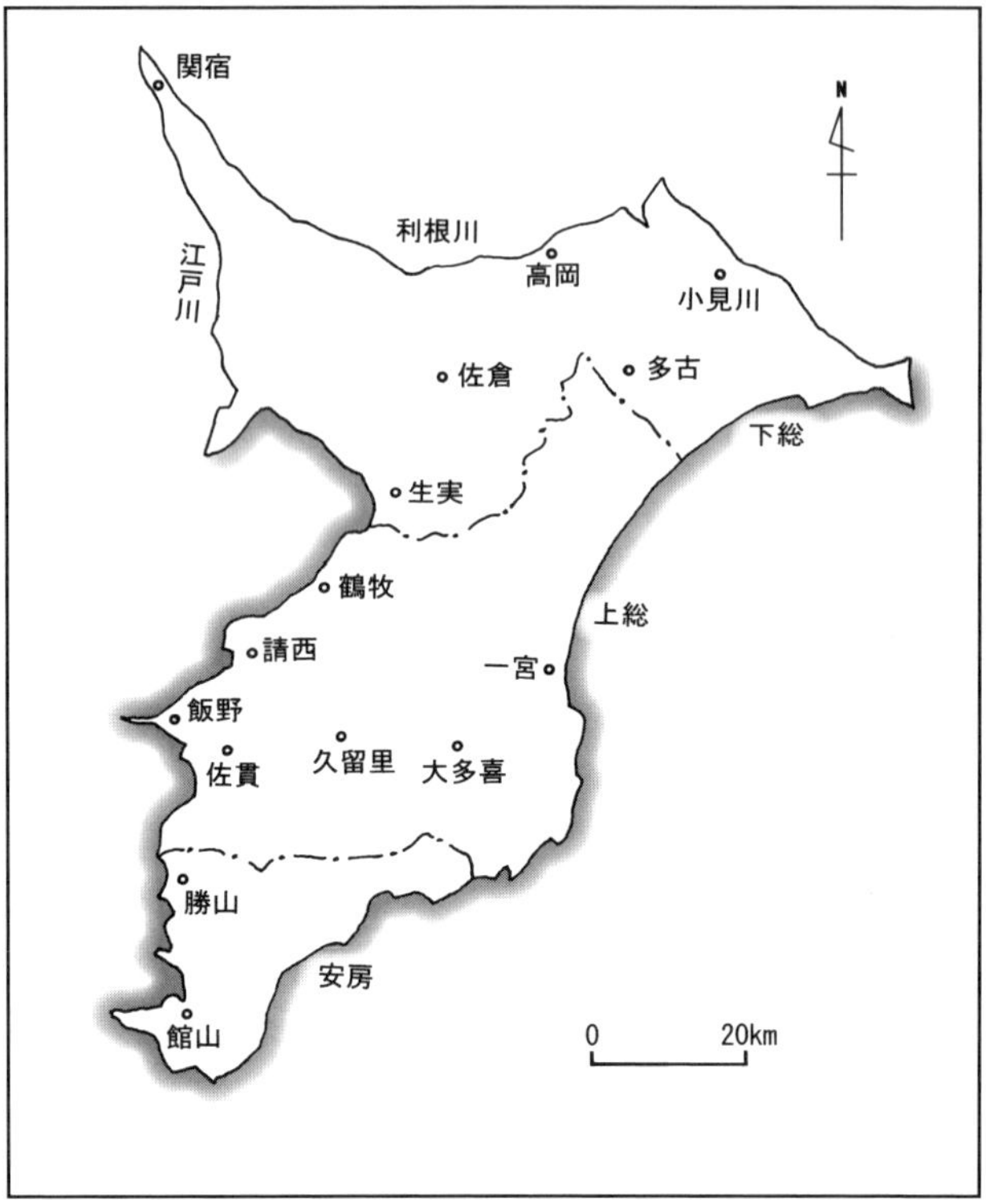

図26　幕末における房総の十五藩

同調する決意を固めた請西藩主林忠崇《ただたか》が藩を挙げて行動を起こしたことにより、富津周辺の諸藩（図26参照）は重大な岐路に立たされた。

彰義隊は江戸城明渡しに反対していたため、四月十一日に慶喜が水戸に退去する際は上野寛永寺に残された。それ以降、幕府や諸藩を脱したものが合流して二千人規模に膨れ上がった。しかし、五月十五日に新政府軍一万五千人の攻撃を受けると一日で壊滅した。この日以降、新政府軍は宇都宮・奥羽方面に全力を投入することができるようになった。彰義隊の残兵が佐貫城を襲撃したことについては後述する（『東京百年史　第一巻』）。

長崎海軍伝習所については前述した（第四章一参照）。その伝習生で、幕府海軍副総裁を務めていた榎本武揚《たけあき》は旧幕府海軍の軍艦四隻（開陽・回天・蟠竜・千代田形）と輸送船四隻（咸臨丸・長鯨丸・神速丸・三嘉保丸）を率いて品川沖を脱出した。彼らは館山沖（図23参照）に碇泊し、新政府の徳川家処分を見届けようとした。榎本艦隊は脱走した旧幕臣たちに海上輸送の便宜を提供しながら館山沖に留まっていたが、慶応四年八月十九日に館山沖を出て松島湾に向かった。艦隊のうちの一隻が銚子沖で座礁する事故については後述する（『榎本武揚』）。

（三）　房総における騒乱

鳥羽伏見の戦（慶応四年正月）から箱館戦争（明治二年五月）まで、旧幕府軍と新政府軍との間で戦われた戦争は戊辰の年に起こったので戊辰戦争と呼ばれる。これは本書の範囲を越えるので詳しくは述べないが、房総諸藩に関わることだけを整理しておこう。なお、戊辰という用語は干支《えと》による表記法で、十干と十二支を組み合わせて六十年間を表現して年数計算に使用される。慶応元年の時点で房総に本領があった藩は次の十五藩である（図26参照）。

藩名	所在地	藩主名	石高	入封年	城の有無
館山藩	館山市館山	稲葉正善《まさよし》	一万石	一七八一年	
勝山藩	鋸南町勝山	酒井忠美《ただよし》	一万二千石	一六六八年	
大多喜藩	大多喜町	松平（大河内）正質《まささだ》	二万石	一七〇二年	城持ち
佐貫藩	富津市佐貫	阿部正恒《まさつね》	一万六千石	一七一〇年	城持ち
久留里藩	君津市久留里	黒田直養《なおたか》	三万石	一七四二年	城持ち
飯野藩	富津市下飯野	保科正益《まさあり》	二万石	一六四八年	
請西《じょうざい》藩	木更津市請西	林忠崇《ただたか》	一万石	一八二五年	
鶴牧藩	市原市姉崎	水野忠順《ただより》	一万五千石	一八二七年	
一宮藩	一宮町	加納久宣《ひさよし》	一万三千石	一八二六年	
佐倉藩	佐倉市城内町	堀田正倫《まさとも》	十一万石	一七四六年	城持ち
小見川藩	香取市小見川町	内田正学《まさのり》	一万石	一六三九年	
関宿藩	野田市関宿町	久世広文《ひろふみ》	四万八千石	一七〇五年	城持ち

多古藩　多古町　松平（久松）勝行《かつゆき》　一万二千石　一七一三年
生実《おゆみ》藩　千葉市中央区　森川俊方《としかた》　一万石　一六二七年
高岡藩　成田市高岡　井上正順《まさより》　一万石　一六四〇年

房総内の十五藩はすべて譜代であるから、藩主は勿論藩士たちも当然のことながら佐幕派が多数を占めた。慶応四年三月二日、陸奥地方の譜代大名を中心にした四十三藩が新政府に徳川慶喜助命の嘆願書を差し出した。その際に総代を務めたのが佐倉藩堀田氏・佐野藩堀田氏・小田原藩大久保氏・上田藩松平氏である。佐倉藩主堀田正倫は新政府にこの嘆願の件を咎められ、京都で謹慎を命ぜられてしまった（『佐倉市史　巻二』）。

撒兵隊は四月十日から十一日にかけて木更津に現れて南町に本営を置き、各地に部隊を派遣した。第一大隊三百人余は下総国中山村（市川市）の中山法華経寺、第二大隊三百人余は五日市町（船橋市）の船橋大神宮、第三大隊は上総国鶴牧村（市原市姉崎）の鶴牧藩水野氏の陣屋に本陣を置いた。本営に残った第四・第五大隊は久留里藩主黒田直養に使節を派遣して開城勧告状を突きつけた。久留里藩は徳川氏に味方すべしという佐幕論が優勢であったが、中立論に配慮して交渉を長引かせる戦術をとり、まずは米千俵を提供した。

閏四月三日、撒兵隊第一大隊が八幡宿に駐留していた新政府軍の岡山藩兵を銃撃して戦闘が始まり、市川宿で百二十七軒が焼けた。市川・八幡の銃声は鎌ケ谷宿に駐留していた砂土原《さどわら》藩（宮崎市）の兵士にも聞こえた（図19参照）。砂土原藩兵が第二大隊の本陣である船橋大神宮を砲撃したため、大神宮は焼け落ちた。その火が飛び火して五日市村の五百六十二軒、九日市村の二百二十一軒、海神村の三十一軒が焼けた。この市川・船橋戦争に敗れた撒兵隊は東方（大和田方面）と南方（市原方面）に分かれて退却した（『船橋市史　近世編』）。

市川・船橋戦争に敗北した撒兵隊のうち、南方に逃れた部隊は下総・上総の国境村田川（千葉市）を渡って八幡（市原市）で防戦を試みたが破られた（図22参照）。その後、養老川（市原市）を渡って五井（同）で抵抗したがここも破られ、撤兵隊は姉崎（同）も捨てて真里谷《まりやつ》（木更津市）方面に敗走した。この方面の撤兵隊はその後、小規模な襲撃事件を起こしただけで霧散した（『木更津市史』）。

東方に逃れた撤兵隊の一部は成田街道沿いの大和田村（八千代市）で新政府軍との銃撃戦で数人の戦死者を出したが、閏四月五日に佐倉城下（佐倉市）に入った。撤兵隊および新政府軍に対する佐倉藩堀田家の対応については後述する（『八千代市の歴史　通史編上』）。

貝淵藩主林忠旭《ただあきら》が印旛沼堀割普請を担当したことは前述した（第一章五参照）。その後、貝淵藩は嘉永三年に陣屋を望陀郡請西村（木更津市請西）に移し、請西藩《じょうざい》と改称していた。忠旭の跡を継いだ林忠交《ただかた》が伏見奉行在任中に死去したため、忠旭の五男に当たる林忠崇が慶応三年六月に藩主の座に就いた。忠崇は二十歳の青年であった。藩の重臣二人はまだ京都に滞在しており、請西村の陣屋にいた藩士は七十人あまりに過ぎなかった（『千葉縣君津郡誌　上巻』）。四月十一日に江戸を脱走した遊撃隊三十六人は四月二十五日に木更津に上陸し、二十八日に請西藩の陣屋に押しかけた。遊撃隊の方針を聞いた忠崇は脱藩して遊撃隊と行動を共にする決意を固めた。藩士たちは武器や軍資金を準備する一方、妻子や老人を知人・縁者に預けた。閏四月三日、請西藩士七十人余と遊撃隊が請西陣屋を出発した。これ以降、遊撃隊と請西藩兵の合同軍を林軍と仮称する。その後、請西藩は閏四月十八日に廃藩となり、全領地が没収される。

飯野藩主保科正益は徳川慶喜の助命を求めて四月に京都に入ったが、そのまま謹慎を命ぜられて京都にいた。閏四月三日、飯野陣屋（富津市下飯野）に押しかけて来た林軍（遊撃隊・請西藩兵）は、飯野藩の助力を要求した。飯野藩は藩士大出鋠之助《しんのすけ》など二十人を林軍に参加させた。後日（六月八日）、飯野藩は富津に来た新政府軍にこの件を咎められ、次席家老樋口盛秀と野間銀次郎が六月十二日に切腹する。飯野藩は新政府軍から廃藩となった請西藩領の管理を命じられた。飯野藩が請西村に藩兵三十人を派遣していたところ、五月十六日夜に貫義隊を名乗る幕府脱走兵十九人に襲撃され、藩兵四人が討ち死にした（『富津市史　通史』）。

東征軍が江戸に迫った慶応四年三月、江戸市中は戦乱から遠ざかろうとする人たちで混乱した。前橋藩は江戸藩邸にいた藩士の家族を富津陣屋に避難させることにした。その数は老幼婦女合せて六百人にも上ったので、前橋藩は四月八日に家老小河原左宮《こがわらさみや》に藩士二十三人を付けて富津陣屋に派遣した。林軍が前橋藩富津陣屋に押しかけてきたのは閏四月二日であった。陣屋を取り囲まれた前橋藩は苦境に陥ったが、遠隔の地で孤立した手勢では打開策もない。小河原左宮と白井宣左衛門は三日、やむなく陣屋を遊撃隊に引き渡して近隣の民家に退避した。家老小河原左宮はその夜、陣屋の自室で自刃《じじん》した。林軍は前橋藩から足軽二十人あまりを出させ、閏四月四日に富津を発った（『前橋市史第二巻』）。

佐貫藩（富津市佐貫）は佐幕派が多数を占めていたが、重臣の一人相場助右衛門は勤王派であった。四月二十八日、佐貫城から帰宅する途中の相場が佐幕派の青年たちに斬殺された。林軍が佐貫城に押しかけたのは閏四月五日であった。佐貫藩主阿部正恒は林軍に金三百両と兵器を贈り、兵士二十人を参加させた。林軍はこの日佐貫に宿陣した。ところが、閏四月八日に新政府軍が木更津に入って来ると佐貫藩士はすべて逃走し、佐貫城は空城となった。佐貫藩は新政府軍にこの件を咎められて藩主は謹慎となり、城と領地は佐倉藩に預けられた（『富津市史　通史』）。

林軍はその後、閏四月六日は天神山（富津市湊）、七日は保田（鋸南町）に宿陣し、勝山藩陣屋（鋸南町勝山）に押しかけたのは八日であった。陣屋は戦国時代に築かれた勝山城がある山の麓にあった。勝山藩は藩士福井小左衛門に兵士三十人余を付けて林軍に参加させた。後日（六月八日）、勝山藩は富津に来た新政府軍にこの件を咎められ、福井は六月十二日に勝山の寺で切腹する。

林軍は閏四月八日に長須賀村（館山市）に入った。この日、館山湾に榎本艦隊の一隻が入ってきて数発の大砲を放った。これは館山藩を威嚇する目的で、人見勝太郎が榎本艦隊に依頼したものであった。林軍を代表して人見らが館山藩陣屋（城山の南麓）で前藩主稲葉正巳《まさみ》と談判した結果、滞在中の食糧を藩から支給し、藩士十三人を脱藩の上で参加させることで合意した。九日は豪雨であったため、出発準備に当てられた。その日の朝、請西藩士諏訪数馬が自害した。病弱で歩行が困難なため、行軍の足手まといになることを悲観したものであった。閏四月十日、林軍は三百石積船と二百石積船の二艘に分かれて乗り込んだ。各所からの参加者は請西藩七十人余、遊撃隊三十六人、飯野藩二十人、前橋藩二十人余、佐貫藩二十人、勝山藩三十人余、館山藩十三人、合計二百十人余となった。二艘は旧幕府の帆船大江丸に曳かれて館山湾を出た（図23参照）。目指すは箱根関所を守る小田原城である。

慶応四年閏四月三日に起こった市川・船橋戦争の報告を受けた大総督府は、東海道副総督柳原前光《さきみつ》を房総に派遣した。柳原副総督は閏四月七日に佐倉城に入り、佐倉藩に大多喜城を受取るための出兵を求めた。藩主堀田正倫は京都で謹慎中であったが、佐倉藩は既に撤兵隊に対して応援できない旨を回答していた。佐倉藩は閏四月九日に三百人を大多喜城に派遣し、十二日に大多喜城を受け取り、大多喜藩主松平正質《まさただ》を佐倉城に拘禁した。正質は閏四月十八日にその姓を松平から大河内に戻した。任務を全うした柳原副総督は二十日に大多喜を出発し、二十二日に登戸湊から船で江戸に帰った。

佐倉藩は閏四月十八日に佐貫城預かりを命じられ、藩兵百五十人は二十一日に佐貫城に着陣した。ところが、五月十九日に彰義隊の残兵三十人余が佐貫城に押し寄せた。佐倉藩兵はこの脱走兵を撃退したが、二人の戦死者を出した。この脱走兵は木更津の町に逃げ込み、他の脱走兵と合流して立てこもった。佐倉藩は佐倉から新たな兵を出発させ、登戸湊（千葉市）から船で奈良輪湊（袖ケ浦市）に上陸させた。佐倉藩兵が木更津に攻め入った時、脱走兵はすでに逃げ去っていた。佐倉藩主堀田正倫の謹慎処分は閏四月二十日に解除されたが、帰藩が許されたのは七月三日であった。

新政府軍は脱走兵を掃討するため、筑前国福岡藩の藩兵を富津に派遣した。福岡藩兵（人数不明）は慶応四年六月八日に富津に上陸して前橋藩富津陣屋に現れ、脱走兵の残党を掃討する要員として兵百人を出すよう求めた。また、前橋藩が林軍に兵二十人を貸し与えたことを難詰した。これに応接したのは、前年三月に富津に着任して房総町在奉行を務めていた白井宣左衛門（前述）である。しかし、福岡藩兵が宣左衛門の説明に納得しないため、宣左衛門は十二日に陣屋に戻って自刃した。宣左衛門の首は、予め指示を受けていた養子が新政府軍に届けたため、藩に対する嫌疑は晴れた。前橋藩は富津の地で小河原左宮と白井宣左衛門という二人の重臣を失ったのである。

（四）箱根関所の攻防

小田原藩主大久保忠礼《ただのり》は慶応四年正月十五日に甲府城代を解かれ、箱根関所の厳守を命じられた。しかし、二月二十六日に三河国日坂《にっさか》宿（掛川市）まで進んできた東海道先鋒総督から勤王の志を問われると、翌日には「朝廷の御用に精励する」との請書を提出した。これを受けて東海道先鋒総督は戦闘もなく東海道を進み、三月二十六日に箱根関所を通過し、一戦も交えることなく江戸に達した。

館山港を出た林軍は閏四月十二日に相模国真鶴（真鶴町）に上陸してその日のうちに小田原城に現れ、徳川家のための挙兵を求めた。小田原藩が婉曲に協力を拒絶したため、林軍は徳川家からの指示を待つことになり、沼津東方の香貫山《かぬき》（沼津市）で待機した。林軍に彰義隊壊滅の知らせが届いたのは五月十八日であった。江戸に向かおうとした林軍は箱根で小田原藩兵と衝突した。二十日になって小田原藩の態度が変わり、関所を林軍に渡し、林軍を小田原の町に入れた。しかし、このことが東海道先鋒総督に知れ、小田原藩は林軍の討伐を命じられた。林軍は二十五日に箱根まで退いたが、小田原藩兵に追撃され、二十七日に箱根を撤退し、熱海・網代を経て船で館山に戻ったのは五月二十八日であった。

ここに至っても、請西藩主林忠崇は幕府に忠誠を尽くす姿勢を崩さなかった。林軍は奥羽戦線への転陣を決め、榎本艦隊の長崎丸に乗船して六月三日に陸奥国小名浜（いわき市）に上陸した。その後、平潟（北茨城市）に上陸した新政府軍と戦いながら浜通りを北上して仙台に至るが、林忠崇は九月二十二日に仙台で新政府軍に降伏した。請西藩は慶応四年閏四月十八日に藩領を没収されている。戊辰戦争によって廃藩となったのは、全国で請西藩のみであった。

（五）　銚子沖で座礁した幕府脱走船

慶応四年八月の銚子地方は二十二日頃から暴風雨に見舞われた。それが収まった二十七日の朝、銚子の黒生《くろはえ》海岸（図16参照）に帆船が座礁しているのが見つかった。銚子の人々は乗組員を救助し、溺死した十三人を漂着場所近くに葬った。ところが、改元後の明治元年九月九日、代官所から呼び出しがあり、座礁した船が幕府脱走船（榎本艦隊）であることを知らされた。その上、高崎藩陣屋が手薄であるから、新政府軍に出兵してもらうべく、軍用金千四百二十両を銚子の商家六軒で負担せよとの申し入れがあった。軍用金は八百両に減額されたが、高崎藩はこの時の措置を咎められて新政府の譴責《けんせき》を受けた。また、上陸した脱走兵が逃亡したため、関宿藩・結城藩・下館藩・古河藩・館林藩・忍藩の六藩が捕縛を命じられた。

この帆船は元海軍副総裁榎本武揚が指揮する艦隊八隻のうちの一隻三嘉保丸（美加保丸）で、艦隊が向かっていた先は松島湾であった。榎本艦隊は松島湾で大鳥軍・遊撃隊を含む幕府脱走部隊多数（約二千人）を収容する。榎本らは十月二十日に渡島《わたりしま》（北海道）に上陸して箱館戦争を戦い、明治二年五月十六日に五稜郭（函館市）で降伏するのである。当時は気象観測も気象予報もなかったので、榎本艦隊は蝦夷地の悪天候下で艦船二隻を失う（『榎本武揚』）。

箱館戦争で降伏した人たちは箱館降伏人と呼ばれ、その一部は小金・佐倉牧の開墾場に入植した。また、赦免された後、新政府に仕えた人物もいた。榎本武揚は海軍中将特命全権公使としてロシアとの国境画定交渉に当たった。大鳥圭介は工部大学校校長および学習院院長を務めた。荒井郁之助《いくのすけ》は気象予測で航海の安全を図るため初代気象台長となった。千葉県に関係する人物では人見勝太郎がいる。人見は名を人見寧と改めて第九代茨城県令となり、辞職後は利根運河会社の社長を務めた。利根川と江戸川を短絡して結んだ利根運河（第三章一参照）は明治時代における河川交通に革命をもたらした。このように明治時代初期に新政府で活躍した人材の中には、徳川幕府に育成された人材が多数含まれていた（『榎本武揚』、『われ徒死せず—明治を生きた大鳥圭介』、『荒井郁之助』、『茨城県政と歴代知事』）。

三　徳川氏の駿府移封と房総に移された七藩

慶応四年（一八六八）閏四月二十九日、当年六歳の田安亀之助《たやすかめのすけ》に徳川氏の相続が許された。しかし、城地《じょうち》と禄高《ろくだか》は公表されなかった。上野寛永寺にはまだ彰義隊《しょうぎ》など二千人あまりが立てこもっていたからである。その彰義隊討伐は五月十五日に終了し、東征軍に対抗できる勢力は江戸周辺にいなくなった。しかし、将軍のお膝元で長らく徳川氏の恩顧を受けた江戸市民の中には、彰義隊士の逃亡を助ける人もいた。亀之助は五月十八日に名を家達《いえさと》と改めた。

（一）　徳川氏の駿府移封

慶応四年五月二十四日、徳川家達を駿府藩《すんぷ》（静岡市）の藩主とし、禄高を七十万石とすることが公表された。幕末期における全国の総石高は約三千五十五万石であり、このうち幕府領は約四百万石、旗本知行所が約三百万石であった。徳川氏の領地は二割弱に切り詰められたのである。なお、十八世紀初頭における全国の総石高については前述したが（第一章一参照）、総石高・内訳とも変化はわずかであった（『館山市史』）。

慶応四年七月十七日には江戸が東京と改称された。水戸の弘道館で謹慎していた徳川慶喜は七月十九日に水戸を立ち、常陸国波崎（神栖《かみす》市）から駿河国清水（静岡市）までは海路をとって、七月二十三日に駿府に着いた。駿府藩主徳川家達は八月九日に東京を立ち、陸路をとって八月十五日に駿府に着いた。八月二十七日には十五歳の明治天皇が即位し、九月八日に元号が明治と改められた（『東京百年史　第一巻』）。

駿府藩主に従って新領地に移住した家臣と家族は駿河国へ六千八百人余、遠江国《とおとうみ》へ六千八百人余、合わせて一万三千七百人余に上った。これは元幕臣の半数に当たる。彼らは厳しく制限された荷物を抱えて品川沖でアメリカ商人所有の蒸気船六隻に分乗し、清水港に上陸した。蒸気船の往復は十月二日から十一月九日までの間に十便に上った。移住者は町家や農家に間借りして当面の住居とした（『東京百年史　第二巻』）。

（二）　士族の身の振り方

明治二年正月から六月までの間に諸藩の藩主が順次版籍奉還を行い、藩主は旧領地の知藩事に任命された。これ以降、旧藩主は華族、旧藩士は士族と呼ばれる。士族の身の振り方を大別すると①新政府に仕える者、②静岡藩に仕える者、③士籍を離れて帰農あるいは帰商する者、④脱走して新政府軍に抵抗する者などに分かれた。静岡藩に仕えた士族は二千百人ほど、無禄のまま駿河・遠江に移住した士族は六千五百人ほどに上った。藩は無禄移住者を寺院などに合宿させ、周辺の村民に炊事の世話をさせるなどの処置をとった（『静岡市史　近代』）。

（三）　駿河・遠江七藩の房総移封

徳川家に渡すことが予定されていた領地七十万石の内訳は、駿河国一国、遠江国の幕府領、それに奥羽諸藩の領地であった。駿河国の沼津藩・小島《おじま》藩・田中藩には五月二十四日に領地替えが発令された。慶応四年七月に駿府城が徳川家に引き渡され、八月までに駿河国・遠江国の幕府領が引き渡された。ところが、新政府による奥羽諸藩の平定は遅れていた。そこで九月四日、奥羽諸藩に代わる領地として駿河国久能山領三千石、遠江国の藩領十七万九千石、三河国の幕府領十一万六千石を徳川家に引き渡すことが決定した。遠江国の相良《さがら》藩・掛川藩・横須賀藩への発令は九月五日であるが、浜松藩への発令は改元後の明治元年十月十七日である。この七藩は駿河国・遠江国に藩庁を置いていた藩のすべてであった。七藩の移封先は次の通りである（図27参照）（『静岡県史　通史編四近世二』）。

藩名	所在地	藩主名	石高	新藩名	新所在地
沼津藩	沼津市	水野忠敬《ただのり》	五万石	菊間藩	市原市菊間

小島藩	清水市（静岡市）	滝脇信敏《のぶとし》	一万石	桜井藩	木更津市貝淵《かいぶち》
田中藩	藤枝市	本多正訥《まさもり》	四万石	長尾藩	南房総市白浜町
相良藩	相良町（牧之原市）	田沼意尊《おきたか》	一万石	小久保藩	富津市小久保
掛川藩	掛川市	太田資美《すけよし》	五万石	松尾藩	山武市松尾町
横須賀藩	大須賀町（掛川市）	西尾忠篤《ただあつ》	三万五千石	花房藩	鴨川市横渚《よこすか》
浜松藩	浜松市	井上正直《まさなお》	六万石	鶴舞藩	市原市鶴舞

幕末において房総には十五藩があったが（図26参照）、そこに駿河国・遠江国から七藩を受け入れた結果、二十二藩となった。七藩はいずれも財政が逼迫していたので、新政府は各藩に玄米・現金の支給、貸渡金の交付などの処置をとった。各藩が移転を完了するまでの経緯は次の通りである（『千葉県の歴史　通史編近現代一』）。

○沼津藩（五万石）は上総国市原郡と越後・三河・伊豆に合わせて五万石の代地を与えられ、市原郡菊間村（市原市）に藩庁を置いて新しい藩名を菊間藩とした。藩主水野忠敬は慶応四年七月二十七日に沼津城を立ち退いて伊豆国戸田《へだ》村で仮住まいし、八月晦日に城を駿府県令に引き渡した。藩士三百八十五戸は城周辺や戸田村に間借りして移転の準備に当たった。荷物は沼津城下を流れる狩野川の御用河岸で船に積み込み、駿河湾・相模湾を経て江戸湾に入り、村田川河口の市原郡八幡宿浜本に荷揚げした（図20参照）。菊間村は村田川を四キロメートルほど遡ったところであったから、荷物の多くは川舟で運搬した（『市原市史　下巻』）。

○小島藩（一万石）の代地は市原郡・望陀郡の旧請西《じょうざい》藩領と周准郡の旧幕府領、合わせて一万石であった。小島藩は旧領を八月二十三日に駿府県令に引き渡し、新領は九月九日に宮谷《みやざく》県令から受け取った。小島藩は初め周准郡南子安村金ヶ崎（君津市）に藩庁を置いて新しい藩名を金ヶ崎藩とした。しかし、金ヶ崎が交通不便であることが分かったので、明治二年三月に貝淵村に藩庁、桜井村（木更津市）に陣屋を移して桜井藩と改称した。貝淵・請西・桜井という三村は相互に接しているが、南子安村は桜井村の南方一里ほどのところにある（『静岡県史　通史編四近世二』）。

○田中藩（四万石）は安房国安房郡・朝夷郡・平郡・長狭郡、上総国天羽郡に四万石の代地を与えられた。北条村（館山市）に仮藩庁を置いて長尾村（南房総市白浜町）に藩庁を建設し、藩名を長尾藩とした。藩士の移住は明治二年五月に完了した。藩士の教育を重視した長尾藩は藩校を白浜村（南房総市白浜町）に、分校を北朝夷村（南房総市千倉町）と北条村（館山市）に建設した（『柏市史　近世編』）。

○相良藩（一万石）は上総国天羽郡・周准郡に一万石の代地を与えられ、九月に天羽郡小久保村（富津市小久保）に藩庁を置いて新しい藩名を小久保藩とした。藩庁は岩瀬川の河口から五百メートルあまり上流の左岸に設けられた。相良藩主田村意尊《おきたか》は十代将軍家治に仕えて田沼時代を築いた老中田沼意次から数えて八代目に当たる。意尊も若年寄に昇進し、元治元年（一八六四）に水戸藩改革派が起こした天狗党の乱ではその追討使を務めた。天狗党八百二十人余は追討軍に追われて行軍を続け、厳冬期の越前国敦賀

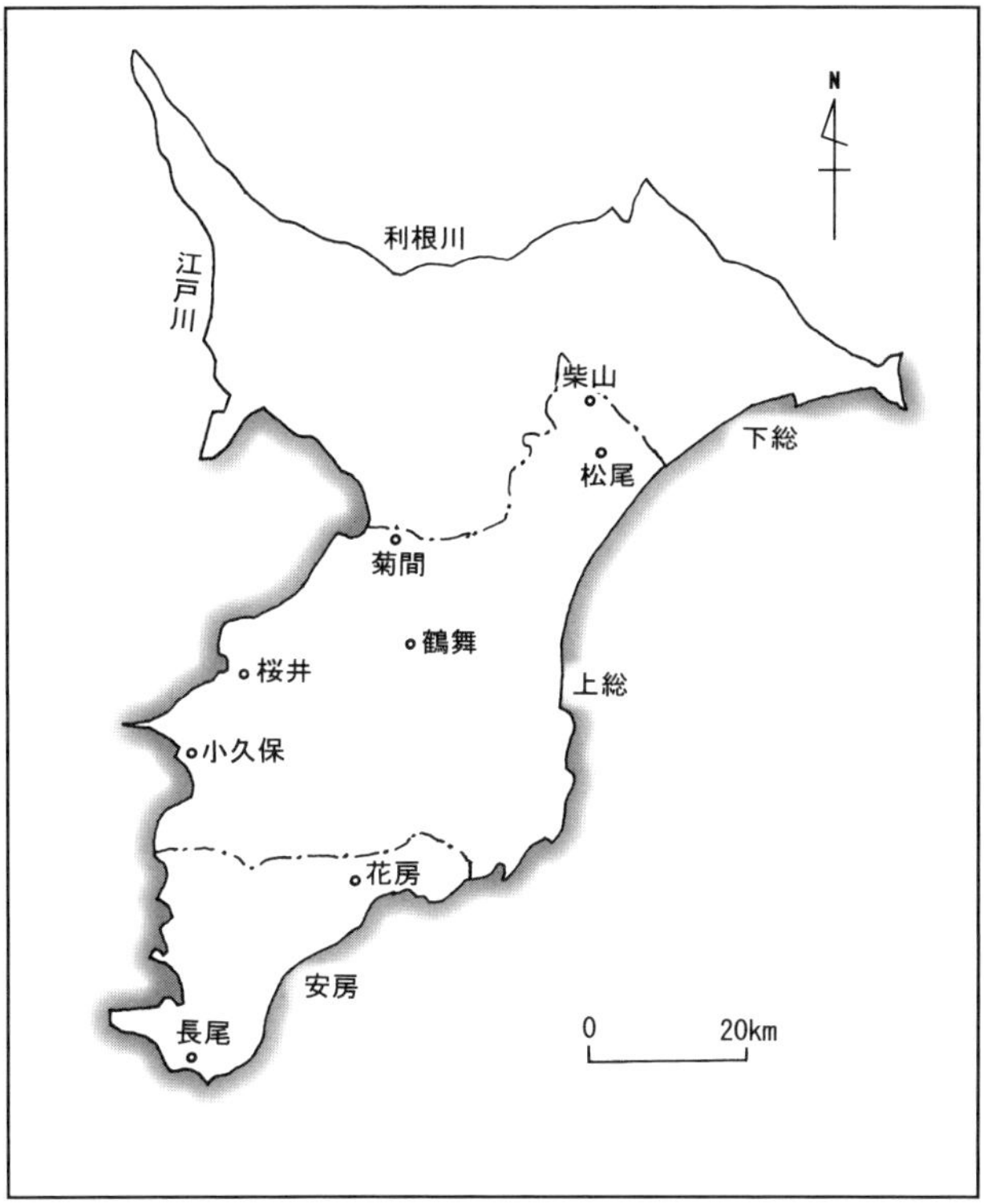

図 27　房総に新設された七藩

で降伏したのであった（『富津市史　通史』）。

○掛川藩（五万石）は九月五日に上総国夷隅郡への移封を命じられたが、十一月十日に改めて上総国武射郡・山辺郡への移封を命じられた。代地は百四十八ヵ村五万三千石であった。掛川藩は明治二年三月に掛川城を引き渡し、五月に武射郡柴山村（芝山町）の観音教寺に仮藩庁を置いて、新しい藩名を一旦は柴山藩とした（図15参照）。明治三年十一月には武射郡猿尾村（山武市）に建設していた藩庁が完成した。そこで、この地を松尾村と命名し、明治四年正月に藩名を松尾藩と改称した（『松尾町の歴史　特別編』）。

○横須賀藩（三万五千石）は安房国長狭郡・上総国望陀郡・周准郡・夷隅郡・長柄郡に百五十ヵ村三万五千石の代地を与えられ、長狭郡花房村《はなふさ》（鴨川市）に藩庁を置いて新しい藩名を花房藩とした。明治二年三月に横須賀城を徳川家に引渡し、藩士五百人ほどは五月に長狭郡に移転した。同年八月には横渚村にあった岩槻藩の出張陣屋に藩庁を移した（『鴨川市史　通史編』）。

○浜松藩（六万）は上総国市原郡・埴生郡・長柄郡・山辺郡・播磨国に六万石の代地を与えられた。市原郡石川村桐木原（市原市）に藩庁を置くことになったが、この地は台地上の原野であった。家臣は大多喜街道筋の埴生郡長南宿《ちょうなん》（長生郡長南町）の今関家を本営とし、浄徳寺を仮庁舎として移転作業を進めた。藩主井上正直は明治二年正月二十七日に浜松城を出発し、東京を経て二月十一日に長南宿（図22参照）に着いた。間もなく石川村で陣屋の建築が始まり、明治三年四月に完成した。新しい領地が翼を広げて舞う鶴に似た形であったため、この地を鶴舞村《つるまい》と命名し、新しい藩名を鶴舞藩とした（『市原市史　下巻』）。

（四）房総諸藩のその後

慶応元年の時点で房総には十五藩があった。その後、慶応四年閏四月に発令された府藩県三治制に基づいて旧幕府領・旧旗本領を統治する直轄県が誕生した。すなわち、下総国七郡（猿島・埴生・香取・千葉・印旛・相馬・葛飾）の旧幕府領・旧旗本領を統治する葛飾《かつしか》県と、下総国の残り三郡（匝瑳・海上・香取）と安房国・上総国の旧幕府領・旧旗本領を統治する宮谷県である。請西藩は廃藩となったが、駿河と遠江から七藩が加わったので、房総には二十三藩が残された。

明治四年七月に廃藩置県があり、それまでの藩がそのまま県となった。それまでの藩主が県の知藩事である。そして、明治四年十一月には安房国・上総国の十六県が統合されて木更津県となり、下総国の七県が統合されて印旛県となり、下総国の残り三県と常陸国の八県が統合されて新治《にいはり》県となった。

明治六年六月には印旛県・木更津県が併合され、千葉県が誕生した。県庁は両県の旧県境に近い千葉町（千葉市）に置かれた。明治八年五月には新治県が廃止され、その管轄下にあった香取郡・匝瑳郡・海上郡が千葉県に編入された。この県域変更によって千葉県の県域がほぼ現在と同じになった。

（参考資料）平成十五年（二〇〇三）一月以降の市町村合併

○関宿町が平成十五年に野田市に編入された。
○旭市・干潟町・海上町・飯岡町が合併して平成十七年に旭市となった。
○夷隅町・大原町・岬町が合併して平成十七年にいすみ市となった。
○天津小湊町が平成十七年に鴨川市に編入された。
○沼南町が平成十七年に柏市に編入された。
○富浦町・富山町・三芳村・丸山町・和田町・千倉町・白浜町が合併して平成十八年に南房総市となった。
○佐原市・小見川町・山田町・栗源町が合併して平成十八年に香取市となった。
○成東町・山武町・蓮沼村・松尾町が合併して平成十八年に山武市となった。
○八日市場市・野栄町が合併して平成十八年に匝瑳市となった。
○山武郡横芝町・匝瑳郡光町が合併して平成十八年に山武郡横芝光町となった。
○下総町・大栄町が平成十八年に成田市に編入された。
○印旛村・本埜村が平成二十二年に印西市に編入された。
○大網白里町が平成二十五年に大網白里市となった。

あとがき

本書で私は第二の故郷である千葉県の幕末を描く予定であった。ところが、調べれば調べるほど、幕末における房総の姿は徳川家康が関東に入った時に構想した姿そのままであることを思い知らされた。房総を知るには、家康が立てた構想とその後の経過を知らなければならないことが分かった。そこで、本書は幕末に留まらず、家康の関東入国以来の経過を取り上げることになった。執筆しながら感じたことは、房総は江戸を支えることによって発展してきたということであった。また、それは房総の人々が生活の糧を得るために必死で知恵を絞り、働いた結果であることを感じた。そこで、当初は原稿の表題を「江戸を支えた房総三国」としていた。

千葉県の郷土史については、以前から船橋市西図書館の綿貫啓一先生にご指導戴いてきた。そこで、最初の原稿は綿貫先生に通読して戴き、野馬奉行の由緒や慶安の御触書など、いくつかの項目について最新の学説をご教示戴いた。その上、近世史の専門家である筑紫敏夫先生を紹介して戴いた。折から、筑紫先生は「房総の地域文化講座」を始められており、私も何回か参加させて戴くことができた。筑紫先生のご指導を受けて私は改めて多くの参考書を読み、勉強をし直すことになった。先生には文献にとどまらず、元の資料にさかのぼるように指導を受けた。そして、先生の示唆に基づいて表題を「房総と江戸の交流史」と改め、記載項目を精選して本書ができ上がった。「交流史」というからには、政治的・経済的・文化的な側面における相互関係を含まなければならないであろう。しかし、私の力不足ゆえに文化的側面については取り組み不足となり、表題負けに終わった感を禁じえない。幸い、葛飾北斎の版画で表紙を飾れたことは、貧弱な文化面にひとつの話題を提供できた。私が参考にした文献を文章の段落毎に記載したので、更に研究を深めたい読者にはこれを利用して下さるようお願いする。読者が房総の人々の限りないエネルギーを感じ取っていただければ、私の望外の喜びとするところである。

最後に、お忙しい中を親身にご指導戴いた綿貫啓一先生と筑紫敏夫先生に衷心より感謝を申し上げる。また、他府県の県史・市町村史を閲覧する際に支援して戴いた千葉県立中央図書館レファランス担当の諸氏に感謝を申し上げる。

雄山閣編集部の羽佐田真一氏には素人の原稿に目をとめ、出版の機会を与えていただいた。また、八木崇氏には表記の統一のためにご尽力いただいた。ここに記して感謝を申し上げる。

図面一覧（参照した地形図・文献）

番号	図面の名称	参照した地形図	参照した文献
（第一章関係）			
図1	近世房総の二十五郡	日本全図	『千葉県の歴史　通史編近世一』
図2	近代房総の十二郡	日本全図	『千葉県の歴史　通史編近現代一』
図3	小金五牧の位置	全日本広域道路地図	『松戸市史　中巻近世編』
図4	佐倉七牧の位置	全日本道路地図	『佐倉市史　巻二』
図5	嶺岡五牧の位置	広域首都圏道路地図	『丸山町史』
図6	江戸湾に注いでいた川	広域首都圏道路地図	『野田郷土史』
図7	関宿周辺の沼と川（関所）	日本図誌大系　関東Ⅱ	『流山市史　通史編Ⅱ』
図8	香取海と十六島新田	五万分の一地形図	『佐原市史』
図9	手賀沼の沼口	日本図誌大系　関東Ⅱ	『我孫子市史　近世編』
図10	印旛沼の沼口	日本図誌大系　関東Ⅱ	『印旛村史　通史Ⅰ』
図11	印旛沼堀割周辺の村々	広域首都圏道路地図	『千葉市史　第二巻』
図12	長沼周辺の村々	明治前期関東平野地誌図集成	『千葉県歴史の道調査報告書』
図13	椿新田の古村と新村	五万分の一地形図	『干潟町史』
（第二章関係）			
図14	日本橋―行徳間の水路（番所）	明治前期関東平野地誌図集成	『習志野市史　第一巻通史編』

図15　九十九里浜の村々　全日本道路地図　『九十九里町誌　総説編』
図16　銚子半島の村々　日本図誌大系　関東Ⅱ　『銚子市史』
（第三章関係）
図17　金町・松戸の渡し（関所）　明治前期関東平野地誌図集成　『松戸市史　中巻近世編』
図18　水戸道中（我孫子―佐貫間）の経路　明治前期関東平野地誌図集成　『我孫子市史　近世編』
図19　松戸周辺の街道　大判分県地図　『千葉県歴史の道調査報告書』
図20　千葉周辺の街道　日本図誌大系　関東Ⅱ　『佐倉市史　巻一』
図21　那珂湊―霞ヶ浦間の経路　広域首都圏道路地図　『茨城県史　近世編』
図22　西上総の河川　全日本広域道路地図　『千葉県の歴史　通史編近世二』
（第四章関係）
図23　江戸湾の警備　全日本広域道路地図　『新編埼玉県史　通史編四』
図24　品川台場の配置　明治前期関東平野地誌図集成　『品川区史　通史編上巻』
図25　開港当時の横浜港周辺　明治前期関東平野地誌図集成　『横浜市史　第二巻』
図26　幕末における房総の十五藩　日本全図　『木更津市史』
図27　房総に新設された七藩　全日本広域道路地図　『静岡県史　通史編四』

参考文献一覧

（千葉県）
千葉県史料研究財団編『千葉県の歴史　通史編近世一』千葉県　二〇〇七年
千葉県史料研究財団編『千葉県の歴史　通史編近世二』千葉県　二〇〇八年
千葉県史料研究財団編『千葉県の歴史　通史編近現代一』千葉県　二〇〇二年
千葉県史料研究財団編『千葉県の自然誌本編二　千葉県の大地』千葉県　一九九七年
千葉県教育庁文化課編『千葉県歴史の道調査報告書』千葉県教育委員会　一九八七～一九九一年
千葉県史編纂審議会編『千葉県史料近世篇　下総国上』千葉県　一九五八年

（旧千葉郡）
千葉市史編纂委員会編『千葉市史　第二巻』千葉市　一九七四年
千葉市史編纂委員会編『天保期の印旛沼堀割普請』千葉市　一九九八年
習志野市教育委員会編『習志野市史　第一巻通史編』習志野市一九九五年
八千代市史編さん委員会編『八千代市の歴史　通史編上』八千代市　二〇一一年

（旧市原郡）
市原市教育委員会編『市原市史　中巻』市原市　一九八六年
市原市教育委員会編『市原市史　下巻』市原市　一九八二年

（旧東葛飾郡）
佐藤真『野田郷土史』歴史図書社　一九八〇年

流山市立博物館編『流山市史　通史編Ⅱ』流山市教育委員会　二〇〇五年
柏市史編さん委員会編『柏市史　近世編』柏市教育委員会　一九九五年
柏市史編さん委員会編『柏市史　近代編』柏市教育委員会　二〇〇〇年
我孫子市史編集委員会編『我孫子市史　近世編』我孫子市教育委員会二〇〇五年
松戸市誌編さん委員会編『松戸市史　中巻近世編』松戸市　一九七八年
鎌ヶ谷市教育委員会編『鎌ヶ谷市史　中巻』鎌ヶ谷市　一九九七年
船橋市史編さん委員会編『船橋市史　近世編』船橋市　一九九八年
市川市史編纂委員会編『市川市史　第二巻』市川市　一九七四年
（旧印旛郡）
印西市教育委員会編『印西市歴史読本　中世・近世編』印西市教育委員会　二〇一一年
印旛村史編さん委員会編『印旛村史　通史Ⅰ』印旛郡印旛村　一九八四年
佐倉市史編さん委員会編『佐倉市史　巻一』佐倉市　一九七一年
佐倉市史編さん委員会編『佐倉市史　巻二』佐倉市　一九七三年
佐倉市史編さん委員会編『佐倉市史　巻三』佐倉市　一九七九年
成田市史編さん委員会編『成田市史　中世・近世編』成田市　一九八六年
富里村史編さん委員会編『富里村史　通史編』印旛郡富里村　一九八一六年
八街町史編纂委員会編『八街町史』印旛郡八街町　一九七四年
（旧香取郡）
下総町史編さん委員会編『下総町史　通史近世編』香取郡下総町　一九九四年

大栄町史編さん委員会編『大栄町史　通史編中巻近世』香取郡大栄町　二〇〇二年
佐原市編『佐原市史』臨川書店　一九六六年
多古町史編さん委員会編『多古町史　上巻』香取郡多古町　一九八五年
干潟町史編纂委員会編『干潟町史』香取郡干潟町　一九七五年
栗源町編『栗源町史』香取郡栗源町　一九七四年
(旧海上郡)
千葉縣海上郡教育会編『千葉縣海上郡誌』千葉出版　一九八五年（一九一七年版の復刊）
篠崎四郎編『銚子市史』国書刊行会　一九八一年（一九五六年版の復刊）
飯岡町史編さん委員会編『飯岡町史　付篇』海上郡飯岡町　一九八一年
海上町史編さん委員会編『海上町史　総集編』海上郡海上町　一九九〇年
旭市史編さん委員会編『旭市史　第一巻』旭市　一九八〇年
(旧匝瑳郡)
八日市場市史編さん委員会編『八日市場市史　下巻』八日市場市　一九八七年
松尾町史編さん委員会編『松尾町の歴史　特別編』山武郡松尾町　一九八三年
(旧山武郡)
東金市編『東金市史　通史篇上六』東金市　一九九三年
東金市編『東金市史　通史篇下七』東金市　一九九三年
成東町史編集委員会編『成東町史　通史編』山武郡成東町　一九八六年
九十九里町誌編集委員会編『九十九里町誌　総説編』山武郡九十九里町　一九七五年

九十九里町誌編集委員会編『九十九里町誌　各論編上巻』山武郡九十九里町　一九八〇年
（旧長生郡）
茂原市史編さん委員会編『茂原市史』茂原市　一九六六年
本納町社会教育委員会編『本納町史』吉川弘文館　一九五五年
長南町史編さん委員会編『長南町史』長生郡長南町　一九七三年
睦沢村村史編さん会議編『睦沢村史』長生郡睦沢村　一九七七年
（旧夷隅郡）
夷隅町史編さん委員会編『夷隅町史　通史編』夷隅郡夷隅町　二〇〇四年
大原町史編さん委員会編『大原町史　通史編』夷隅郡大原町　一九九三年
大多喜町史編さん委員会編『大多喜町史』夷隅郡大多喜町　一九九一年
勝浦市史編さん委員会編『勝浦市史　通史編』勝浦市　二〇〇六年
（旧君津郡）
千葉縣君津郡教育会編『千葉縣君津郡誌　上巻』名著出版　一九七二年
袖ケ浦市史編さん委員会編『袖ケ浦市史　通史編二近世』袖ケ浦市　二〇〇一年
木更津市史編集委員会編『木更津市史』木更津市　一九七二年
君津市市史編さん委員会編『君津市史　通史』君津市　二〇〇一年
富津市史編さん委員会編『富津市史　通史』富津市　一九八二年
（旧安房郡）
鴨川市史編さん委員会編『鴨川市史　通史編』鴨川市　一九九六年

丸山町史編集委員会編『丸山町史』 安房郡丸山町 一九八九年
富山町史編纂委員会編『富山町史 通史編』 安房郡富山町 一九九三年
館山市史編さん委員会編『館山市史』 館山市 一九七一年
鋸南町史編さん委員会編『鋸南町史 通史編（改訂版）』 安房郡鋸南町教育委員会 一九九五年
（他府県関係）
函館市編『函館市史 通説編第一巻』 函館市 一九八〇年
二本松市編『二本松市史 第一巻』 福島県二本松市 一九九九年
白河市編『白河市史 第二巻近世』 福島県白河市 二〇〇六年
会津若松市編『会津若松市史 歴史編六近世三』 福島県会津若松市 二〇〇二年
茨城県史編集委員会編『茨城県史 近世編』 茨城県 一九八五年
取手市史編さん委員会編『取手市史 通史編Ⅱ』 茨城県取手市教育委員会 一九九二年
栃木県史編さん委員会編『栃木県史 通史編四近世一』 栃木県 一九八一年
群馬県史編さん委員会編『群馬県史 通史編四近世一』 群馬県 一九九〇年
前橋市史編さん委員会編『前橋市史 第二巻』 群馬県前橋市 一九七三年
高崎市市史編さん委員会編『新編高崎市史 通史編三近世』 群馬県高崎市 二〇〇四年
埼玉県編『新編埼玉県史 通史編四近世二』 埼玉県 一九八九年
岩槻市史編さん室編『岩槻市史 通史編』 埼玉県岩槻市 一九八五年
越谷市編『越谷市史 第一巻』 埼玉県越谷市 一九七五年
三郷市史編さん委員会編『三郷市史 第六巻通史編Ⅰ』 埼玉県三郷市 一九九五年

東京百年史編集委員会編『東京百年史　第一巻』東京都　一九七三年
東京百年史編集委員会編『東京百年史　第二巻』東京都　一九七九年
品川区編『品川区史　通史編上巻』東京都品川区　一九七三年
江戸川区編『江戸川区史　第一巻』東京都江戸川区　一九七六年
神奈川県県民部県史編集室編『神奈川県史　通史編三近世（二）』神奈川県　一九八三年
神奈川県県民部県史編集室編『神奈川県史　通史編四近代・現代（一）』神奈川県　一九八〇年
横浜市編『横浜市史　第二巻』横浜市　一九五九年
静岡県編『静岡県史　通史編四近世二』静岡県　一九九七年
静岡市編『静岡市史　近代』静岡市　一九六九年
福岡県編『福岡県史　第三巻中冊』福岡県　一九六五年
長崎県史編集委員会編『長崎県史　藩政編』長崎県　一九七三年
長崎県史編集委員会編『長崎県史　対外交渉編』長崎県　一九八六年

（第一章関係）

木村礎校訂『旧高旧領取調帳　関東編』近藤出版社　一九六九年
木村礎・藤野保・村上直編『藩史大事典　第二巻関東編』雄山閣出版　一九八九年
川村優先生還暦記念会編『近世の村と町』吉川弘文館　一九八八年
須田茂『房総諸藩録』崙書房　一九八五年
千葉歴史学会編『千葉史学　第二〇号』千葉歴史学会　一九九二年
村上直編『幕藩制社会の展開と関東』吉川弘文館　一九八六年

本間清利『関東郡代—伊奈氏の系譜』埼玉新聞社　一九八三年
藤田覚編『幕藩制改革の展開』山川出版社　二〇〇一年
山本英二『慶安の触書は出されたか』山川出版社　二〇〇二年
野村兼太郎編著『村明細帳の研究』有斐閣　一九四九年
大谷貞夫『江戸幕府の直営牧』岩田書院　二〇〇九年
大熊孝『利根川治水の変遷と水害』東京大学出版会　一九八一年
小出博『利根川と淀川』中央公論社　一九七五年
大谷貞夫『江戸幕府治水政策史の研究』雄山閣出版　一九九六年
大谷貞夫『近世日本治水史の研究』雄山閣出版　一九八六年
小島一仁『伊能忠敬』三省堂　一九七八年
浅賀正義編『新千葉県地学のガイド』コロナ社　一九九三年
渡辺秀夫『東廻海運史の研究』山川出版社　二〇〇二年
菊地利夫『続・新田開発—事例編』古今書院　一九八六年
中井信彦『大原幽学』吉川弘文館　一九六三年

（第二章関係）
荒居英次『近世海産物経済史の研究』名著出版　一九八八年
村上直編『論集　関東近世史の研究』名著出版　一九八四年
竹内誠編『徳川幕府と巨大都市江戸』東京堂出版　二〇〇三年
千葉県立中央図書館編『資料の広場　第二十三号』千葉県立中央図書館　一九九三年

永田生慈『葛飾北斎』吉川弘文館　二〇〇〇年
長谷川治一編『名工　波の伊八』ロング出版　一九九三年
荒居英次『近世の漁村』吉川弘文館　一九七〇年
荒居英次『近世日本漁村史の研究』新生社　一九六三年
千葉県郷土史研究連絡協議会編『房総漁村史の研究』千秋社　一九八三年
原直史『日本近世の地域と流通』山川出版社　一九九六年
藤木久志・荒野泰典編『荘園と村を歩く』校倉書房　一九九七年
杉谷徳蔵『小林一茶と房総の俳人たち』暁印書館　一九八一年
古田悦造『近世魚肥流通の地域的展開』古今書院　一九九六年
千葉県立中央博物館編『研究報告　第六巻第二号』千葉県立中央博物館　二〇〇〇年
川名登『河岸に生きる人びと』平凡社　一九八二年
南和男『江戸の社会構造』塙書房　一九六九年

（第三章関係）
山本忠良『利根川木下河岸と鮮魚街道』崙書房　一九八二年
地方史研究協議会編『房総地方史の研究』雄山閣出版　一九七三年
牧野隆信『北前船の時代』教育社　一九七九年
柚木学『近世海運史の研究』法政大学出版局　一九七九年
古田良一『河村瑞賢』吉川弘文館　一九六四年
利根川文化研究会編『利根川文化研究　第十八号』利根川文化研究会　二〇〇〇年

袖ケ浦市史編さん準備委員会編『袖ケ浦市史研究　第二号』袖ケ浦市　一九九四年
渡辺秀夫『近世利根川水運史の研究』吉川弘文館　二〇〇二年
鏑木行廣『佐倉惣五郎と宗吾信仰』崙書房　一九九八年
嵐圭史・小池章太郎・高橋敏『鼎談佐倉義民伝の世界』歴史民俗博物館振興会　二〇〇〇年
千葉県郷土史研究連絡協議会編『房総の郷土史　第四十三号』二〇一五年

（第四章関係）

鈴木かほる『徳川家康のスペイン外交』新人物往来社　二〇一〇年
永積昭『オランダ東インド会社』近藤出版社　一九七一年
永積洋子『平戸オランダ商館日記』講談社　二〇〇〇年
山本博文『鎖国と海禁の時代』校倉書房　一九九五年
藤田覚『天保の改革』吉川弘文館　一九八九年
洞富雄『間宮林蔵』吉川弘文館　一九六〇年
有馬成甫『高島秋帆』吉川弘文館　一九五八年
吉田伸之・渡辺尚志編『近世房総地域史研究』東京大学出版会　一九九三年
浜渦哲雄『イギリス東インド会社』中央公論新社　二〇〇九年
千葉歴史学会編『千葉史学　第四六号』千葉歴史学会　二〇〇五年
北島正元『水野忠邦』吉川弘文館　一九六九年
佐藤昌介『渡辺崋山』吉川弘文館　一九八六年
大野政治先生古稀記念論集刊行会編『大野政治先生古稀記念房総史論集』成田山史料館　一九八〇年

石井孝『日本開国史』吉川弘文館　二〇一〇年（一九七二年版の復刊）
松本健一『評伝佐久間象山（上・下）』中央公論新社　二〇〇〇年
三谷博『ペリー来航』吉川弘文館　二〇〇三年
土居良三『開国への布石―評伝・老中首座阿部正弘』未来社　二〇〇〇年
藤井哲博『長崎海軍伝習所』中央公論社　一九九一年
土居良三『評伝堀田正睦』図書刊行会　二〇〇三年
家近良樹『孝明天皇と「一会桑」―幕末・維新の新視点』文芸春秋　二〇〇二年
坂田精一『ハリス』吉川弘文館　一九六一年
石井孝『戊辰戦争論』吉川弘文館　二〇〇八年（一九八四年版の復刊）
小野寺龍太『栗本鋤雲』ミネルヴァ書房　二〇一〇年
野口武彦『長州戦争』中公新書、中央公論新社　二〇〇六年
名著出版編『歴史手帖　十一巻六号』名著出版　一九八三年
関東近世史研究会編『関東近世史研究　第三〇号記念特集』関東近世史研究会　一九九一年
長谷川伸『長谷川伸全集　第七巻』朝日新聞社　一九七一年
坂本藤良『小栗上野介の生涯』講談社　一九八七年
福本龍『われ徒死せず―明治を生きた大鳥圭介』国書刊行会　二〇〇四年
原田朗『荒井郁之助』吉川弘文館　一九九四年
加茂儀一『榎本武揚』中央公論社　一九八八年
森田美比『茨城県政と歴代知事』暁印書館　一九九一年

監修者紹介

筑紫　敏夫（つくし　としお）

＜監修者略歴＞
1955 年　千葉県生まれ
1981 年　法政大学大学院人文科学研究科修士課程修了
千葉県内の公立学校教員から、千葉県立中央博物館資料管理研究科長・兼主席研究員を経て、現在は千葉県文化財保護協会理事など
30 数年にわたり歴史科学協議会会員

＜主要著書・論文＞
『千葉県の歴史』山川出版社、2000 年（共著）、
「近世後期における譜代小藩の動向」『徳川幕府と巨大都市江戸』東京堂出版、2003 年、「大坂の陣四百年と木更津船由緒」『房総の郷土史』第 43 号、2015 年ほか

著者紹介

土屋　浩（つちや　ひろし）

＜著者略歴＞
1944 年　長野県生まれ
1966 年　東北大学理学部卒業
2005 年　地質調査会社退職
千葉県在住、千葉県・長野県の郷土史を研究

＜主要著書＞
『信州人のための幕末史』ほおずき書籍、2012 年

2015年 8 月25日　初版発行　《検印省略》

房総《ぼうそう》と江戸《えど》の交流史《こうりゅうし》

著　者　土屋　浩
発行者　宮田哲男
発行所　株式会社 雄山閣
〒 102-0071　東京都千代田区富士見 2-6-9
TEL　03-3262-3231 / FAX　03-3262-6938
URL　http: //www.yuzankaku.co.jp
e-mail　info@yuzankaku.co.jp
振　替：00130-5-1685
印刷・製本　株式会社ティーケー出版印刷

ISBN978-4-639-02373-9 C0021
N.D.C.213　218p　21cm